via reise tour

Ab ins Grüne

Ausflüge mit der Berliner S Bahn

via reise verlag

Inhalt

SÜDEN

WESTEN

Naturpark
Land Brandenburg

VORWORT

Ab ins Grüne – Ausflüge mit der Berliner S-Bahn

Wer in Berlin lebt, hat es gut: Man wohnt in der größten Stadt Deutschlands, einer Kulturmetropole, in der ständig Neues passiert. Wem das alles doch einmal zu viel wird, ist aber schnell in der grünen Umgebung der Hauptstadt. Dazu eignet sich am besten die Berliner S-Bahn. Der nächste Bahnhof ist meist nicht weit und damit die Möglichkeit, bequem und schnell zu Seen und Wäldern zu gelangen - Abstand von der Großstadt. Ob allein, zu zweit oder mit Familie und Freunden, mit Fahrrad oder ohne - ein Ausflug ins Grüne ist wie eine Kurzreise aus dem Alltag.

Zur genauen Orientierung vor Ort empfehlen wir Wander- oder Radwanderkarten. Für Radtouren haben sich ADFC-Regionalkarten im Maßstab 1:75000 bewährt.

Neun Autoren haben für Sie die schönsten S-Bahn-Ausflüge entdeckt, erwandert, erradelt und aufgeschrieben. Sie finden in diesem Buch:

- 64 Ausflugsziele im Grünen
- davon 56 Wanderungen und Radtouren
- über 40 Badeseen und Freibäder
- viele Schlösser und Gärten
- Sehenswürdigkeiten und Freizeittipps
- zahlreiche Gasthäuser und Biergärten

Entdecken Sie bekannte und weniger bekannte Ausflugsziele und echte „Geheimtipps“ im Grünen rund um Berlin. Viele der beschriebenen Touren sind so angelegt, dass Sie von einem S-Bahnhof zum anderen wandern oder Rad fahren können.

Verlag und Autoren wünschen Ihnen viel Spaß und Erholung bei vielen Ausflügen mit der S-Bahn.

NORDEN

TEGEL

Radeln im Grenzbereich

Die Rad- oder Wandertour führt durch den Tegeler Forst, mit der Fähre über die Havel und weiter ins ehemalige Grenzdorf Nieder Neuendorf.

Vom S-Bahnhof Tegel geht es die Gorki-Straße entlang über die Berliner Straße nach Alt-Tegel. Hier erwarten an sonnigen Wochenenden etliche Gartenlokale ihre Gäste – kein Wunder, denn die verkehrsberuhigte Straße mit den alten, niedrigen Häusern führt direkt zum **Tegeler See**. Dort, an der Greenwich-Promenade, legen die Schiffe zu ihren Fahrten auf der Havel ab.

Über die Tegeler-Hafen-Brücke (Fahrräder müssen die Treppe hoch getragen werden) nähern wir uns dem Tegeler Forst; wir halten uns immer parallel zum Seeufer. Wer zuvor noch einen Blick auf das Tegeler Schloss werfen möchte, schaut rechts durch die Gitterstäbe des Schlossparks. Seine heutige Gestalt erhielt das feudale Gemäuer, das auf eine 450-jährige Geschichte zurückblickt, um 1820. Damals wurde es von der Familie Humboldt um einige Flügel erweitert. Schlosspark und Schloss (Bibliothek) sind im Sommer teilweise zu besichtigen. Auf dem Schwarzen Weg geht's weiter Richtung Havel – der breite, zunächst geteerte Weg führt durch herrlichen Mischwald vorbei am

Start
Tegel
S25 alle 20 Min.

(Rad-)Wanderung
Tegel – Tegelort – Nieder Neuendorf (– Hennigsdorf)

Länge
12 km bis Hennigsdorf

Rückfahrt
Ende März–Okt.: Schiff von Nieder Neuendorf nach Tegel um 11.15 und 13.45 Uhr; 16.30 Uhr (nur Ende April –Mitte Sept.) BUS 136 oder Rad-/Fußweg nach S Hennigsdorf (3 km)

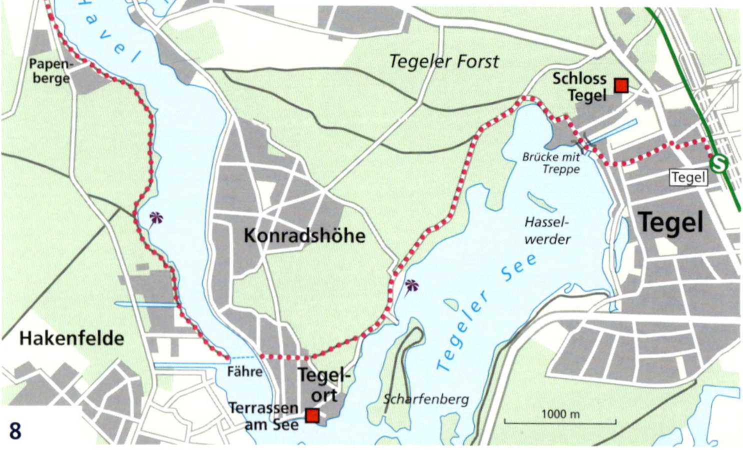

Strandbad Tegel bis nach **Tegelort**. In Tegelort, einem ruhigen Ortsteil mit Kopfstein gepflasterten Alleen, nehmen wir die Fähre über die hier nicht sehr breite Havel. Weiter geht's an der Havel entlang auf dem Wander- und Radweg in nördlicher Richtung. Über die Fußgängerbrücke am Teufelsseekanal (schöne Aussicht auf Konradshöhe) erreicht man auf einem Waldweg die Badestelle „Bürgerablage" (▸ Seite 162) mit Sandstrand unter hohen Kiefern. Gleich dahinter führt der Weg nun waldeinwärts am Naturschutzgebiet „Reiherkolonie Papenberge" vorbei, um bei der Siedlung Papenberge wieder die Havel zu erreichen. Dass man sich nun an der ehemaligen Grenze der DDR zu West-Berlin befindet, merkt man nicht nur an dem schönen Radweg auf dem Grenzstreifen: Kurz vor dem alten Ortskern von Nieder Neuendorf steht an der Havel ein Original-Wachturm. Der Turm war Teil der Grenzanlagen, die **Nieder Neuendorf** mittels Mauern und Stacheldraht von der Havel vollständig abschotteten. Heute ist in dem Wachturm ein Grenz-Museum eingerichtet. Von der obersten Etage hat man einen schönen Ausblick über den Strom – kaum noch vorstellbar, dass hier eine der am besten bewachten Grenzen der Welt verlief. Nördlich vom Wachturm liegt das Dorfzentrum von Nieder Neuendorf mit seinem typisch märkischen Dorfanger und der Kirche aus dem 13. Jahrhundert. 500 m weiter oberhalb beginnt das neue Nieder Neuendorf: der Ortsteil Havelpromenade mit eigenem Yachthafen und Zugbrücke über einen Kanal – hier können manche Bewohner mit ihrem Boot gleich vor der eigenen Haustüre anlegen.

Am nördlichen Ortsende lockt die **Naturbadestelle Nieder Neuendorf**. Dort kann man nicht nur am flachen Sandstrand liegen, sondern hat auch einen herrlichen Blick über die Havel, die sich an dieser Stelle Nieder Neuendorfer See nennt.

Ehemaliger DDR-Grenzturm bei Nieder Neuendorf

Stern und Kreis Schiffahrt
Greenwichpromenade
☎ (0 30) 5 36 36 00
Schiffstouren auf der Havel unter anderem nach Nieder Neuendorf
www.sternundkreis.de

Grenzturm Nieder Neuendorf
(zwischen Dorfstraße und Havel)
☎ (0 33 02) 87 73 11
Apr.–Okt.
Di–So 10–18 Uhr
Ausstellung zu den Grenzanlagen im Original-Grenzturm, Eintritt frei

Zum Blockhaus
Dorfstraße 84
Nieder Neuendorf
☎ (0 33 02) 80 29 52
Di–So ab 11 Uhr
Rustikale Küche, große Terrasse

Café Diadem
Dorfstraße 28
Nieder Neuendorf
☎ (0 33 02) 49 35 80
Mo–So 11–20 Uhr
Kleines Café am Dorfanger

Start
Hennigsdorf
S25 alle 20 Min.

Radtour
Hennigsdorf – Bötzow – Marwitz – Velten

Länge
ca. 12 km einfach

Rückfahrt
Bahnhof Velten
RE6 oder RB 55 mehrmals stündlich nach
S Hennigsdorf

Karte ▸ Seite 13

Altes Rathaus
Hauptstr. 3
☎ (0 33 02) 87 73–11
Di/Do 10–16 Uhr
Ständige Ausstellung zur Stadtgeschichte

Stadtinformation
Rathausplatz 1
16761 Hennigsdorf
☎ (0 33 02) 8 7 73 20
www.henningsdorf.de
Mo–Do 10–18 Uhr,
Fr 10–15 Uhr

HENNIGSDORF

Töppertour

Eine berühmte Keramikwerkstatt, ein Museum für Kachelöfen und ein See mit Wasserskianlage liegen auf dieser Tour durch Dörfer, Wälder und Wiesen rund um Hennigsdorf.

Schon die S-Bahnfahrt nach Hennigsdorf macht Spaß: unter der Bornholmer Brücke hindurch, an Waldstücken entlang, schließlich über die Havel. Der Industriestandort **Hennigsdorf** selbst, wo seit Anfang des 20. Jhs. Stahl erzeugt und Züge gebaut werden, ist vor allem durch zum Teil vorbildliche Werkssiedlungen interessant. Einige Sanierungen nach der Wende wurden preisgekrönt. Mehrere Siedlungen, oft mit dem ökologischen Anspruch, Platz und Energie zu sparen, entstanden neu oder sind geplant. Auf Rundfahrten per Bus und Schiff kann man sich darüber besonders einfach informieren. Von der Vergangenheit des Fischerdorfes, das 1375 erstmals urkundlich erwähnt wurde, zeugt nur noch die 1855 vollendete Kirche.

Sie und das benachbarte alte Rathaus mit einer Ausstellung zur Stadtgeschichte findet man östlich vom Bahnhof, hinter den Neubaublocks.

Auf der westlichen Seite des Bahnhofs liegt das moderne Hennigsdorf, am Postplatz vor dem Bahnhofsneubau beginnt das neue Zentrum. Hier steht auch gleich der Radwegweiser nach Bötzow. Diesem folgen wir – oder schieben unser Rad durch die Fußgängerzone, was der kürzere Weg ist. In jedem Fall gelangen wir zu dem halbrunden Havelplatz am anderen Ende der Einkaufszone.

Am Havelplatz suchen wir uns die nächste Fußgängerampel, um die Durchgangsstraße zu überqueren. Ab jetzt radeln wir auf einem ausgeschilderten Weg durch den Stadtpark. Am Parkende beginnt der Bötzower Weg. Der gut ausgebaute Rad- und Skaterweg endet an der Landstraße. An dieser muss man (rechts, Richtung Norden) ca. 1 km entlang fahren, um die Bahn-

In Marwitz liegen die berühmeten Keramik-Werkstätten von Hedwig Bollhagen

gleise zu überqueren und ins Dörfchen **Bötzow** zu gelangen. An der Kreuzung im Dorf lohnt ein Abstecher links entlang des Dorfangers zur hübsch restaurierten Kirche. Im Inneren gibt es eine Orgel des berühmten Orgelbaumeisters Gottfried Wagner. Am problemlosesten ist sie im sonntäglichen Gottesdienst zu hören oder danach zu besichtigen. Wen es jetzt nach mehr Natur gelüstet, kann einen Abstecher in den nahen Krämerwald nordwestlich von Bötzow machen. Der Forst mit vielen alten Eichen ist gut durch Rad- und Wanderwege erschlossen.

Unsere Radroute aber führt weiter ins nahe Marwitz. Die Marwitzer Straße, ein schmale, kaum befahrene, zunächst geteerte Allee, zweigt hinter der Kreuzung in Bötzow halblinks ab und endet nach gut 2 km am Dorfanger von **Marwitz** mit idyllischem Teich, Kirche und Feuerwehrhaus. Wer jetzt schon eine Pause braucht, kann hier im Gasthaus „Zur Waage" eine Rast einlegen.

Die berühmten **Keramik-Werkstätten** von Hedwig Bollhagen liegen am Rand von Marwitz, in der Hedwig-Bollhagen-Straße 4. Dorthin gelangen wir vom Dorfanger aus über die Hauptstraße in östlicher Richtung. An der Kreuzung im Dorf biegen wir rechts ab und fahren ca. 500 m in Richtung Hennigsdorf, bis ein Hinweisschild lin-

Dorfkirche Bötzow
Pfarramt Dorfaue 70
(rechts neben der Kirche)
Besichtigung der Wagner-Orgel nach dem Gottesdienst, Zeiten siehe www.boetzow-kirche.de oder
(0 33 04) 50 24 49 (Pfarrer)

H(edwig) B(ollhagen)-Werkstätten für Keramik
Hedwig-Bollhagen-Str. 4
16727 Oberkrämer/
Marwitz
((0 33 04) 3 98 00
Öffnungszeiten des Werksladens:
Mi 9–17, Sa 10–14 Uhr.
Werkstattführung an jedem letzten Mittwoch im Monat um 13 Uhr
www.hedwig-bollhagen.de

kerhand in eine kleine Straße und zu den Hedwig-Bollhagen-Werkstätten führt.

Die zeitlosen Geschirrkreationen, die hier gefertigt werden, bestechen vor allem durch ihre einfache, schnörkellose Schönheit. Hedwig Bollhagen führte die Werkstatt in Marwitz von 1934 bis zu ihrem Tod im Jahr 2001. Sie entwickelte früh einen ganz eigenen Stil für Gebrauchskeramik. Über ihre Arbeit sagte Hedwig Bollhagen: „Kunst? Ach

Ofenmuseum in Velten

ja, manche nennen es so; ich mache Teller, Tassen und Kannen.“ Auch nach ihrem Tod wird in Marwitz Keramik im typischen Bollhagen-Stil hergestellt. Im Werksverkauf werden auch Teile mit kleinen Fehlern billiger angeboten.

Unsere Töppertour führt uns nun weiter ins ca. 4 km entfernte **Velten**. Dorhin kommen wir, indem wir am Ortsausgang von Marwitz links in die Bötzower Straße biegen. Ab hier führen Wegweiser zum Ofenmuseum.

Velten Stadt galt lange Zeit als „Ofenstadt“ – fast 40 Ofenfabriken lieferten allein ins nahe Berlin 100 000 Kachelöfen. Grundlage für die Produktion waren die reichhaltigen Tonvorkommen rund um die Stadt. Heute setzt nur noch die Ofenfabrik A. Schmidt, Lehmann & Co. diese Tradition fort. Die Firma beherbergt auf zwei Etagen das sehenswerte Ofen- und Keramikmuseum: Schöne, oft reich verzierte Öfen (18. bis 20. Jh.), Kacheln,

Ofen- und Keramikmuseum
in der Ofenfabrik A. Schmidt, Lehmann & Co.
Wilhelmstr. 32
16727 Velten
✆ (0 33 04) 3 17 60
www.okmuseum-velten.de
Di–Fr 11–17 Uhr
Sa/So 13–17 Uhr
3 € / 2,50 €,
mit Führung 4,50 € / 4 €

Jeden Mi und jeden ersten Sa im Monat Führungen um 15 Uhr (oder nach Anmeldung für Gruppen) durch Museum und Fabrik. Jeden Sa zwischen 13 und 17 Uhr Fachberatung durch einen Ofensetzer zu Kaminen und Kachelöfen.

Gefäß- und Zierkeramik illustrieren zusammen mit historischen Fotografien die Geschichte der Ofen- und Keramikproduktion in Velten. Besucher können nicht nur alte Keramik bewundern, sondern auch beim Töpfern zuschauen. Wer nach soviel gebranntem Ton nun eine Abkühlung braucht, dem sei noch ein Ausflug zum 4 km entfernten **Bernsteinsee** empfohlen. Vom Ofenmuseum führt der Weg durch Velten über wenig befahrene Straßen in östlicher Richtung bis zur Hauptstraße, die dort überquert wird. Hier trifft man auf einen Rad-/Fußweg, der bis zur Straße Richtung Borgsdorf führt, der man folgt. Ab Ortsende Velten verläuft ein Radweg neben der Landstraße. Nach der Autobahnüberführung weisen Hinweisschilder rechts zu einem Waldweg, der sich mit ein paar Schleifen zum See schlängelt. Wer es eiliger hat, fährt weiter auf dem Weg parallel zur Landstraße, bis rechts der Eingang zum Seegelände auftaucht.

Der beliebte und belebte See mit Sand- und Wiesenstränden ist bewirtschaftet (Eintritt 2 €, ermäßigt 1,50 €) und bietet einiges an sportlichen Betätigungsmöglichkeiten: Neben Beachvolleyballfeldern ist die Wasserskianlage ein besonderes Highlight. Es gibt einen FKK-Bereich sowie bewachte Strandabschnitte. Diverse Imbisse versorgen die Badegäste mit Getränken und Fast Food verschiedener Art. Es gibt auch ein kleines italienisches Restaurant. Allerdings sollte man nicht allzu Lärm empfindlich sein: Je nachdem, an welchem Strandabschnitt man sich befindet und wie der Wind gerade weht, hört man den Verkehr auf der nahen Autobahn.

Auf dem Gelände des Ofenmuseums:

Keramikladen
Di–Fr 11–18 Uhr,
Sa/So 13–17 Uhr

Start
Wilhelmsruh
S1 S85 alle 10 Min.

Spaziergang
Wilhelmsruh – Schönholzer Heide – Schönholz

Länge
ca. 4 km

Rückfahrt
Schönholz
S1 S85 alle 10 Min.

Heideröschen
Germanenstraße 50
13158 Berlin
☎ (0 30) 9 16 78 52
www.heideroeschen-berlin.de
Tgl. ab 12 Uhr
Modernes, gemütliches Restaurant-Café mit Biergarten unter Bäumen und Kaminecke für kalte Tage.

SCHÖNHOLZ

Hier hat sich Bolle ganz köstlich amüsiert

Ein schöner Spaziergang beginnt am S-Bahnhof Wilhelmsruh und führt durch Birkenhaine in die Schönholzer Heide.

Vom linken Ausgang des S-Bahnhofs überquert man die Kopenhagener Straße. Dort geht gleich ein Stichweg ab, der als Radweg ausgeschildert zwischen ehemaligem Mauerstreifen und S-Bahndamm entlangführt. Hier biegen wir nach ca. 15 m links durch einen Zaun auf einen Trampelpfad ab. Bereits nach kurzer Wegstrecke entpuppt sich der Pfad als herrlicher Spazierweg, der durch eine Miniaturform einer märkischen Landschaft führt. Er überrascht mit lichten Birkenhainen und heidebewachsenen Flächen.

Nach ca. 1 km geradeaus führt an einem offensichtlich ausgetretenen Wegkreuz der Weg scharf links in bewohntes Gebiet. Wir folgen dem unscheinbaren Durchgang ins Wohngebiet durch den Vereinssteg bis auf den offiziellen Fußweg der Germanenstraße. Der Park gegenüber ist bereits die **Schönholzer Heide**. Wir halten uns aber zunächst noch links auf der Germanenstraße, vorbei am Waldsteg, bis zu einem Parkplatz-Rondell. Wer nun einen Kaffee oder andere Stärkung braucht, sollte gleich links den Parkweg wählen, um zu einer Erholungspause in das gemütliche Heideröschen einzukehren.

Auf der gleichen Seite vom Rondell führt eine Lindenallee zum **Sowjetischen Ehrenmal.** Die Anlage entstand 1947-49. Auf dem Gelände liegen über 13 000 Offiziere und Soldaten der Roten Armee begraben, die bei den Endkämpfen um Berlin 1945 starben. Den Weg zum 33,5 m hohen Obelisken säumen 16 Grabkammern, am Sockel des Obelisken sind die Namen von gefallenen Offizieren auf Bronzetafeln aufgeführt. Auf der Mauer, die den Gesamtkomplex umgibt, sind Namen und Geburtsjahre derjenigen Sowjetsoldaten zu lesen,

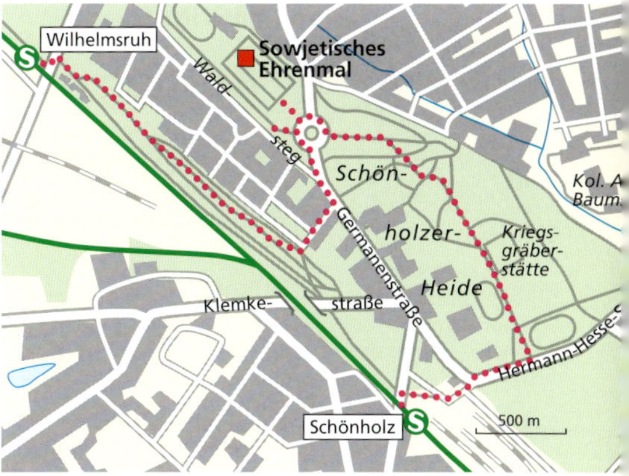

die zu dem Fünftel der überhaupt nur identifizierbaren Gefallenen gehören.

Wir verlassen wieder durch die Lindenallee das Gelände, um die Germanenstraße zu überqueren und gegenüber den ebenfalls lindengesäumten Hauptweg der Schönholzer Heide entlang zu spazieren. Wer das berühmte Berliner Lied kennt, weiß, dass sich hier auch schon „Bolle" köstlich amüsiert hat. Allerdings hat er „auf der Schöneholzer Heide" mit seinem Messer „fünfe massakriert". Heute besticht der Park hingegen durch friedliche Ruhe. Die Schönholzer Heide ist ein so genannter „Waldpark". Ursprünglich gehörte sie einem Waldgebiet an, das sich bis zur Jungfernheide erstreckte und Mitte des 18. Jahrhunderts mit Alleen durchzogen und mit Maulbeerbäumen bepflanzt wurde. Die 35 ha der Schönholzer Heide wirken im Gegensatz zu anderen innerstädtischen Berliner Grünanlagen immer noch sehr naturbelassen. Wenn man sich vom Hauptweg noch vor der Freitreppe rechts hält und dann bald wieder links, so führen die Wege an verknorpelten uralten Bäumen vorbei an herrlichen Wiesen, die zum Sonnenbad oder Picknicken einladen. Da die Freiflächen stets mit einzelnen Bäumen bepflanzt sind und selten geometrische Formen nachbilden, finden sich zahlreiche Nischen mit gemütlichen Plätzchen zum Verweilen.

Sämtliche Wege führen auf die Hermann-Hesse-Straße, von der aus es nur noch 5 Gehminuten zum S-Bahnhof Schönholz sind. Wir gehen rechts bis zur Schützenstraße vorbei am Verkehrsübungplatz und biegen wieder rechts in die Buddestraße. Entweder man wählt gleich links den Trampelpfad zum S-Bahnhof oder man geht gesittet 30 m weiter bis zur Provinzstraße und dort links bis zum S-Bahnhof Schönholz.

In der Schönholzer Heide liegt das zweitgrößte sowjetische Ehrenmal Berlins

Start
Frohnau
S1 alle 10 Min.

(Rad-)Wanderung
Frohnau – Stolpe – Frohnau (– Heiligensee)

Länge
ca. 8 km nach Frohnau bzw. 10 km nach Heiligensee

Rückfahrt
Frohnau S1
oder Heiligensee S25
(alle 20 Min.)

Das Buddhistische Haus
Edelhofdamm 54
13465 Berlin
✆ (0 30) 4 01 55 8 0
www.das-buddhistische-haus.de

FROHNAU

Ausflug nach Stolpe

Ein Spaziergang von Frohnau ins Dörfchen Stolpe ist ein bisschen wie ein Ausflug in die „gute alte Zeit".

Frohnau im nördlichen Zipfel Berlins ist ein beschaulicher Vorort. Die als „Gartenstadt" ab 1910 entstandene Siedlung wurde so landschaftsnah wie möglich in den märkischen Wald gebaut. Entstanden ist dabei eine Villenkolonie, in der es sich bis heute unter hohen Kiefern ruhig leben lässt.

Außergewöhnlich ist das Ortszentrum mit dem S-Bahnhof: In die 1910 errichtete Station wurde ein Kasino mit einem 35 m hohen Aussichtsturm integriert. Der von den Architekten Gustav Hart und Alfred Lesser entworfene Gebäudekomplex steht genau zwischen den beiden sehenswerten Plätzen, um die sich fast alles in Frohnau dreht: Der westlich gelegene Ludolfinger Platz und der sich östlich anschließende Zeltinger Platz, beide vom Gartenarchitekten Ludwig Lesser gestaltet. Leider ist der Aussichtsturm im S-Bahnhof wegen Sanierungsbedürftigkeit gesperrt. Das **Kasino** selbst ist nicht gesperrt und beherbergt heute ein Restaurant. Wer vor dem Ausflug aufs Land – nämlich zum brandenburgischen Dorf Stolpe – noch mehr von Frohnau sehen möchte, dem sei zunächst ein kleiner Abstecher vom Zeltinger Platz über den südöstlich abzweigenden Edelhofdamm empfohlen. Die von Villen gesäumte Allee wird bald breiter, in der Mitte ist sogar Platz für eine ausgedehnte Grünanlage. An ihrem Ende steht das Buddhistische Haus, das der Architekt Max Meyer 1924 für einen Arzt baute. Heute leben in dem Haus Mönche aus Sri Lanka. Das Gebäude steht interessierten Besuchern zur Andacht und zur Besichtigung offen.

Wieder zurück am S-Bahnhof Frohnau, nehmen wir jetzt den kürzesten Weg nach **Stolpe**. Dieser führt vom Ludolfinger Platz über den nordwestlich abzweigenden Maximiliankorso. Nach ca. 600 m biegen wir halb rechts in die

Alemannenstraße ein. Von jetzt an geht es immer geradeaus. Am Ortsende von Frohnau, da, wo die Mauer stand, wird die Straße zum Weg. Er führt schnurstracks durch die Stolper Heide, mitten durch einen riesigen Golfplatz und mündet im Stolper Neubaugebiet. Letzteres lassen wir aber schnell hinter uns, indem wir uns weiter geradeaus halten, den Hohen Neuendorfer Weg überqueren und so die alte Dorfstraße erreichen. Hier fühlt man sich in eine andere Zeit versetzt: Kleine geduckte Häuser mit Traufdach säumen die Kopfstein gepflasterte Straße, eine Atmosphäre ländlicher Ruhe stellt sich ein. Aber da wir im Heute leben, freuen wir uns auch über die Fahrradstreifen auf dem Bürgersteig.

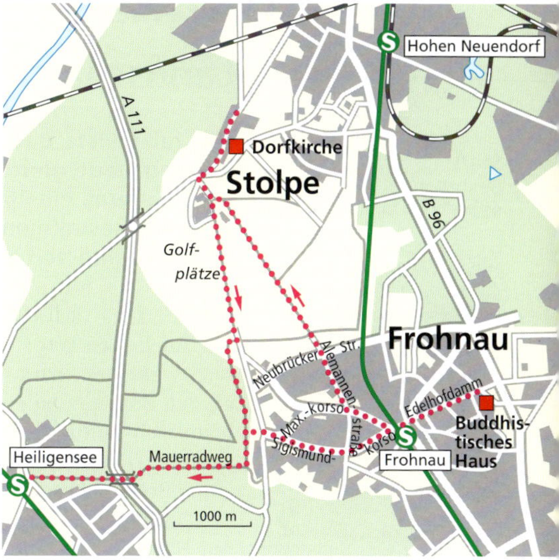

Stolpe, das winzige Dorf außerhalb Berlins, hat neben der idyllischen Dorfanlage mit Kirche und Friedhof auch einige Gasthäuser mit Gärten zu bieten. In der Kirche, die 1822 erbaut und mit einem neobarocken Kirchturm versehen wurde, finden regelmäßig Konzerte statt.

Nach kulturellen und/oder kulinarischen Genüssen in der Kirche, in der „Krummen Linde“ (eher edel) oder im „Dorfkrug“ (eher urig) schlägt man den Rückweg nach Frohnau ein. Dazu begeben wir uns wieder in die Jetztzeit, nämlich ins südlich gelegene Neubaugebiet, nehmen aber diesmal den Weg, der am wuchtigen Golfclubhaus vorbeiführt. Nach gut 2 km, am Ortsrand von Frohnau (das sich hinter Bäumen versteckt) haben wir die Wahl: Zurück zum S-Bahnhof Frohnau oder, für Radfahrer sehr zu empfehlen, über den Mauerradweg durch den Wald nach Heiligensee zum dortigen S-Bahnhof.

Dorfkirche Stolpe
Hier finden regelmäßig Konzerte statt (Ankündigungen in der Tagespresse und unter www.dorfkirchestolpe.de)

Landgasthof Zur krummen Linde
Dorfstraße 5
16540 Stolpe
✆ (0 33 03) 53 36 33
www.krumme-linde.de
Tgl. 9–24 Uhr
Traditionsgasthaus mit großem Biergarten, Berliner und Brandenburger Küche

Gasthaus Zum Dorfkrug
Dorfstraße 6a
16540 Stolpe
Mi–Mo 11–22 Uhr, Febr. Mo u. Di geschlossen
✆ (0 33 03) 50 26 47
Im alten Dorfkern gelegen, deutsche Küche

Start
Birkenwerder
S1 alle 20 Min.

(Rad-)Wanderung
Birkenwerder – Briese – Borgsdorf

Länge
ca. 6 km, Wege sind ausgeschildert

Rückfahrt
Borgsdorf
S1 alle 20 Min

Karte ▸ Seite 20

Clara-Zetkin-Museum
Summter Straße 4
16547 Birkenwerder
☏ (0 33 03) 40 27 09
Mo, Di, Do, Fr 11–16 Uhr
Sa/So nach telefonischer Absprache für Gruppen

Landschaftliches Kleinod

Das reizvollste Bachtal in der Berliner Umgebung liegt gleich hinter Birkenwerder: Das Briesetal, ein 16 km langes Fließ, ist mit einer vielgestaltigen Pflanzen- und Tierwelt zu jeder Jahreszeit ein Erlebnis.

Am Ausgang des S-Bahnhofs Birkenwerder weisen Tafeln den Weg: Zum **Briesetal** geht es gleich rechts über einen von Bäumen gesäumten Weg an den Bahngleisen entlang. Wer zuvor an einem historisch-kulturellen Abstecher interessiert ist, sollte auf Höhe des alten Bahnhofsgebäudes die „Rote Brücke“ beachten.

Diese 1925 eingeweihte Stahlkonstruktion, deren Name vom ursprünglichen Anstrich mit Bleimennige herrührt, ist eine Fußgängerbrücke zum östlich der Schienen gelegenen Ortsteil. Sie führt in gerader Linie in die Summter Straße zum Clara-Zetkin-Museum in der Stadtbibliothek. Die sozialistische Frauenrechtlerin lebte hier von 1929–1932.

Weiter auf dem geraden Weg ins Briesetal zeigen an der Bahnunterführung gleich zwei Wegweiser nach Briese: Wir nehmen die Route links über die westlichen Ausläufer des Briesetals, vorbei am Boddensee und der gleichnamigen Gaststätte.

Der **Boddensee** gehört bereits zum ortsinneren Briesetal, das Birkenwerder seinen besonderen Reiz verleiht. Der Fußweg am Nordufer des Sees gabelt sich nach 500 m in zwei alternative Wege durch Bruchwald und über die Briese zum Wensickendorfer Weg. Dort angekommen wendet man sich nach rechts, überquert die Autobahn, lässt eine Eisenbahnunterführung hinter sich und taucht in ein idyllisches Waldgebiet ein: Geradeaus spaziert

Am Boddensee

Das usprüngliche Briesetal beginnt gleich hinter Birkenwerder

man am Waldfriedhof vorbei zum Papenluch, einer eiszeitlichen Wasserrinne. Bald schimmert rechts der Briesesee durchs Gehölz, kurz darauf ist die winzige Ansiedlung Briese erreicht.

Hier kann man sich in einem Naturlehrkabinett über die Besonderheiten dieses einzigartigen Biotops informieren, zu denen insektenfangende Sonnentauarten und die Rosmarinheide ebenso gehören wie der Dukatenfalter.

In **Briese** muss man sich entscheiden: Entweder man belässt es bei der kurzen Stippvisite ins Briesetal – oder man macht sich auf die längere, sehr lohnende Wanderung durch das ganze Tal bis nach Zühlsdorf (12 km ▸ Seite 20).

Wer sich für die kurze Variante entscheidet, kann von Briese aus den Rückweg vom 3 km entfernten S-Bahnhof Borgsdorf antreten. Dorthin führt ein geteerter Fahrweg.

Borgsdorf, das um 1900 von seiner Ziegeleiproduktion geprägt und seit Beginn des 20. Jhs. bis in die Wendezeit hinein berühmt für seine Blumenzucht war, ist heute ein stiller und beschaulicher Wohn- und Naherholungsort. Wer hier zum Abschluss des Ausfluges einkehren möchte, ist im Landgasthaus Borgsdorf gut aufgehoben.

Waldschule Briesetal
Briese Nr. 13
16547 Birkenwerder
☎ (0 33 03) 40 22 62
www.waldschule-briesetal.de
Nur März–Okt. Mo–Fr 8–16 Uhr, So 12–17 Uhr
1 €/ Kinder 0,50 €
Waldbibliothek und Freigelände mit Biotopen

Restaurant „Weißer Hirsch"
(Landgasthaus Borgsdorf im Hotel)
am S-Bahnhof Borgsdorf
Friedensallee 2
16556 Borgsdorf
☎ (0 33 03) 2 14 80 30
www.weisser-hirsch-bogsdorf.de
Warme Speisen
tgl. 11.30–23 Uhr
Gehobene gutbürgerliche Küche, Biergarten

Start
Karow
S2 alle 10 Min.
und
NE 27 stündlich bis
Bahnhof Zühlsdorf

Wanderung
Zühlsdorf – Briesetal –
Birkenwerder

Länge
ca. 12 km

Rückfahrt
Birkenwerder
S1 alle 20 Min

ZÜHLSDORF

Naturerlebnis Briesetal

Eine Wanderung durch das einzigartige Briesetal flussabwärts ist besonders nachmittags attraktiv – man geht in südwestlicher Richtung und damit meist der Sonne entgegen.

Der Regionalzug vom S-Bahnhof Karow arbeitet sich stündlich durch die Basdorfer Heide, bis er im verschlafen wirkenden Zühlsdorf hält. Schnell ist der Ort erkundet: Am Bahnhof hält man sich rechts, um sofort wieder links in die Bahnhofstraße einzubiegen, die nach kurzer Zeit in die Dorfstraße übergeht. Vorbei an der Bäckerei Schreiber erreicht man bald die schlichte Dorfkirche. An ihrer Westseite wächst ein seltenes Naturdenkmal, die vor über 200 Jahren gepflanzte „Post-Ulme". Direkt gegenüber liegt der Heidekrug, in dem es einen alten Tanzsaal gibt.

Um von hier aus ins **Briesetal** zu gelangen, orientiert man sich entweder an dem blauen Wegweiser nach Birkenwerder, oder – noch besser

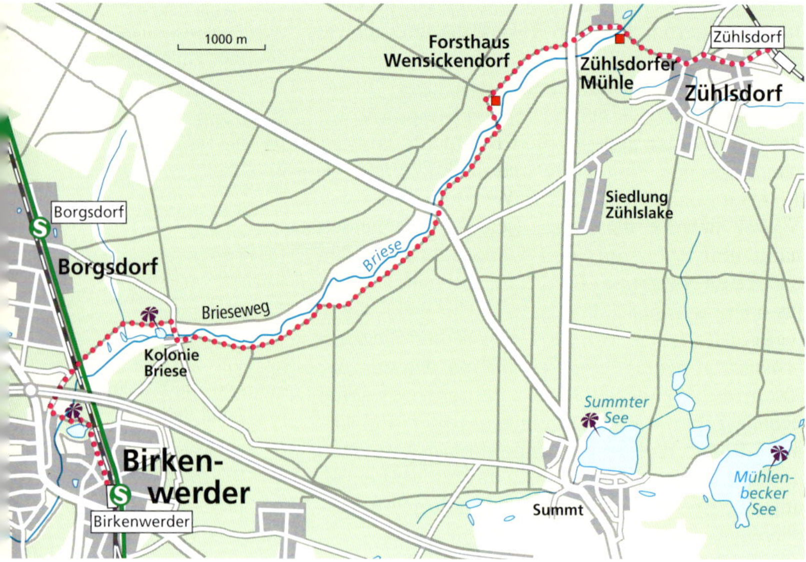

– man geht ein kleines Stück auf der Dorfstraße zurück und biegt links in die Mühlenstraße ein. Auf diesem Weg erreicht man bald die Zühlsdorfer Mühle, eine alte Sägemühle an der Briese.

Das 16 km lange Briesetal ist ein Naturdenkmal, geprägt von Flachmooren, grünen Wiesen, Erlenbrüchen und Mischwäldern. Im 18. Jh. wurde hier Torf gestochen. Das Flüsschen Briese (altslawisch breza – Birke) entspringt dem Wandlitzsee und mündet bei Birkenwerder in die Havel.

Das Briesetal ist ein 16 km langes Naturdenkmal

Unser Weg, den ein rotes Wanderzeichen begleitet, folgt dem Flusslauf zunächst in einiger Entfernung auf dem links hinter der Mühle ausgeschilderten Brieseweg. Er geht nach Überquerung der Straße Wensickendorf – Summt in den Forstweg über. An der nächsten Ecke liegt das Forsthaus Wensickendorf, heute ein Bauernhof, dessen Inhaber nach alter Tradition der Förstersfrauen einen (empfehlenswerten) Imbiss für Wanderer anbieten. 300 m weiter führt ein Holzsteg über die Briese – danach vereinen sich der rote und der blaue Weg aus Zühlsdorf. Wir wenden uns nach rechts, treten ein in einen schattigen Wald und erreichen flussabwärts nach circa 1,5 km die Schlagbrücke an der Straße Lehnitz – Summt. Auf beiden Seiten der Briese kommt man nach weiteren 2 km zur Hubertusbrücke mit einer Hütte und einem Rastplatz. Wer nun links des Wassers weiterläuft, passiert bei **Briese**, das ehemals ein Teerbrennerort war, das Naturlehrkabinett Briesetal. Schräg gegenüber stößt man auf das ehemalige Ausflugslokal Briesekrug. Dahinter liegt der Briesesee mit Bademöglichkeiten.

Wer jetzt auf kurzem Weg zur S-Bahn-Station Birkenwerder möchte, nimmt den Fußpfad, der rechts der kleinen Straße nach Birkenwerder verläuft – nach gut 2 km ist der Bahnhof erreicht.

Reizvoller aber ist der kleine (Um-)Weg entlang der Nordseite der Briese über das ortsinnere Briesetal in Birkenwerder (▸ Seite 18).

Imbiss
In der alten Försterei Wensickendorf
(Forstweg unweit von Zühlsdorf)
☎ (03 30 53) 7 13 92
So/Fei 9–18 Uhr

Waldschule Briesetal
Birkenwerder-Briese
Mo–Fr 8–16 Uhr,
So 12–17 Uhr (März–Okt.)
☎ (0 33 037) 40 22 62
Freigelände mit verschiedenen Biotopen, Infos, Waldbibliothek

Start
Lehnitz
S1 alle 20 Min.

(Rad-)Wanderung
Lehnitz – Lehnitzer Schleuse – Strandbad – S-Bhf. Oranienburg

Länge
ca. 8 km

Rückfahrt
Oranienburg
S1 alle 20 Min.

LEHNITZ

Bevorzugte Lage

Sie gilt schon lange als bevorzugte Wohnlage, die Villenkolonie am Lehnitzsee. Das hat viel mit der reizvollen Lage zwischen Wald und Gewässer zu tun.

Vor 200 Jahren lebten am **Lehnitzsee** nur eine Handvoll Fischer- und Bauernfamilien. Doch seit im 19. Jh die ersten Züge an der provisorischen Bahnstation hielten, zog es die Berliner an den Lehnitzsee. Um 1900 gab es schon vier Ausflugslokale. Bald entstanden die ersten Vorstadtvillen, die dem Ort den Ruf einer Villenkolonie einbrachten. In den 20er Jahren des 20. Jh. wächst die Gemeinde weiter, nun werden bescheidenere Ein- und Zweifamilienhäuser gebaut. Heute ist der hübsche Ort unter hohen Kiefern mit der S-Bahn von Berlin aus schnell zu erreichen. Auch der Bundeswehr gefällt es in Lehnitz – sie betreibt Einrichtungen in den Wäldern südwestlich des Ortes.

Vom Bahnhof aus geht es in östlicher Richtung über die Friedrich-Wolf-Straße durch das beschauliche Ortszentrum. Am kreisrunden Thomas-Müntzer-Platz – die Lehnitzer sagen dazu nur „Rondell"– sollte man sich links halten und sich einen Weg durch die stillen, teils sandigen Straßen zum See suchen. Die kurze Straße Wasserweg führt direkt zur kleinen Badestelle „Bolli" am Lehnitzsee. Hier hat man einen schönen Blick auf das gegenüberliegende Ufer. Der Name des über 2 km langen und bis zu 450 m breiten Gewässers leitet sich vom slawischen Wort „Lenczen" ab und bedeutet Bogen, also „Bogensee". Und tatsächlich hat das Gewässer die Form zweier aneinander stoßender Bögen.

Durch den See, der mitten im Lehnitzer Landschaftsschutzgebiet liegt, fließt der Oder-Havel-Kanal – das erklärt auch die vielen Freizeitkapitäne, die am Wochenende mit ihren Booten gern über den See schippern. Wer will, kann auf dem Wasserweg sogar bis zur Ostsee gelangen.

Café Rondell
Friedrich-Wolf-Straße 26
16515 Lehnitz
((0 33 01) 52 99 97
Di–Fr 13–18 Uhr,
Sa/So 13–19 Uhr
Mo bei schönem Wetter
Eisverkauf 14–18 Uhr
Mit Sommerterrasse

Vor einer See-Umrundung sollte man aber das **Friedrich-Wolf-Haus** in Lehnitz besuchen: Der Schriftsteller, dessen eigentlicher Beruf Arzt war, lebte von 1948 bis zu seinen Tod 1953 in Lehnitz. Bekannt wurde er unter anderem durch sein 1929 entstandenes Drama „Zyankali", in dem er die Not ungewollt schwangerer Frauen thematisierte.

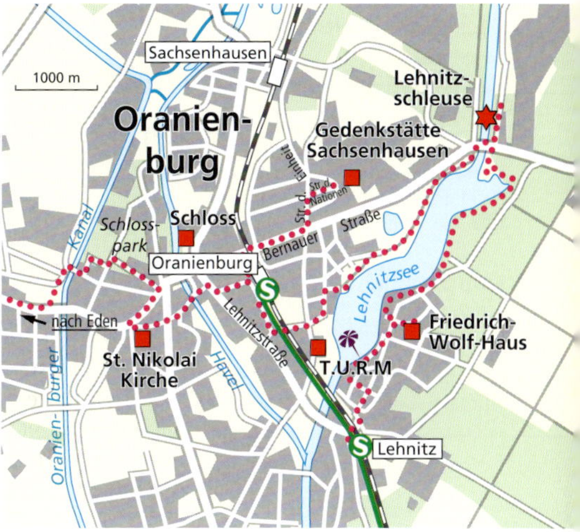

Während der Zeit des Faschismus musste der Kommunist und Jude mit seiner Familie ins Exil fliehen. Später wurden zwei Söhne des engagierten Literaten mindestens ebenso berühmt wie der Vater: Der Filmemacher Konrad Wolf und der Chef des DDR-Auslands-Geheimdienstes Markus Wolf. Heute finden in dem Haus, das bis 1973 von der Witwe Wolfs bewohnt wurde, regelmäßig Lesungen und andere Veranstaltungen statt. Das Arbeitszimmer von Friedrich Wolf ist noch wie zu seinen Lebzeiten erhalten. Der große Saal ist mit Original-Hellerau-Möbeln aus den 50er Jahren ausgestattet.

Der reizvolle Weg führt am von Bäumen gesäumten Ufer um den Lehnitzsee herum nach **Oranienburg**. Vorbei an kleinen Badestellen verlassen wir allmählich den Ort in Richtung Norden durch den Wald. An der Mündung des Oder-Havel-Kanals geht es auch nach dem Kreuzen der Bundesstraße zunächst weiter am Kanal entlang bis zur Lehnitzschleuse. Hier überwinden Schiffe einen Höhenunterschied von 6 m. Auf der Oranienburger Seite führt die Route wieder zum See zurück und dann direkt am Ufer entlang. Bald erreicht man das Strandbad, die Schiffsanlegestelle und die Ausflugsgaststätte Eiscafé Dietrich. Von dort sind es noch ca. 1,5 km bis zum S-Bahnhof Oranienburg (▸ Seite 24).

Friedrich-Wolf-Gedenkstätte
Alter Kiefernweg 5
16515 Lehnitz
☎ (0 33 01) 52 44 80
www.friedrichwolf.de
Di und Fr 10–14 Uhr sowie bei Veranstaltungen und nach Vereinbarung geöffnet

Bootshaus und Eiscafé Dietrich
Rüdesheimer Straße 21
16515 Oranienburg
☎ (0 33 01) 52 41 52
www.eiscafe-dietrich.de
Gartenlokal am Lehnitzsee auf der Oranienburger Seite, Bootsverleih

Start und Ziel
Oranienburg
S1 alle 20 Min.

Stadtausflug
Schloss
Gedenkstätte und Museum Sachsenhausen

Karte ▸ Seite 23

Tourismusverein Oranienburg
Sachsenhausener Str. 1b
(Ecke Bernauer Str.)
☎ (0 33 01) 70 48 33
www.tourismus-or.de Mai–Sept., Mo–Fr 9–18,
Sa 9–13 Uhr,
Okt.–Apr. Mo–Fr 9–17 Uhr

Schloss-Museum
Schlossplatz 1
☎ (0 33 01) 53 74 37
Nov.–März Di–Fr 10–16
Apr.–Okt. Di–So 10–18 Uhr,
Sa, So, Fei 10–17 Uhr
6 €, ermäßigt 5 €
Wintersaison 5 € / 4 €,
Sehenswerte Ausstellungen zur brandenburgisch-preußischen Geschichte.

Gartenschau im Schlosspark Oranienburg
☎ (0 33 01) 6 00-81 11
www.gartenschau-oranienburg.de
Mai–Sept. 10–18 Uhr
Okt.–Dez. 10–16 Uhr
Einzelticket Mo–Fr 2,50 € / Kinder (ab 7 Jahren) 1 €,
Wochenende 6 €, im Winter immer 1 €

ORANIENBURG

Zwischen T.U.R.M. und Eden

Für einen Ausflug nach Oranienburg gibt es viele Gründe, zum Beispiel eine Vegetarier-Kolonie und ein restauriertes Oranier-Schloss. Im Jahr 2009 lockt außerdem die Landesgartenschau in den Schlosspark.

Am Bahnhof muss man sich erst einmal entscheiden: Richtung Westen ins Stadtzentrum mit dem Schloss, nach Süden zum Erlebnisbad T.U.R.M, oder Richtung Nord-Ost zu Gedenkstätte und Museum Sachsenhausen.

Unbedingt zu empfehlen ist der Spaziergang in den Stadtkern, denn hier erinnert einiges an die brandenburgisch-preußische Geschichte. Und an Holland: Denn Oranienburg, das bis 1653 Bötzow hieß, verdankt seinen Namen einer holländischen Prinzessin: Louise Henriette von Nassau-Oranien, Gattin des Großen Kurfürsten. Ihr zu Ehren ließ der märkische Landesherr ein Wasserschloss errichten, die barocke Schlossanlage Oranienburg. Die rührige Holländerin war ein Glücksfall für den Ort und das Land: Sie holte Siedler aus ihrer Heimat in die Mark, die ihr Wissen von Deichbau, Handwerk und Landwirtschaft und einen Hauch holländischer Lebensart mitbrachten.

Vom S-Bahnhof aus führt der Weg über Willy-Brandt-Straße, Lehnitzstraße und Louise-Henriette-Steg in den ältesten Teil der Stadt zur St. Nikolaikirche, deren Turm weithin sichtbar die Häuser der Altstadt überragt. Erbaut wurde sie im Stil einer frühchristlichen Basilika. Gleich in der Nähe steht an der Havelstraße das Waisenhaus, das Louise Henriette 1665 gestiftet hat. Auf dem Weg zum nördlich gelegenen Schloss, dessen strahlend helle Fassade schon von weitem ins Auge sticht, kommt man an der Konditorei Woyht in der Breiten Straße vorbei – hier kann man „Louise-Henriette-Trüffel" kosten. Der Frühbarockbau nebenan ist das alte Amtmannshaus. Gleich dahinter steht das **Schloss Oranienburg**. Heute sind in dem fürstlichen Gebäude das Schloss-Museum und das Kreismuseum untergebracht: Ersteres zeigt Ausstellungen zur preußischen Geschichte. Im Kreismuseum ist eine Dauerausstellung zur Binnenschifffahrt zu besichtigen – im 19. Jh. war der Oder-Havel-Kanal, an dem Oranienburg liegt, ein Hauptverkehrsweg für den Transport von Ton und Holz. Im Schlosspark, der gleich hinter dem Schloss beginnt, lohnt ein Besuch der Gartenschau. Die anlässlich der Landesgartenschau 2009 eingerichtete Ausstellung führt durch „Traumlandschaften einer Kurfürstin". Gemeint ist natürlich Louise Henriette, die in Oranienburg ihre Gartenträume verwirklichte.

Nimmt man vom Schloss aus die südlich des Parks verlaufende Kanalstraße, erreicht man nach ca. einem Kilometer den Oranienburger Kanal, den man überquert. Von hier gelangt man zu Fuß in rund 20 Minuten (Richtung Süden) zu einem besonderen Ortsteil: **Eden**. 1893 von Berliner Vegetariern gegründet, war die Obstbaukolonie ein unabhängiges Gemeinwesen mit eigenen Regeln. Heute können Besucher im Hofladen frisches Gemüse kaufen und sich eine Ausstellung zur Geschichte Edens angucken.

Weit jenseits von Eden, im nordöstlich gelegenen Stadtteil **Sachsenhausen**, errichteten die Nazis 1933 das erste Konzentrationslager Deutschlands. Über 200 000 Häftlinge waren hier interniert, darunter Prominente wie Carl von Ossietzky, Herausgeber der Zeitschrift „Die Weltbühne", und Pastor Martin Niemöller vom christlichen Widerstand. Auf dem KZ-Gelände befinden sich heute eine beeindruckende **Gedenkstätte** und ein **Museum**.

Wer Entspannung braucht, ist im **Spaß- und Erlebnisbad T.U.R.M.** richtig (10 Min. Fußweg vom S-Bahnhof). Von Schwimmbad (mit Riesenrutsche) und Saunalandschaft bis zu Fitness und Bowling reicht das Angebot.

Gedenkstätte und Museum Sachsenhausen
Straße der Nationen 22
16515 Oranienburg
☎ (0 33 01) 200 200
www.stiftung-bg.de
Mitte März bis Mitte Okt.
Di–So 8.30–18 Uhr,
Okt. bis Mitte März
Di–So 8.30–16.30 Uhr
Eintritt frei, Führung
2,50 € /1,50 €
15 Min. Fußweg oder
BUS 804 ab Bahnhof
Lagermuseum, Archiv,
Bibliothek, Führungen
über das Gelände

Obstbau-Siedlung Eden
Ausstellung zur
Geschichte Edens
Struveweg 501
☎ (0 33 01) 5 23 26
www.eden-eg.de
So 14–17 Uhr
BUS 824 ab Bahnhof

Erlebniscity T.U.R.M.
André-Pican-Straße 42
16515 Oranienburg
☎ (01 80) 3 16 21 62
www.erlebniscity.de
Tgl. 9–22 Uhr
Erlebnisbad (3 Std.)
9,80 € / 6,80 €
Tageskarte 12 € / 9 €

Am Schloss Oranienburg

Start
Mühlenbeck-Mönchmühle
S8 alle 20 Min.

(Rad-)Wanderung
Mühlenbeck – Mühlenbecker See – Dammsmühle (– Summter See) – Schönwalde

Länge
ca. 8 km, teils auf Pfaden (Fahrrad muss stellenweise geschoben werden!), mit Summter See ca. 14 km

Rückfahrt
von Summt
BUS 806 tagsüber alle 2 Stunden nach S Mühlenbeck-Mönchmühle

von Schönwalde
NE 27 alle 30 Min. nach S Karow

Strandbad am Kiessee
16567 Mühlenbeck
(400 m vom S-Bahnhof)
FKK möglich
Kiosk, Liegestühle, Sonnenschirme

Restaurant Altes Forsthaus
Bahnhofstraße 19
16567 Mühlenbeck
☎ (0 33 05 6) 8 27 62
Mi–So 11.30–22 Uhr
Deutsche Küche

MÜHLENBECK

Verschlungene Pfade

Ein fast vergessenes Schloss und ein versteckter See lassen sich im Mühlenbecker Forst entdecken.

An heißen Tagen hat man in Mühlenbeck-Mönchmühle die Wahl: Entweder gleich ins Strandbad am Kiessee (zu Fuß 5 Minuten vom S-Bahnhof entfernt) oder lieber zum 2 km entfernten großen Badesee an der Kolonie Arkenberger Grund (immer an der S-Bahn entlang Richtung Berlin). Oder vielleicht doch eine Wanderung oder Radtour zum tief im Wald versteckten Mühlenbecker See? Letzteres ist auf jeden Fall die abenteuerlichere Angelegenheit, denn der Weg führt stellenweise über schmale, halb zugewachsene Pfade. Doch die Mühe lohnt sich – denn es erwartet einen nicht nur viel unverfälschte Natur, sondern auch noch ein halb verfallenes Märchenschloss.

Vom S-Bahnhof geht es links in Richtung Mühlenbeck. Hier befand sich einst eine der vielen Ziegeleien rund um Berlin, die die Steine für die wachsende Metropole lieferten. Gleich nach dem Überqueren der Schienen der ehemaligen Heidekrautbahn biegen wir rechts in die Woltersdorfer Straße ein. Dort ist man auf einen Schlag auf dem Land: Hühner gackern, Gänse watscheln über staubige Höfe. Gleich unterhalb der Kopfstein gepflasterten Straße verläuft in einem Taleinschnitt das schön anzusehende Tegeler Fließ.

In die Bahnhofstraße in Mühlenbeck gehen wir links hinein, um an der großen Kreuzung rechts abzubiegen. An der Gemeindeverwaltung am Ortsende nehmen wir den halbrechts abzweigenden Zehnmühlenweg. Nach dem Überqueren der Autobahn ist der befestigte Weg bald zu Ende – hier beginnt das Naturschutzgebiet Mühlenbecker See.

Ab jetzt geht es nur noch auf kleinen Pfaden weiter. Am Ende des Teerweges biegen wir rechts auf den Feldweg ein, bei der nächsten Gabelung wieder rechts. Diesem schmalen Feldweg folgen wir, bis nach ca. 400 m halblinks ein deutlich sichtbarer Pfad in den Forst führt. Nachdem man auf einem Betonsteg das Fließ überquert hat, taucht man unter hohen Nadel- und Laubbäumen in einen dunklen Wald ein. Bald schimmert links der blaugrüne **Mühlenbecker See** durchs Geäst. Kleine Badestellen wollen erst entdeckt werden. Einige hundert Meter nordöstlich des Mühlenbecker Sees leuchtet die helle Fassade von **Schloss Dammsmühle** durch die Bäume. Seinen Namen verdankt das märchenhafte Anwesen dem Sattlermeister Peter Friedrich Damm, der hier 1755 seinen Landsitz errichtete. Damm hatte es zu viel Geld gebracht, als er die Armeen Friedrichs II. mit Lederzeug ausstatten durfte. Für den Ausbau zum Schloss mit neubarocker Fassade sorgte aber erst 1894 der Gutsherr Adolf Friedrich Wollank. Noch in den 20er Jahren des letzten Jahrhunderts wurden hier rauschende Feste gefeiert. Ab 1952 aber wurde das gesamte Gebiet rund um Dammsmühle abgeriegelt – die Stasi benutze das Gebäude zur Ausbildung von Agenten. Auch ein Teil des West-Berliner Telefonverkehrs soll von hier aus abgehört worden sein. Seit 1989 sucht das Schloss einen neuen dauerhaften Nutzer. Bis es soweit ist, bleibt das Zauberschloss im Wald dem Verfall preisgegeben.

Von Dammsmühle lohnt ein Abstecher zum idyllischen **Summter See** (ca. 3 km). Der Weg führt oberhalb von Dammsmühle durch den Wald in Richtung Westen. Kurz vor dem Erreichen des Summter Sees gabelt sich der Weg um den fast kreisrunden See. Die romantischsten Stellen finden sich auf der Nordseite.

Von Dammsmühle führt ein Waldweg zum 3 km entfernten Regionalbahnhof Schönwalde.

Start und Ziel
Karow
S2 alle 10 Min.
und
NE 27 stündlich bis
Bahnhof Wandlitz oder
Wandlitzsee

(Rad-)Wanderung
Wandlitz – Wandlitzsee –
Ützdorf – Waldsiedlung –
Wandlitz (oder Bernau)

Länge
ca. 10 km

Tourist-Information
Bahnhofsplatz 2
16348 Wandlitz
☎ (03 33 97) 6 72 77
Mo–Do 9–18, Fr 9–16 Uhr
15. Mai– 16 Sept. auch Sa
10–14 Uhr

Agrarmuseum
Breitscheidstraße 22
16348 Wandlitz
☎ (03 33 97) 2 15 58
www.agrarmuseum-wandlitz.de
Di–Fr 10–17 Uhr
Apr.–Okt. auch
Sa/So 10–17 Uhr

Strandbad Wandlitzsee
Gegenüber vom Bahnhof
Wandlitzsee
☎ (03 33 97) 6 48 88
Mai bis Sept.
tgl. 10–19 Uhr,
(Juli/Aug. 9–20 Uhr)

WANDLITZ

Klare Seen und tiefe Wälder

Die Fahrt mit der ehemaligen Heidekrautbahn ist eine gemütliche Reise heraus aus der Stadt.

Der Zug vom S-Bahnhof Karow nach Wandlitz zieht gemächlich an Wiesen und Wäldern vorbei. Bei jedem unbeschrankten Bahnübergang vermindert der Zugführer nochmals das Tempo. Seit 1901 kommt die Bahn nach Wandlitz, und seitdem kommen auch die Berliner in die reizvolle Gegend mit den klaren Seen und dichten Buchenwäldern.

Wir empfehlen einen Spaziergang durch das alte Dorf, dann zum Wandlitzsee und schließlich eine Umrundung des idyllischen Liepnitzsees, mit einem Abstecher zur Waldsiedlung. Also aussteigen am Bahnhof Wandlitz.

Der Siedlungsname **Wandlitz** kommt ursprünglich aus dem Slawischen und bedeutet „Menschen die am Wasser leben". Von diesem nassen Element gibt es wahrlich genug und in schönster Form rund um Wandlitz. Das zog vermutlich auch die ersten slawischen Bewohner hierher, sie lebten von 600 bis 1200 n. Chr. am Ufer des Sees.

Deutsche Siedler errichteten im 13 Jh. die ersten Gebäude. Das Dorf Wandlitz hat sich viel von seinem bäuerlichen Charakter bewahrt. Dazu gehört nicht nur der Dorfanger und die Dorfkirche, die ihren Ursprung im 13 Jh. haben, sondern auch das Agrarmuseum im historischen Ortskern. Ein Rundgang durch die 2000 qm große Sammlung vermittelt viel Interessantes und Wissenswertes aus der Regionalgeschichte der letzten 200 Jahre.

In Sichtweite des gleichnamigen Sees geht es weiter zum Ortsteil **Wandlitzsee**.

Hier sieht es ganz anders aus: Am Nordufer des großen Gewässers sind seit Beginn des 20. Jhs. zahlreiche Villen und Landhäuser entstanden. 1926 wurde das große Seebad (heute **Strandbad**

Wandlitzsee) eröffnet, unmittelbar gegenüber des Bahnhofs, der ebenfalls damals entstand. Der sehenswerte Bau von dem Berliner Architekten Wagner im Stil der Neuen Sachlichkeit wurde aufwändig rekonstruiert und strahlt heute wieder in seiner ganzen Schönheit.

Nordwestlich vom Bahnhof führt ein Weg an der Villenkolonie „Heilige Drei Pfühle" von 1907 vorbei in Richtung Ützdorf und zum **Liepnitzsee**. Der ganz vom Wald umgebene See bietet an vielen Stellen Gelegenheit zu einem Sprung ins wunderbar klare Wasser. An Sommerwochenenden kommen viele Ausflügler hierher. Vom großen Parkplatz am Nordufer verkehrt sogar eine Fähre zu der im See gelegenen Insel Großer Werder und zum weniger belebten Südufer. Wer den See zu Fuß umrunden möchte, kann im winzigen Weiler Ützdorf einkehren. Dort sind rustikale Lokale auf Gäste eingestellt.

Unweit vom Südufer des Sees (Richtung: Bernau) bietet sich noch Gelegenheit für einen Abstecher in einen besonderen Ortsteil von Wandlitz, die **Waldsiedlung**.

Hier wohnte streng abgeschirmt hinter hohen Zäunen die Politprominenz der DDR. Die freistehenden Häuser mit zwei Etagen wirken eher bieder denn luxuriös. Doch hatte man sich ein kleines Komfort-Ghetto geschaffen, mit eigenem Laden und Versorgungseinrichtungen aller Art. Heute hat sich auf dem weitläufigen Gelände die private Brandenburg-Klinik eingerichtet, man kann die Häuser der DDR-Führung aber von außen besichtigen.

Wer mit dem Fahrrad unterwegs und noch nicht zu erschöpft ist, kann vom Liepnitzsee den gut ausgebauten Radweg zum 10 km entfernten S-Bahnhof Bernau nehmen (▸ Seite 30). Zum Regional-Bahnhof Wandlitz sind es ca. 2 km.

Surf-Center Wandlitz
Prenzlauer Chaussee 150
☎ (03 33 97) 6 04 80
Mo–Fr 10–18 Uhr
Neben dem Strandbad Wandlitzsee

Waldbad am Liepnitzsee
Nordostufer
☎ (03 33 97) 8 19 15
Mai–Sept.
Mo–Fr 9–19 Uhr,
Sa/So 9–20 Uhr

Seepark-Kurhotel
Kirchstraße 10
☎ (03 33 97) 75-0
12–21 Uhr
www.seepark-wandlitz.com
Nov.–Feb.
Mo/Di geschlossen
Französische Küche am Wandlitzsee

Jägerheim Ützdorf
Wandlitzer Straße 12
16348 Wandlitz
OT Lanke-Ützdorf
☎ (03 33 97) 75 30
www.jaegerheim-uetzdorf.de
Tgl. ab 11.30 Uhr
Frische Fischgerichte, Wildspezialitäten

Start und Ziel
Bernau
S2 alle 20 Min.

Stadtspaziergang

Karte ▸ Seite 33

Tourist-Information
Bürgermeisterstraße 4
16321 Bernau
☎ (0 33 38) 76 19 19
Apr.–Sept.
Mo–Fr 9–18 Uhr
Sa 9–13 Uhr
Okt.–März
Mo, Mi, Fr 9–17 Uhr
Di, Do 9–18 Uhr
Kostenloser Stadtplan

Gasthof Schwarzer Adler
Berliner Straße 33
☎ (0 33 38) 75 18 81
www.schwarzeradler-bernau.de
Tgl. ab 11 Uhr
Historische Gaststätte, deutsche Küche

Museum Henkerhaus
Am Henkerhaus
☎ (0 33 38) 22 45
Di–Fr 9–12, 13–17 Uhr
Sa/So 10–13, 14–17 Uhr
Werkzeuge des Scharfrichters, u. a. das Richtschwert aus dem 16. Jh.

BERNAU

Tuchmacher und Bierbrauer

Bernau, die alte Stadt am Rand des Barnim, hat sich viel mittelalterliche Atmosphäre bewahrt. Dafür sorgt vor allem die fast vollständig erhaltene Stadtmauer aus dem 14. Jahrhundert, die den Stadtkern umschließt.

1140 von Markgraf Albrecht gegründet, wurde Bernau im Mittelalter durch Braukunst, Tuchmacherei und durch die günstige Lage an einem Handelsweg zur Ostsee eine wohlhabende Stadt. Besonders das Bier war es, das Bernau weithin bekannt machte: Bis zum Dreißigjährigen Krieg wurde in über 140 Braustellen das dunkle, herbbittere Gebräu hergestellt. Der Gerstensaft und die schöne Lage im Grünen sorgten auch dafür, dass sich Bernau mit dem Bau der Eisenbahn 1842 zu einem beliebten Ausflugsziel für Berliner entwickelte. Ein besonderer Anziehungspunkt ist das mehrtägige Hussitenfest, das alljährlich am 2. Juniwochenende gefeiert wird. Der Name bezieht sich auf ein Ereignis aus dem Jahre 1432. Damals griffen Hussiten die Stadt an, konnten aber erfolgreich abgewehrt werden: „Der Bernau'sche heiße Brei macht die Stadt hussitenfrei!" In einem großen Spektakel wird der Angriff in historischen Kostümen nachgespielt, ein bunter Markt und ein großer Festumzug lassen die Besucher ein wenig in eine alte Welt zurückschauen. Doch auch ohne Hussitenfest ist Bernau eine Reise wert:

Ein möglicher Rundgang beginnt am Bahnhof. Über die Bahnhofstraße und vorbei an der katholischen Herz-Jesu-Kirche von 1908 erreicht man in wenigen Minuten das **Steintor**. Hier, am letzten erhaltenen der ehemals drei Stadttore betritt man den historischen Stadtkern. Der spätgotische Torbau, seit 1882 Stadtmuseum, ist Teil der bis zu 8 m hohen und ca. 1300 m langen Stadtmauer. Im Museum ist eine historische Waffensammlung zu sehen, sowie Zeugnisse alter Handwerkskunst und

Schriften aus der Stadtgeschichte Bernaus. Das Steintor ist durch Wehrgänge mit dem Hungerturm verbunden, von dem aus man einen schönen Blick über die Stadt hat. Vom Steintor geradeaus über die Berliner Straße kommend, biegt kurz nach der historischen Gaststätte Schwarzer Adler (linke Straßenseite) rechterhand die Bürgermeisterstraße ab. Diese Fußgängerzone im Mittelpunkt des heutigen Bernau verbindet Altes mit Neuem: Rechts stehen kleine geduckte Häuser aus längst vergangenen Zeiten, links das große Laubenganghaus aus den 70er Jahren des 20. Jhs.

Am Ende der **Bürgermeisterstraße** stößt man auf den Marktplatz mit der beeindruckenden Marienkirche. Das Hallenschiff wurde im frühen 16 Jh. vollendet und ist reich mit Kunstwerken ausgestattet. Dazu gehört auch ein Flügelaltar aus der Schule Lukas Cranachs des Älteren. Am zweiten Oktoberwochenende öffnet die Kirche ihre Pforten für das Festival Alter Musik. Neben der Kirche stehen auch das Rathaus aus dem frühen 19. Jh. und schön restaurierte Bürgerhäuser am Marktplatz. Weiter geht es über die Mühlenstraße zur Stadtmauer, wo bald links das Henkerhaus steht: Hier kann man sich historische Folterwerkzeuge und andere schaurige Instrumente anschauen. Etwas weiter westlich steht der **Pulverturm** mit einer Höhe von 26 Metern. Wenige Schritte von der Stadtmauer und vom Pulverturm entfernt liegt an der Tuchmacherstraße das Kantorhaus, 1582/83 errichtet und damit das ältestes Wohnhaus der Stadt. Nach wie vor ist dieses Gebäude mit Musik verbunden: Heute ist hier eine Musikschule untergebracht.

Zurück über den nahen Marktplatz geht es noch einmal zur Mühlenstraße, wo man außerhalb der Stadtmauer das dreifache Wall- und Grabensystem sehen kann, das Bernau zusätzlich zur Stadtmauer schützte. Heute hält es keine Feinde mehr ab, sondern ist Teil einer attraktiven Parkanlage geworden, die zu Mußestunden unter Bäumen einlädt.

Am Steintor betritt man den historischen Stadtkern von Bernau

Sankt-Marien-Kirche
Kirchplatz 8
☎ (0 33 38) 7 02 20
www.bernaustmarien.de
Kirche geöffnet Apr.–Okt.
Mo–So 14–16 Uhr

Museum im Steintor
Berliner Straße
☎ (0 33 38) 29 24
Mai–Okt.
Di–Fr 9–12 und 14–17 Uhr,
Sa/So 10–13 und 14–17 Uhr

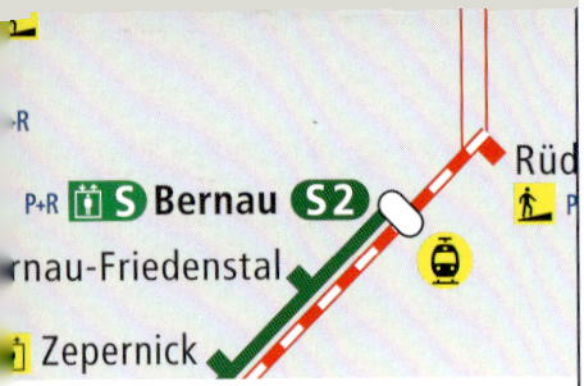

Start und Ziel
Bernau
S2 alle 20 Min.

Radwanderung
Bernau – Bauhausdenkmal – Liepnitzsee

Länge
ca. 10 km einfach

Restaurant Waldkater
Wandlitzer Chaussee 10
☎ (0 33 38) 57 64
www.waldkater.de
Tgl. ab 11.30
Mi/ Do geschlossen
Beliebtes Ausflugslokal

Am Liepnitzsee

BERNAU – LIEPNITZSEE

Radtour zum Liepnitzsee

Ein gut ausgebauter Radweg führt vom S-Bahnhof Bernau zu einem der schönsten Badeseen in der Umgebung Berlins. Am Wegesrand liegt ein bedeutendes Denkmal der Bauhaus-Architektur.

Schon am Bahnhof stehen Hinweistafeln zu den Radwegen rund um Bernau. Der Weg zum Liepnitzsee ist mit R1 beschildert. Vorbei am Bernauer Marktplatz (▸ Seite 31) geht es über die Mühlenstraße aus dem alten Stadtkern heraus. Wir passieren kurz nach der Stadtmauer das St. Georgenhospital. 1328 von der Tuchmachergilde gestiftet, wurde es 1432 von den Hussiten niedergebrannt und noch im 15. Jh. wieder aufgebaut.

Außerhalb Bernaus verläuft der Radweg zunächst parallel zur Landstraße, die erst Oranienburger Straße, dann Wandlitzer Chaussee heißt. Nach ca. 5 km weist ein Schild zum **Bauhausdenkmal**: Die ehemalige Bundesschule des Allgemeinen Deutschen Gewerkschaftsbundes, gebaut ab 1928 nach Plänen des Dessauer Bauhausdirektors Hannes Meyer. Es entstand ein Licht durchflutetes Tagungszentrum, das sich harmonisch in das hügelige Gelände am Waldrand einpasste. 1930 konnten die ersten Lehrgänge in dem Gebäudekomplex stattfinden. Mit dem Beginn des Dritten Reiches wechselte die Leitung der Schule. Zunächst wurde sie eine Reichsführerschule, später wurden hier Beamte von SS und Gestapo ausgebildet. Mit dem Kriegsende fiel das Gebäude wieder an die Gewerkschaft zurück, die sich bald FDGB nannte. Nach der Wende bröckelte der Putz, es war unklar, wie es mit dem Komplex weitergehen sollte. Inzwischen wurde ein Käufer gefunden, der das Gebäude originalgetreu restauriert hat. Gleich neben der Gewerkschaftsschule liegt ein Freibad mit großem Becken, erreichbar über das Gelände des Bauhausdenkmals.

Der Radwanderweg verläuft weiter parallel zur Landstraße, bis er sich nach weiteren 2 km davon

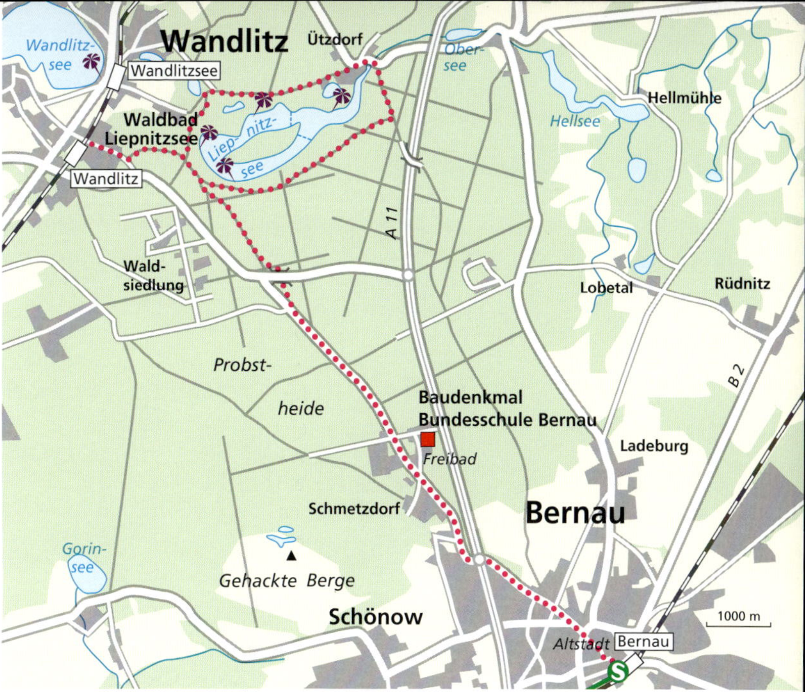

entfernt, eine Bundesstraße unterquert und direkt in den lauschigen Buchenwald eintaucht. Bald schimmert in einem Taleinschnitt die Wasserfläche des Liepnitzsees (▸ Seite 29) durch die Bäume. Nun teilt sich der Weg. Gut ausgeschildert ist die Route zum Waldbad **Liepnitzsee**. Zur Anlegestelle der Fähre zur Insel Großer Werder, dem Ziel vieler Badebegeisterter, hält man sich rechts. So oder so kann man den Liepnitzsee auf Waldwegen ganz umrunden. Die Fähre verbindet den Großen Werder mit dem Süd- und Nordufer des Liepnitzsees. Fahrräder können mitgenommen werden.

Vom Nordufer des Sees führt ein Asphaltweg in Richtung Ützdorf. In dem winzigen Weiler kann man im rustikalen „Jägerheim" eine Rast einlegen. Von Ützdorf führt der Weg mit dem blauen Balken wieder zurück in den üppigen Mischwald, um den Liepnitzsee herum und auf den Radweg R1 nach Bernau. Weniger sportliche Ausflügler können vom Liepnitzsee (ab Höhe Waldbad) auch den ausgeschilderten Weg ins 3 km entfernte Wandlitz nehmen und von dort mit der Regionalbahn zurückfahren (▸ Seite 28).

Baudenkmal Bundesschule Bernau
Hannes-Meyer-Campus 9
☎ (0 33 38) 76 78 75
www.baudenkmal-bundesschule-bernau.de
Di–Fr 9–12 Uhr und nach Vereinbarung
Eintritt 2 €/1 €
(Ständige Ausstellung)
Führung im Baudenkmal und Ausstellung 5 €

OSTEN

Start und Ziel
Tierpark
U5 alle 3–10 Min.
oder
S5, S7, S75 bis
Friedrichsfelde Ost
und Tram M17, 27 bis
Tierpark Berlin

Stadtausflug
Tierpark
Schloss Friedrichsfelde

Tierpark Berlin Friedrichsfelde
Am Tierpark 125
10319 Berlin
✆ (0 30) 51 53 10

01.01.–19.03. 9–16 Uhr
20.03.–12.09. 9–18 Uhr
13.09.–24.10. 9–17 Uhr
25.10.–31.12. 9–16 Uhr
www.tierpark-berlin.de
11 € / 9 € / Kinder
(5–15 Jahre) 6 €
Bollerwagenausleihe 4 €,
zzgl. 10 € Pfand

Terrassencafé
In der Nähe des Eingangs „Bärenschaufenster".
Öffnungszeiten wie Tierpark
✆ (0 30) 5 12 31 43

Von Frühjahr bis Herbst gibt es noch einige Kioske mit Snacks und Getränken. Besonders schön gelegen, mit Tischen und Bänken, ist ein Kiosk in der Nähe des Dickhäuterhauses.

TIERPARK FRIEDRICHSFELDE

Schlosspark und Zoo

Ein Wolfsrudel, alte und junge Elefanten, kleine und große Tiger und viel Platz drumherum – das und noch viel mehr bietet der Tierpark in Friedrichsfelde.

Berlin hat, wie wenige andere Städte in der Welt, zwei „Zoos“, die sich gewaltig unterscheiden und dadurch ergänzen. Der Zoologische Garten am Rande des Tiergartens ist auf einer Fläche von 35 ha wohl der artenreichste der Welt. Der **Tierpark Berlin Friedrichsfelde** dagegen ist mit einer über viermal so großen Fläche einer der größten. Entstanden ist er während des „Kalten Krieges“ – der Ost-Berliner Magistrat wollte einen eigenen Zoo. 1955 wurde er, 111 Jahre nach dem Zoologischen Garten, im Schlosspark Friedrichsfelde eröffnet.

Ebenfalls im Park steht das **Schloss Friedrichsfelde**. Das im frühklassizistischen Stil umgestaltete Gebäude beherbergt Kunst des 17. und 18. Jhs. Auch wenn die Stiftung Stadtmuseum das Schloss im Januar 2009 dem Tierpark überlassen hat, soll der Museumsbetrieb vorerst weiter gehen.

Die Gartenanlage wurde 1821 von Peter Joseph Lenné, dem bekanntesten Landschaftsarchitekten seiner Zeit, angelegt und blieb während des II. Weltkrieges weitgehend von Zerstörungen verschont. In diesem historischen Park erstrecken sich die Freigehege vieler Tiere und diverse Tierhäuser. In den beinahe fünf Jahrzehnten seines Bestehens entwickelte sich der Tierpark zu einer der attraktivsten innerstädtischen Spazier- und Schaumöglichkeiten. Natur und Kultur pur in einem Park mit einem wunderschönen Baumbestand und weitläufigen Wegen. Man sollte einen halben, eher einen ganzen Tag dafür einplanen.

Eine konkrete Route durch den Tierpark zu empfehlen, wäre vermessen. Übersichtspläne und Wegweiser befinden sich überall. Wer sich für bestimmte Tiere interessiert und sie sehen will, kauft am besten einen Übersichtsplan am Eingang, damit finden sich die entsprechenden Gehege am leichtesten. Wer lieber spazieren gehen und dabei auch die Tiere sehen will, kann erst dem äußeren und dann dem inneren Rundweg folgen. Wer den Park mit (kleinen) Kindern besucht, sollte sich am Eingang einen Leiterwagen ausleihen – für den Transport laufmüder Kinder ist er unersetzlich.

Im Tierpark

Zu den Höhepunkten des Tierparks gehört das **Alfred-Brehm-Haus** mit seinen Freianlagen zur Haltung von Großkatzen. Panther, Jaguare, Leoparden, verschiedene Arten von Tigern und Löwen sind zu sehen. Flughunde und tropische Vögel flattern denen um den Kopf, die sich in die große Tropenhalle in der Mitte des Hauses hineintrauen. Augenscheinlich bevorzugen die Flughunde ja Obst, das auf Äste gesteckt und auf Tellern angerichtet ist. So ein bisschen erinnern sie aber ja nun doch an Dracula - wohl dem, der eine Knoblauchzehe bei sich hat! Das Dickhäuterhaus für afrikanische und asiatische Elefanten ist meist gut besucht, besonders seitdem dort 1994 das 200 qm große Schaubecken für Seekühe eröffnet wurde. Durch große Scheiben kann der Besucher sie beim Schwimmen, Tauchen und Futtern beobachten und sich überlegen, welche Ähnlichkeit zu Elefanten er findet – mit denen sind sie nämlich verwandt. Das Kolibri-Krokodil-Haus, eine tropische Landschaft, und die Schlangenfarm mit ihrer Artenvielfalt sind weitere Attraktionen.

Die 1995 fertiggestellte Giraffenanlage ist sehr großzügig angelegt (7400 qm), so dass die Tiere viel Bewegungsfreiheit haben. So viel, dass man manchmal gar keine Giraffen sieht und sich wundert, warum in den seltsamen Basketballkörben Heu liegt. Ein letzter Hinweis gilt der hügeligen Anlage für Gebirgstiere und Greifvögel sowie dem betretbaren Gehege der roten Varis (Halbaffen). Lassen Sie sich von denen nicht erschrecken.

Cafeteria Aquarium
(in der Nähe der Känguru-freigeheges)
Der Tierpark verfügt nicht über ein eigenes Aquarium, hier ist aber eine kleine Aquarienausstellung zu sehen. In der Regel geöffnet während der Öffnungszeiten des Tierparks.
✆ (0 30) 5 12 31 43

Zwei Tipps für Fans:

Fütterungszeiten der Großkatzen im Alfred-Brehm-Haus:
Sa–Do ca. 15 Uhr
(Freitag: Fastentag)

Badezeiten der Elefanten:
Sa/So ca. 12 Uhr

Start und Ziel
Marzahn
S7 alle 10 Min.
und
BUS 195 bis Eisenacher Straße oder 40 Min. zu Fuß

Stadtausflug
Erholungspark
Gärten der Welt
Alt-Marzahn

GÄRTEN DER WELT

Ausflug nach Fernost

Bei einem Spaziergang durch den „Garten des wiedergewonnenen Mondes", den mit 2,7 Hektar größten Chinesischen Garten Europas, kann man „sein Alter, seine Herkunft und seine Müdigkeit vergessen" – ganz so, wie die traditionsreiche chinesische Gartenkunst es will.

Das Herzstück der in vornehmer Schlichtheit gestalteten Anlage ist ein 4500 qm großer See. Pavillons, ein Teehaus und Zierfelsen sind um diesen „Spiegel des Himmels" gruppiert. Sanft geschwungene Wege führen an Bambus, Kiefern, Kirschen und Pfingstrosen vorbei und geben immer neue Perspektiven auf den vor allem in den Farben rot, grau und weiß gestalteten Garten frei. Nicht versäumen sollte man eine Einkehr im Teehaus zum Osmanthussaft direkt am See. In stilechten Schälchen werden mehr als 30 Sorten des traditionsreichen Getränks serviert. Nach Anmeldung kann man sogar einer chinesischen Teekunstvorführung beiwohnen. Der Garten ist ein Original: Der Entwurf stammt vom Pekinger Institut für klassische Gartenarchitektur. Die Ausführung übernahmen chinesische Facharbeiter, Gebäudeteile und Felsen kamen per Schiff direkt aus dem Reich der Mitte.

Chinesischer Garten

Der Chinesische Garten liegt inmitten des 21 ha großen Erholungsparks Marzahn und ist einer von bisher acht eindrucksvollen **Gärten der Welt**, die in den vergangenen Jahren hier angelegt wurden. Wer nach Marzahn fährt, kann durch asiatische, orientalische und europäische Gärten spazieren und das grüne Glück in einer umwerfenden Vielfalt von Farben, Formen und Blüten genießen.

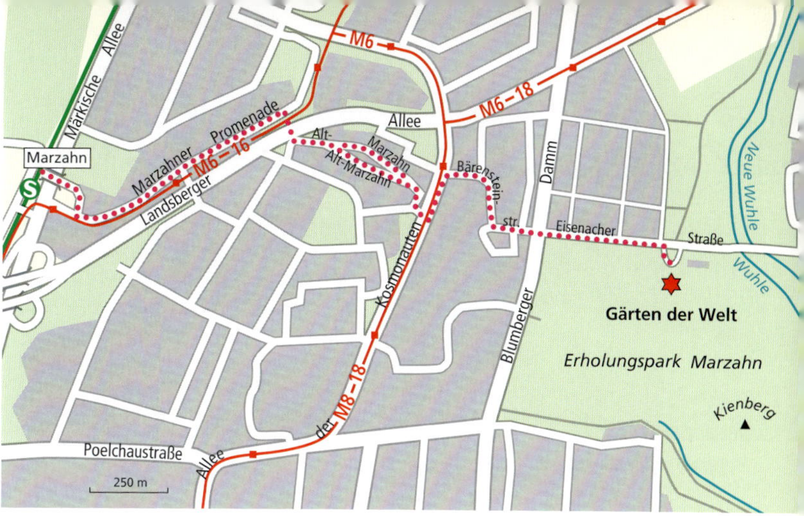

Fernöstliche Gartenkunst ist nicht nur im Chinesischen Garten zu erleben, sondern auch im Japanischen „Garten des zusammenfließenden Wassers". Ahornbäume, Azaleen und Magnolien sind zusammen mit einem (Trocken-)Wasserfall aus Steinen und akkurat geharkten hellen Kiesflächen formvollendet arrangiert und haben die meditative Ausstrahlung eines Tempelgartens.

Eine weitere Attraktion ist der Balinesische „Garten der drei Harmonien". Die tropische Pflanzenpracht ist durch ein Gewächshaus geschützt, ein Besuch lohnt sich also auch im Winter. Im „Seouler Garten" wird koreanische Gartenkunst gezeigt. Dazu gehören neben einem Bach und einem Teich auch Höfe, ein Pavillon und reicher Figurenschmuck, zum Beispiel steinerne Schutzgeister.

Erholsam ist auch ein Spaziergang durch den orientalischen „Garten der vier Ströme". Die Anlage mit Wasserspiel, Arkadengang und Brunnen entspricht symbolisch der Idee des Paradieses, wie sie der Koran beschreibt.

Nicht zuletzt sind in Marzahn auch Highlights europäischer Gartenkultur zu finden. Zum Beispiel das Ensemble von Irrgarten und Labyrinth. Beide gehören zu den ältesten Gestaltungselementen der Gartenkunst.

1225 immergrüne, zwei Meter hohe Eiben bilden den Hecken-Irrgarten mit Kreuzungen, Sack-

Gärten der Welt im Erholungspark Marzahn
Eisenacher Straße 99
((0 30) 700 906-699
www.gruen-berlin.de
Tgl. ab 9 Uhr bis zum Einbruch der Dunkelheit
(im Winter: 16 Uhr)
3 € / 1,50 €
Abweichende Öffnungszeiten des Japanischen Gartens: Apr.-Ende Okt. Mo–Fr erst ab 12 Uhr, Sa, So ab 9Uhr

Chinesisches Teehaus Berghaus zum Osmanthussaft
Apr.–Okt.
tgl. 10.30–18 Uhr
Nov.-März. Sa/So bei schönem Wetter geöffnet.
Anmeldung zur Vorführung chinesischer Teekunst bei Frau Yu
((0179) 3 94 55 64

Orientalischer Garten

gassen und einem komplexen Wegesystem. Vorbild dafür ist der Garten des britischen Königsschlosses Hampton Court. Zwei massive Steinblöcke aus Granit flankieren den Zugang zur Mitte, neben einem Gingko-Baum steht dort ein blauer Aussichtsturm, von dessen Spitze die Besucher einen Blick über die kunstvolle geometrische Form des Irrgartens werfen können. Ins Zentrum des Irrgartens gelangt man nur durch eigene Mühe, zahlreiche Wege und Abzweigungen enden im Nichts. Der Wanderer ist gezwungen, sich ständig neu zu orientieren.

Anders das grau und schwarz gepflasterte Labyrinth nebenan, das nach französischem Vorbild entstand: Es gibt nur einen Weg, der allerdings in vielen Windungen verläuft. Geduld und Konzentration sind gefragt, aber man wird geführt und kann sich dabei auf sich selbst und seinen „Lebensweg“ besinnen. Im Zentrum des Labyrinthes befindet sich eine Vertiefung, in der sich als „Spiegel des Himmels“ das Regenwasser sammeln kann.

Ausflug in die Toskana gefällig? Der Italienische Renaissancegarten verströmt das passende Flair, mit kunstvoll geschnittenen Buchsbaumhecken, Steinbänken, Skulpturen und bunter Blütenpracht in Terrakottagefäßen. „Giordano della Bobolina“ heißt der Garten. Der Name nimmt Bezug auf die Marmorfigur „Bobolina“, eine der populärsten Gartenfiguren im Florenz des 16. Jahrhunderts.

„Es wird durchgeblüht!" war das Motto des Staudenzüchters und Schriftstellers Karl Foerster (1874-1970). Mit dem Karl-Foerster-Staudengarten wurde dem Gartenphilosophen ein blühendes Denkmal gesetzt. Rings um eine türkisblaue Holzpergola sind Beete mit Prachtstauden wie Rittersporn, Sonnenbraut und Astern angelegt, sortiert gepflanzt nach Foersters Idee der Farbdreiklänge wie z. B. „himmelblau-rosa-weiß". Markante Sträucher wie Schneeball oder Winterduft-Heckenkirschen machen den Garten (ganz im Sinne Foersters) auch außerhalb der Blütenhauptsaison zum Erlebnis.

Vielseitig ist auch der **Erholungspark Marzahn** selbst: Spiel- und Sportbereiche, großflächige Wiesen, Rhododendron- und Staudengärten machen die Anlage für Jung und Alt attraktiv. Der Park liegt eingebettet in die weitläufige Plattenbau-Landschaft von Marzahn und Hellersdorf. Die Hochhaus-Riesen, die sich hinter chinesischen Pavillons und blühenden Beeten erheben, bilden eine ungewöhnliche Kulisse für die grüne Oase.

Wer zurück zum S-Bahnhof Marzahn geht, kann inmitten der Großsiedlung noch ein dörfliches Idyll besichtigen: **Alt-Marzahn**, ein 700 Jahre altes Dorf. Zu erreichen ist es vom Erholungspark in ca. 15 Minuten zu Fuß. Man geht die Eisenacher Straße Richtung Blumberger Damm, überquert diesen und folgt auf der anderen Seite der Bärensteinstraße bis zur Allee der Kosmonauten, biegt in diese links ab und hat mit der nächsten Straße, die nach rechts abzweigt schon Alt-Marzahn erreicht.

In der Mitte des Dorfes liegt der spindelförmige Anger mit der Kirche, die 1870/71 erbaut wurde. Die Gemeindeschule nebenan stammt aus dem Jahr 1912, heute hat dort das Bezirksmuseum Marzahn-Hellersdorf seinen Sitz. Die Hühner, die in Alt-Marzahn gezüchtet werden, gewinnen sogar Preise auf Landwirtschaftsmessen. Die gesamte Dorfanlage steht unter Denkmalschutz. Über der kopfsteingepflasterten Gasse Alt-Marzahn liegt auf einem Hügel die **Bockwindmühle**, eines der Wahrzeichen des Bezirks. Nach alter Handwerkstradition mahlt ein Müllermeister hier noch Korn.

Bockwindmühle
Landsberger Allee / Ecke Allee der Kosmonauten
☎ (0 30) 5 45 89 95
www.marzahner-muehle.de
Mo–Fr 10–12 und 13–17 Uhr,
Apr.–Okt. auch So 15–17 Uhr
Führungen nach Voranmeldung

Bezirksmuseum Marzahn-Hellersdorf
Alt-Marzahn 51
☎ (0 30) 54 79 09-21/27 (-27 Sonntags)
Mo, Di und Do 10–17 Uhr
Mi 10–19 Uhr,
So 11–17 Uhr

Landhaus Marzahner Krug
Alt Marzahn 48/Dorfanger
☎ (0 30) 5 40 05 60
Tgl. ab 11 Uhr
Deutsche Landhausküche

Japanischer Garten

Start
Hoppegarten
S5 alle 20 Min.

(Rad-)Wanderung
Stadtausflug

Länge
ca. 6 km einfach

Rückfahrt
Neuenhagen
S5 alle 20 Min.

HOPPEGARTEN – ALTLANDSBERG

Galopp und Mittelalter

Wer mit der S-Bahn nach Hoppegarten fährt, denkt zuallererst an die berühmte Galopprennbahn. Hoppegarten ist aber auch Ausgangspunkt für eine Tour ins mittelalterliche Altlandsberg.

Mit ca. 65 ha Fläche ist die **Galopprennbahn Hoppegarten** eine der großzügigsten in Deutschland, von ihrer Anlage soll sie die schönste ihrer Art sein. Ein besonderer Förderer der Rennbahn war Kaiser Wilhelm I. Die Kaisertribüne, eine der drei historischen Tribünen, zeugt noch heute davon. Schon bald nach der Einweihung 1868 wurden die Rennen zu einem wichtigen gesellschaftlichen Ereignis. Das ist bis heute so geblieben. An so manchem Renntag sind Damen mit ausladenden Hüten und Herren im feinen Zwirn zu sehen, die bei einem noblen Picknick versuchen, ein wenig Royal-Ascot-Atmosphäre entstehen zu lassen. Auf Pferde wetten kann man hier selbstverständlich auch - wer diese Tour am Wochenende während der Saison macht, kann also erst einmal sein Wettglück versuchen.

Unser Weg führt uns von der Rennbahn aus durch Neuenhagen. Am Ortsende beginnt parallel zur Straße der Radweg nach **Altlandsberg**. Sind wir am schön restaurierten Rathaus vorbei, fällt unser Blick schon auf die Stadtmauer und einen der beiden erhaltenen Tortürme, das **Berliner Tor.**

1230 am Rande einer wichtigen Handelsstraße gegründet, wurde Altlandsberg schon 1432 von den Hussiten erstürmt. Im Dreißigjährigen Krieg wurde die Stadt weitgehend zerstört. Auch später hatte man kein Glück: Die Handelsstraßen verloren an Bedeutung und die Eisenbahnlinien machten einen Bogen um die Stadt. Eine Kleinbahn nach Hoppegarten wurde 1960 eingestellt. So gibt es hier nur noch den Straßennamen „Am Bahnhof". Eines aber ist geblieben: das Bild und der fast unveränderte Grundriss einer mittelalterlichen Stadt.

Galopprennbahn Hoppegarten
Goetheallee 1
15366 Dahlwitz-Hoppegarten
☎ (0 33 42) 6 45 72
www.galopprennbahn-hoppegarten.de
8–35 €
Rennsaison von Apr.–Okt. (ca. jedes zweite Wochenende)

Stadtinformation Altlandsberg
Am Strausberger Tor 1
15345 Altlandsberg
☎ (03 34 38) 6 00 00
www.altlandsberg.de
Mo–Fr 10–12 u. 12.30–16.30 Uhr
Mai–Sept. auch Sa/So/Fei 9.30–13.30 Uhr
Stadt- u. Umgebungsplan: gegenüber dem Rathaus

Ein gut ausgeschilderter historischer Rundweg führt um die größtenteils erhaltene Stadtmauer herum. Wenn man sich etwas Zeit lässt, kann man die sehr eigene Atmosphäre spüren.

Innerhalb der Stadtmauern ist die Restaurierung nahezu abgeschlossen, das Flair einer mittelalterlichen Stadt ist bereits wieder vorhanden. Zunächst sollte man deswegen der kopfsteingepflasterten Berliner Straße folgen, um zum historischen Marktplatz zu gelangen. Hier hat man fast das Gefühl, als wäre die Zeit stehen geblieben – wäre da nicht statt Ochsen- und Eselkarren der Autoverkehr, der über das Pflaster rumpelt.

Über die Kirchstraße gelangt man zur Stadtkirche. Sie wurde aus Feldsteinen im 13. Jh. errichtet, um 1500 spätgotisch umgebaut und im 19. Jh. verändert. Hinter dem Gotteshaus lag das Areal des Altlandsberger Schlosses. 1757 brannte es komplett ab, aus den Trümmern wurde die barocke Schlosskirche erbaut. Heute ist in ihr eine Kunstglaserei untergebracht. Vom Schloss selber sind nur noch gesicherte Reste der Grundmauern und des Kellers vorhanden.

Von hier dem Rundweg folgend, gelangt man über die Buchholzer Straße und die Gasse Amtswinkel zum zweiten erhaltenen Stadttor, dem **Strausberger Tor.** Seit Jahren nistet auf diesem Turm das gleiche Storchenpaar.

Über die Strausberger Straße kommt man zum Bollensdorfer Weg, der entlang des historischen Scheunenviertels Richtung Neuenhagen führt. Später führt er als Feldweg durch das reizvolle Mühlenfließ (auch als Wanderweg geeignet). Den S-Bahnhof Neuenhagen erreicht man nach 5 km.

Restaurant Armenhaus
Am Strausberger Tor 2
(direkt am
Strausberger Tor)
☎ (03 34 38) 6 04 28
Di–So ab 11 Uhr
Deftige Küche, im Sommer Tische im idyllischen Innenhof

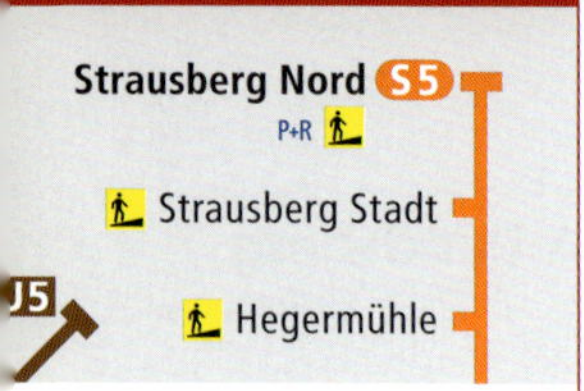

Start und Ziel
Strausberg Stadt
S5 alle 40 Min.

Stadtausflug
Wanderung

Heimatmuseum
August-Bebel-Straße 33
((0 33 41) 2 36 55
ganzjährig Di, Mi, Do
10–12 u. 13–17 Uhr,
So auf Anfrage im Sommer geöffnet
Eintritt: 2 € / 0,80 €
Führungen nur nach Anmeldung.

Restaurant am Fischerkietz
Fischerkietz 6
((0 33 41) 49 79 00
www.restaurant-fischerkietz.de
Mit schönem Seeblick

Fähre
Mitte März–Okt. tgl. halbstündl. 9.25 bis 17.35
Nov.–Mitte März Sa/So/Fei halbstdl. 9.25 bis 16.35 Uhr
Juni–Aug. tgl. halbstdt. 9.25–19.35 Uhr
Zusätzliche Fahrten nach Absprache möglich, Änderungen vorbehalten
((0 33 41) 2 25 65

Fängersee und Spitzmühle

Für Radler und Wanderer wie auch für Wandermuffel gibt es rund um Strausberg schöne Ausflugsziele.

Um mit der zweiten Gruppe zu beginnen: Strausberg ist ein guter Tipp für Ausflügler, die mit kleinen Kindern im Kinderwagen oder zu Fuß unterwegs sind oder die aus anderen Gründen keine weiten Wanderungen machen wollen.

Vom S-Bahnhof Strausberg Stadt führt ein markierter Weg (grüner Strich) in knapp zehn Minuten zu Fuß in die Stadt und zur Fähre.

Noch zentraler liegt die Haltestelle Lustgarten der Straßenbahn, die heute noch immer Strausberger Eisenbahn heißt. Denn als solche wurde sie 1893 gegründet, weil die Hauptlinie der Bahn zum Ärger der Bürger nur die Vorstadt, nicht aber die 6 km entfernte eigentliche Stadt erreichte.

Ihren Namen hat die Stadt **Strausberg** übrigens nicht vom Vogel Strauß, obwohl man das vermuten könnte und sie ihn sogar im Wappen führt, sondern vom wendischen Wort struz. Struz bedeutet Schote und beschreibt anschaulich die Form des schmalen, lang gestreckten Straussees.

Das leicht erhöht über dem Ufer gelegene hübsche Städtchen ist auf einem kurzen Rundgang zu besichtigen. Da ist zunächst die dreischiffige frühgotische Pfarrkirche St. Marien, die einen Schnitzaltar (ca. 1520) beherbergt und deren Gewölbe mit Malereien ausgefüllt sind.

Auch Reste der alten Stadtmauer aus dem 13. Jh. mit einigen Wieckhäusern sind zu sehen. Wieckhäuser sind Mauertürme, die einstmals Wehrzwecken dienten. Außerdem sind noch das klassizistische Rathaus und einige renovierte alte Bürgerhäuser anzuschauen.

Wer nach diesem Rundgang im Städtchen bleiben möchte, findet zum Einkehren mehrere Cafés und Restaurants, auch mit Seeblick. Schnell erreichbare Abkühlung an heißen Tagen bietet die Städtische Badeanstalt. Nach nur 5 Minuten Fußweg (von der Fähre aus links) steht man vor dem denkmalgeschützten restaurierten Holzgebäude von 1925 und kann sich im sauberen See erfrischen.

Links der Fähre beginnt auch ein schöner Spazierweg rund um die Südhälfte des Sees bis zur jenseitigen Fähranlegestelle und danach weiter bis zum Lakeside-Hotel an der Nordspitze des Sees. Der Weg ist – wie auch der Zugang zur Fähre – für Rollstuhlfahrer ausgebaut. Das kommt natürlich auch Eltern mit Kleinkindern oder Kinderwagen und Gehbehinderten zu Gute. Unterwegs gibt es zahlreiche Bänke und Aussichtspunkte.

Den Wanderlustigen sei der folgende Weg empfohlen: Mit der Fähre (seit 1893 in Betrieb) geht es über den See und dann nach rechts (Markierung gelber Strich) etwa 4 km weit zur **Wesendahler Mühle**.

Dort ist ein altes Mühlrad zu sehen. Am Fängersee führt der Weg, markiert durch einen gelben Punkt, nach gut 2 km zur **Neuen Spitzmühle** zwischen Fänger- und Bötzsee. Hier kann man einkehren und aufs Wasser schauen. In der Nähe liegen Reste eines slawischen Burgwalls.

Der frühere Waldweg direkt von der Spitzmühle zur Fähre wurde inzwischen zur Straße ausgebaut und bietet mit knapp 3 km zwar den kürzesten Rückweg, viel schöner aber ist es, weiter am **Bötzsee** und seinen Badestellen entlang zu wandern (Markierung blauer Strich/grüner Punkt).

Durch die Postbruchwiesen führt der Weg, insgesamt etwa 9 km lang, bis zur Altlandsberger Chaussee. Über die Garzauer und Rosa-Luxemburg-Straße wird die Straßenbahnhaltestelle Schlagmühle erreicht, von wo aus einen die Tram wieder zurück zum Strausberger Bahnhof bringt.

Neue Spitzmühle
Hotel & Restaurant
Spitzmühlenweg 2
((0 33 41) 33 19-0
www.spitzmuehle.info

Flugplatzmuseum
Ab S-Bahnhof Strausberg Nord ca. 10 Min. Fußweg (beschildert)
Flugplatz Strausberg
((0 33 41) 31 22 70
www.flugplatz-strausberg.de
Strausberger Luftfahrtgeschichte von 1913 bis zur Gegenwart.

Start
Strausberg
S5 alle 20 Min.
oder
NE 26 ab Lichtenberg
stündlich

Radwanderung
Strausberg – Buckow – Strausberg Nord

Länge
ca. 30 km

Rückfahrt
Strausberg-Nord
S5 alle 40 Min.

Alternative
Entlang der Bahnstrecke Buckow – Müncheberg ca. 5 km zum Bhf Müncheberg
NE 26 alle 60 Min. von Müncheberg nach Berlin-Lichtenberg

Fremdenverkehrsamt Märkische Schweiz
Sebastian-Kneipp-Weg 1
15377 Buckow
(03 34 33) 5 75 00
www.buckow-online.de
Apr.–Okt.
Mo–Fr 9–12.30 und 13–17,
Sa/So 10–17 Uhr
Nov.–März tgl. 14–17 Uhr

BUCKOW

Schweiz auf märkisch

Theodor Fontane, Egon Erwin Kisch und Bertolt Brecht zog es nach Buckow in der Märkischen Schweiz. Wie die Dichter damals kommen auch heute die Erholungssuchenden in den Ort zwischen Seen und Hügeln.

Eine besonders schöne Art nach Buckow zu gelangen, ist eine Radtour von Strausberg aus, die durch weite Teile des **Naturparks Märkische Schweiz** führt. Vom S-Bahnhof Strausberg fahren wir zunächst stadteinwärts parallel zu den Straßenbahn-Gleisen bis zur Garzauer Straße, in die wir rechts einbiegen. Die Strecke nach Buckow ist als Teil des europäischen Radwanderwegs mit ZR1 bzw. R1 markiert. Am Ortsschild Rehfelde nehmen wir eine Abkürzung, indem wir nicht entlang der Hauptstraße nach rechts, sondern geradeaus fahren. Mit der hier beginnenden Karl-Liebknecht-Straße – an der man sein Geschick bei der Umfahrung von Schlaglöchern unter Beweis stellen kann – kommt man nach **Garzau**.

In der Siedlung hat sich eine Feldsteinkirche aus dem 13. Jh. erhalten. Noch vor dem Anger in der Dorfmitte weist ein Schild nach links zum „Ehemaligen Landschaftspark" und der „Schmettauischen Grabpyramide". Der Park wurde auf Veranlassung des preußischen Generals Graf von Schmettau gestaltet, der das Gut 1779 erworben hatte. Heute ist die Gartenarchitektur allerdings nur noch zu erahnen. Betrachten dagegen kann man die auf einer Anhöhe liegende Grabpyramide, deren Wiederherstellung nach Jahren akribischer Arbeiten so gut wie abgeschlossen ist. Das zum Park gehörende Schloss ist für die Öffentlichkeit leider nicht zugänglich.

Der Alten Heerstraße folgend, geht es weiter nach **Garzin**. Dort kann man am Langen See für die restlichen 9 km nach Buckow noch etwas Kraft schöpfen. Eine nicht bewachte Badestelle bietet die Möglichkeit, sich abzukühlen. Nach den Siedlungen Liebenhof und Bergschäferei erreicht

man eine Kreuzung, an der ein Wanderweg geradeaus in den Wald hinein und nach Buckow führt.

Die Gegend um **Buckow**, das erstmals 1253 als „villa Buchowe" urkundlich erwähnt wird, ist schon seit dem 9. Jh. besiedelt. Der Name des von Slawen errichteten Ortes bedeutet so viel wie Buchenaue. Im 15. Jh. betreiben die Bewohner des inzwischen zu einem Städtchen gewachsenen „oppidum Buckow" Hopfenanbau und -handel. Im 19. Jh. entdeckt man Buckow als Luftkurort. Der Leibarzt von Friedrich Wilhelm IV. schreibt 1854: „Majestät, in Buckow geht die Lunge auf Samt!" Mit der 1897 eröffneten Bahnstrecke nach Müncheberg zur Ostbahn Berlin – Küstrin kommt der Ausflugsverkehr in das Erholungsgebiet richtig in Fahrt.

Zur Stadtbesichtigung stellt man das Fahrrad am besten erst einmal ab. Kurze und längere Wanderwege führen an den Seen und Sehenswürdigkeiten der Stadt vorbei. Die Wanderung rund um den **Schermützelsee** ist die schönste, aber mit 7,5 km auch die längste. Sie belohnt mit einem Panoramablick über den See und auf den dahinter liegenden 130 m hohen Krugberg. Wer nicht den ganzen See umrunden will, kann im Sommerhalbjahr auf halber Strecke mit dem Schiff nach Buckow zurückgelangen.

Ein anderer Spaziergang verläuft über die Buckowseepromenade zwischen Weißem See und Buckowsee zur Bertolt-Brecht-Straße, die zum

Restaurant Fischerkehle
Fischerberg 7
15377 Buckow
☎ (03 34 33) 3 74
www.restaurant-fischerkehle.de
Mo–Fr 11–17 Uhr,
Sa/So 11–19 Uhr,
Fisch- oder Wildgerichte auf der großen Seeterrasse

Café am Markt
Am Markt 4
15377 Buckow
☎ (03 34 33) 5 66 95
Di–So 11–18 Uhr
Jan. geschlossen
Im Sommer Tische und Stühle vor dem Café

Ristorante Castello Angelo
Wriezener Straße 59
15377 Buckow
☎ (03 34 33) 5 75 13
www.castello-angelo.de
Fr, Sa, So 12–22 Uhr
Empfehlenswerte italienische Küche im Zentrum von Buckow, mit Garten

Seetours
Bertolt-Brecht-Straße 11
15377 Buckow
((03 34 33) 2 32
April – Oktober
Rundfahrten über den Schermützelsee mit Halt an den Ausflugsgaststätten Buchenfried und Fischerkehle. Abfahrt stündlich (10–18 Uhr) ab Strandbad Buckow, Mo Ruhetag. Rundfahrt ca. 1 Stunde.

Brecht-Weigel-Haus führt. Dem Dichter und der Schauspielerin diente das Anwesen ab 1952 als Sommersitz. 1949 hatte das Paar nach seiner Rückkehr aus dem Exil das „Berliner Ensemble" gegründet, das sich bald zu einem der renommiertesten Theater Deutschlands entwickelte. Die Gedenkstätte für Brecht und Weigel zeigt neben anderem die original eingerichtete Wohnhalle und den Planwagen, der bei der Aufführung des Theaterstücks „Mutter Courage und ihre Kinder" zum Einsatz kam.

Zurück ins Stadtzentrum geht es über die Werder- und Wriezener Straße zum Stadtpark. Den im 17. Jh. angelegten Barockgarten gestaltete Peter Joseph Lenné in einen Landschaftspark englischen Stils um. 1999 wurde die großzügige Gartenanlage saniert. Das zum Park gehörende Schloss war 1948 nach Kriegsbeschädigung abgerissen worden. Unbedingt sollte man auch die hügeligen Straßen der Stadt erkunden. Viele wohlhabende Großstädter errichteten sich in den 1920er Jahren rund um den Schermützelsee ihre reich mit Balkonen, Türmchen und Reliefs verzierten Sommervillen.

Strandbad
Am Schermützelsee
Wriezener Straße 38
15377 Buckow
Mit Bootsverleih
Während der Freibadsaison tgl. 10–19 Uhr
2 € / Kinder 1 €
Ruderbootverleih 6 € pro Stunde zzgl. Pfand

Brecht-Weigel-Haus
Bertolt-Brecht-Straße 30
15377 Buckow
((03 34 33) 4 67
www.brechtweigelhaus.de
April–Okt. Mi–Fr 13–17, Sa/So 13–18 Uhr,
Nov.–März Mi–Fr 10–12 und 13–16 Uhr,
Sa/So 11–16 Uhr
Eintritt 3 € / 2 €

Wer sich jetzt ausruhen und trotzdem noch etwas sehen will, kann das während einer Rundfahrt mit einem Motorschiff auf dem Schermützelsee, der mit 146 ha größte See des Naturparks Märkische Schweiz. Er erreicht eine Tiefe bis zu 45 m und erlaubt bei seiner guten Wasserqualität eine Sichttiefe bis zu 6 m. Los geht es von der Schiffsanlegestelle an der Wriezener Straße. Gleich neben der Anlegestelle findet man das Strandbad, an dem es auch Ruderboote zu leihen gibt. Man sollte aber nicht vergessen, dass noch etwas Muskelkraft für die Rest der Radtour nötig sein wird!

Die Rückfahrt nach Strausberg führt über die Wriezener Straße zunächst Richtung Bollersdorf.

Ein bald nach Ortsausgang rechts abzweigender Wanderweg ist die schönere, wenn auch mit dem Rad mühseligere Alternative zur Serpentinenstraße. Entlang dem Sophienfließ traf man bis zum Januar 2007 noch in ihrer vollen Größe auf die **Wurzelfichte**, ein Naturdenkmal besonderer Art und das alte Wahrzeichen Buckows. Im Orkanwirbel Kyrill barst der 30 m hohe und ca. 180 Jahre alte Baum direkt über seinem mächtigen freistehenden Wurzelwerk. Die Freilegung der Wurzeln verursachte wahrscheinlich die Bodenerosion am Gefälle des Hangs durch Schmelz- und Regenwasser.

Nach dieser noch in jedem Fall lohnenden Besichtigung muss der Waldweg Richtung Norden verlassen werden. Wir überqueren die bald kreuzende Straße und fahren geradeaus in den Forstweg Am Fließ. Der Weg bis **Grunow** (ca. 3 km) ist wegen des Kopfsteinpflasters etwas beschwerlich.

Jetzt kann man noch einen Blick auf den Naturpark Märkische Schweiz werfen, der sich über 205 qkm ausdehnt. Zwischen Strausberg im Westen, Müncheberg im Südosten und Neuhardenberg im Nordosten liegt das Gebiet, das seine Gestalt der Weichseleiszeit zu verdanken hat, die vor 12 000 Jahren zu Ende ging. Die Buckower Rinne, die heute mit den Schluchten und Seen das Landschaftsbild des Naturparks bestimmt, wurde durch die Kraft des Schmelzwassers ausgewaschen. Für viele Vogel- und Fischarten bieten die Naturschutzgebiete der Märkischen Schweiz ideale Bedingungen. 1991 wurden in der Umgebung von Bollersdorf sogar Wölfe beobachtet. Durch eine Einwanderung von Tieren aus Polen hofft man, den Wolf hier wieder ansiedeln zu können.

In der Ortsmitte Grunows biegt man links nach Klosterdorf ab. Die wenig befahrene asphaltierte Straße macht das Radfahren ab hier wieder leichter. Als letzte Station auf der Radtour beeindruckt **Klosterdorf** nochmals mit seiner Kirche, einem spätromanischen Feldsteinbau aus der ersten Hälfte des 13. Jhs. An der Kirche fährt man weiter geradeaus. Man folgt nun der Radroute „Tour Brandenburg“, die nach 3 Kilometern direkt zum S-Bahnhof Strausberg Nord führt.

Das Brecht-Weigel-Haus

Eisenbahnmuseum
Im Bahnhof
15377 Buckow
☎ (03 34 33) 5 71 15
www.buckower-kleinbahn.de
Mai–Sept. Sa/So 10–16 Uhr
Originalfahrzeuge ab dem Baujahr 1934.

Museumsbahn
Die Strecke Buckow – Waldsieversdorf – Müncheberg wird an Sommerwochenenden und -feiertagen als Museumsbahn befahren, ca. stündlich zwischen 9–17.30 Uhr. Fahrpreis 2,50 € / 1,50 €. Fahrrad-Mitnahme möglich.
Aktueller Fahrplan: www.buckower-kleinbahn.de

Start und Ziel
Wuhlheide
S3 alle 10 Min.

Stadtausflug
FEZ Wuhlheide

FEZ Wuhlheide
An der Wuhlheide 197
12459 Berlin
(0 30) 53 07 1–0
www.fez-berlin.de

Öffnungszeiten
Di–Fr 9–22 Uhr,
Sa 13–19 Uhr,
So 12–18 Uhr,
in den Sommerferien:
Di–Fr 11–18 Uhr,
Sa 13–19 Uhr,
So 12–18 Uhr,
alle anderen Ferien:
Mo–Fr 10–18 Uhr
Sa/So wie außerhalb der Ferien

Parkeisenbahn
(0 30) 5 38 92 60
www.parkeisenbahn.de
Saisonfahrplan von April bis Okt.: Sa 12–18.30 Uhr alle 15–30 Min., So/Fei 11–17.30 Uhr alle 15–30 Min., während der Woche unregelmäßig, bitte erfragen

FEZ in der Wuhlheide

Die Wuhlheide ist ein alter Stadtforst mit mächtigen Kiefern und Eichen. Aber nicht nur das: Das parkähnliche Gelände ist ein riesiges Freizeitzentrum für Kinder und Jugendliche.

Umsteigen bitte! Gleich auf dem Nachbargleis am S-Bahnhof Wuhlheide fährt ein besonderer Zug ab: die Parkeisenbahn des **Freizeit- und Erholungszentrums (FEZ).** Diese Bahn wird von Kindern betrieben – unter der Anleitung von „echten" Eisenbahnern. Der Zugabfertiger ist also ein Knirps. Seit 1956 rollen die Diesel- und Dampfzüge auf der 7,5 km langen Strecke. Im Sommerhalbjahr bringen die Schmalspurbahnen die Besucher in 30 Minuten zu allen Attraktionen des FEZ.

Das FEZ hat jährlich über eine Million Besucher, darunter auch viele Erwachsene. Das 12 ha umfassende Areal ist das größte seiner Art in Deutschland, mit seinem außerordentlich vielfältigen Angebot bietet es etwas für jeden Geschmack.

Am Bahnhof Eichgestell der Parkeisenbahn geht's zum Herzstück des FEZ, dem Freizeitzentrum mit 30 Fachwerkstätten, Puppentheater, Studiobühne, Sporthalle, Schwimmhalle, Tonstudio, Konzert- und Theatersälen, Restaurant. Das großzügige, mit dunklem Holz verkleidete Gebäude mit den vielen Ebenen, 1979 als Pionierpalast erbaut, lässt kaum einen Kinder- und Jugendwunsch offen.

Eine besondere Attraktion ist das aufwändig modernisierte Raumfahrtzentrum **Orbitall**: Es wurde der Raumstation ISS nachempfunden und bietet 15 Raumfahrern und einer zwölfköpfigen Bodenbesatzung Platz für einen virtuellen Flug durch das All. Die Reise dauert 17 Minuten und wird über Bildschirme nach innen und außen übertragen.

Neben dem zentralen Gebäude gibt es noch weitere Anziehungspunkte im weitläufigen Park: die Parkbühne, einen Ökogarten mit tropischem

Das FEZ aus der Luft

Gewächshaus, das Haus Natur und Umwelt mit Ponies, Eseln, Schafen, mehrere Sportplätze, ein Stadion und eine Freilichtbühne. Auch für ältere Besucher bietet die Wuhlheide einiges. Ein schöner Spaziergang führt vom Hauptgebäude an der Freilichtbühne vorbei über die schnurgerade Allee des Eichgestells in den leicht verwilderten Teil des Parks entweder zur Karlshorster Treskowallee oder über Umwege zurück zum S-Bahnhof Wuhlheide.

Während vormittags meist Veranstaltungen für Schulen und Kitas stattfinden, gehören die Nachmittage den kleinen Einzelbesuchern. Diesen wird ein umfangreiches Kurs- und Mitmachangebot offeriert: von Sport über Theater, Musik, Kunst, Medien, Technik, Handwerk und Basteln – alles, was Kindern Spaß macht.

Viele Wochenend-Veranstaltungen stehen unter einem thematischen Schwerpunkt und richten sich an Kinder, Jugendliche und Eltern. Das Spektrum reicht vom Festival des Sports über Fasching bis zur Reisemesse oder Veranstaltungen zur Raumfahrt.

Ausführliche Programme informieren über alle Aktivitäten. Also: einfach hingehen, zusehen, ausprobieren, mitmachen.

Raumfahrtzentrum Orbitall
Einzelkarte 2 €
Familienkarte 6,50 €
☎ (0 30) 53 07 15 38
www.orbitall-berlin.de
Sa/So 16–17 Uhr sowie nach Anmeldung

Schwimmbad
50 m Becken, Großspielgerät, Solarium,
täglich geöfffnet
www.fez-schwimmhalle.de

FEZ Badesee
Mai–Sept.
(witterungsbedingt)
Mo–Fr 10–18 Uhr
Sa/So/Fei und Sommerferien 9–19 Uhr
Mit Sandstrand, Waldfläche, Volleyballfeld

Essen und Trinken:
Diverse Buffets und Snack

Start und Ziel
Köpenick
S3 alle 10 Min.
und
Tram 27, 62, 68
bis Rathaus
Köpenick

Stadtausflug
Alt-Köpenick

KÖPENICK

Des Hauptmanns Freiheit

Ein Schuster war's, der Köpenick berühmt machte, damals 1906, als es noch nicht zu Berlin gehörte. Als „Hauptmann von Köpenick" stahl er die Stadtkasse und ließ den Bürgermeister einsperren. Heute steht sein Denkmal vor dem Rathaus in der Altstadt.

Kommt man vom S-Bahnhof **Köpenick**, so fährt man am besten mit der Straßenbahn zur Köpenicker Altstadt. Ein Besuch des im neugotischen Stil 1903–1905 erbauten Rathauses mit seinen Gewölben und dem Ratskeller lohnt sich – es gehört zu den schönsten in Berlin. Vor dem Rathaus steht als Figur der Hauptmann von Köpenick, ganz à la mode der Kaiserzeit mit großem Schnauzbart und Säbel.

Trotz des Durchgangsverkehrs auf einigen Straßen sollte man einen kleinen Bummel durch die denkmalgeschützte Altstadt mit ihren restaurierten Bürgerhäusern nicht versäumen: Vom Rathaus an der Laurentiuskirche vorbei zur Straße „Freiheit", in der einst ironischerweise das Gefängnis stand. Die „Freiheit" und Lüdersstraße entlang zum Futranplatz. Von hier blickt man auf die direkt an der Spree gelegene und liebevoll restaurierte Häuserzeile „Katzengraben". Über die Lüders- und Jägerstraße geht es zum Schüßlerplatz mit seinem geschlossenen, kleinstädtisch wirkenden Altbauensemble, rekonstruiert und komplettiert mit historischen Laternen, Straßenschildern und einer Alt-Köpenicker Pumpe. Viele Cafés und Restaurants laden zum Verweilen ein, viele Geschäfte zum Einkaufsbummel.

Ein kleines Juwel am südlichen Altstadtrand ist die 2 ha große **Schlossinsel**: Schon in slawischer Zeit stand hier eine Burg, 1558 ließ Kurfürst Joachim II. ein Renaissanceschloss errichten, das 1677 abgerissen wurde. Darauf ließ Kurfürst Friedrich Wilhelm dort ein Jagd- und Lustschloss für seinen Sohn, den Kurprinzen Friedrich III. (den späteren König Friedrich I.) bauen. Der Westflügel

Tourismusverein Berlin Köpenick-Treptow e.V.
Alt-Köpenick 31–33
12555 Berlin
Mo–Fr 9–18.30 Uhr,
Sa 10–16.30 Uhr
☎ (0 30) 6 55 75 50 / 51
www.berlin-tourismus-online.de

Ratskeller Köpenick
Alt-Köpenick 21
☎ (0 30) 6 55 51 78
Tgl. 11–23 Uhr
http://ratskeller-koepenick.de

Schlosscafé (auf der Schlossinsel)
Café und Restaurant
☎ (0 30) 65 01 85 85
www.schlosscafe-koepenick.de
Apr–Okt. 10–23 Uhr
Nov.–März. Do–Sa 11–18,
So 10–18 Uhr

des Schlosses entstand unter dem niederländischen Architekten Rutger van Langevelt. Das Schloss wurde 1682 durch einen Torbau und eine Kapelle (1685) von Johann Arnold Nering ergänzt. Zur Zeit Friedrichs I. hat das Schloss allerdings nur wenige glanzvolle Gesellschaften gesehen, denn seine Gemahlin Sophie Charlotte mochte diesen Ort nicht.

Das Schloss ist nun wieder, nach aufwendiger und langwieriger Restaurierung, Sitz des Kunstgewerbemuseums. Keinesfalls versäumen sollte man einen Rundgang durch den kleinen Schlosspark mit seinen alten Bäumen. An der Spitze der Insel hat man einen reizvollen Blick nach rechts über die Dahme zur Köllnischen Vorstadt und nach links über den Frauentog auf den **Kietz**.

Der Kietz war einst eine Vorstadt Köpenicks, er wurde erst 1898 eingemeindet. Etwa seit dem Jahr 1200 stand hier ein slawisches Fischerdorf, später ließen sich an diesem Ort die Köpenicker Fischer nieder. Der Kietz hat heute noch einen dörflichen Charakter mit seinen oft einstöckigen Häuserzeilen, die inzwischen fast alle restauriert sind.

Auch der Name Frauentog, der Bucht zwischen Schlossinsel und Kietz, kommt von den Fischern. Als sie einmal längere Zeit wenig Fische fingen und Not herrschte, machte ein scheinbar einfältiges Mädchen den Vorschlag, die Kietzfischer sollten doch gleich vor ihrer Haustüre fischen. Der Vorschlag wurde höhnisch abgelehnt. Daraufhin warfen die Frauen nachts alleine in der Bucht die Netze aus – mit Erfolg. Seitdem heißt die kleine Bucht Frauentog.

Kunstgewerbemuseum im Schloss Köpenick
Schlossinsel 1
☎ (0 30) 65 66 17 49
Do–So 10–17 Uhr

Restaurant Lehmofen
Freiheit 12
☎ (0 30) 6 55 70 44
www.lehmofen-restaurant.de
Tgl. ab 12 Uhr,
So ab 10 Uhr Brunch
Anatolische Spezialitäten, im Lehmofen zubereitet

Anlegestelle der Stern und Kreis Schiffahrt:
(gegenüber dem Rathaus am Luisenhain)
Im Sommer nach:
Großer Müggelsee,
Treptower Hafen,
Woltersdorfer Schleuse,
Alt-Buchhorst,
Rüdersdorf

Start
Hirschgarten
S3 alle 10 Min.

Wanderung
S-Hirschgarten – Erpetal – Ravensteiner Mühle – S-Friedrichshagen

Länge
ca. 9 km

Rückfahrt
Friedrichshagen
S3 alle 10 Min.

Tourismusverein Berlin Köpenick-Treptow e.V.
Alt-Köpenick 31-33
12555 Berlin
(0 30) 6 55 75 50/51
www.berlin-tourismus-online.de

Im Erpetal

ERPETAL

Relikt der Eiszeit

Das Erpetal ist ein Relikt der letzten Eiszeit – eines der letzten Fließtäler in Berlin.

Die **Erpe** entspringt nördlich von Neuenhagen, schlängelt sich durch eine üppige Wiesenlandschaft und mündet an der Köpenicker Baumgarteninsel in die Alte Spree (Müggelspree).

Offiziell heißt das Tal (nach dem Ursprung des Flüsschens) **Neuenhagener Mühlenfließ** – im Bachtal gab es diverse Wassermühlen, an manchen Stellen kann man das noch erahnen, wenn man die Staustufen mit starkem Gefälle sieht. Mehrere Namen erinnern daran: Ravensteiner Mühle, Heidemühle, Krummendammer Mühle, Neuenhagener Mühle.

Das Gebiet steht seit 1957 unter Landschaftsschutz. Es wurde um 1995 behutsam rekultiviert und 170 Weiden neu gepflanzt. 350 Arten wildwachsender Blüten- und Farnpflanzen haben die Botaniker in dieser grünen Oase am Rande Berlins gezählt. Viele Vogelarten haben sich angesiedelt, sogar Eisvögel sind schon gesehen worden. Zahlreiche Wanderwege laden zum Spaziergang durch die weiten Wiesen und schönen Waldstücke.

Es fällt schwer, angesichts der vielen Möglichkeiten, nur eine Route vorzustellen. Wir haben uns für eine Tour von **Hirschgarten** aus entschieden. Sie endet am S-Bahnhof Friedrichshagen und vermittelt einen ersten Eindruck von der Vielfalt dieses freundlich hellen Tals, außerdem ist sie verkehrsmäßig besonders günstig gelegen.

Beim Verlassen des S-Bahnhofs Hirschgarten nehmen wir den rechten Ausgang (Richtung Norden) und folgen dem Schild „Kleingartenkolonie Erpetal". Durch ein Waldstück gelangen wir zu einem breiten Weg, den wir ca. 800 m in östlicher Richtung, vorbei an der Kleingartenkolonie bis zur Brücke über die Erpe gehen. Hier, kurz vor der Mündung der Erpe in die Spree, geht der Uferweg entlang der Erpe, Richtung links, rechter Uferweg. Der Blick auf das reizvolle Landschaftsgebiet mit den typischen Kopfweiden öffnet sich. Am Wege Feuchtwiesen, zum Teil mit Reisigschutzwällen. Nach etwa 2 km entlang der quirligen Erpe, das rechte Ufer ist hier noch gelegentlich besiedelt (Laubenkolonie Wiesengrund), erreichen wir die „Ravensteiner Mühle“, nur als Straßenname noch erhalten. Heute befindet sich hier ein DRK-Altenheim. Wir überqueren die Brücke (links) und folgen weiter dem Lauf der Erpe. Links ein verlandender See mit viel Schilf und Vögeln, rechts die Erpe – ein schöner offener Blick auf die reizvolle Wiesen- und Auenlandschaft. Ganz rechts begrenzt den Horizont der Friedrichshagener Forst, der linke Horizont ist begrenzt von Kiefern, den dahinter liegenden Ortsteil von Hoppegarten, **Waldesruh**, kann man von hier aus nicht sehen.

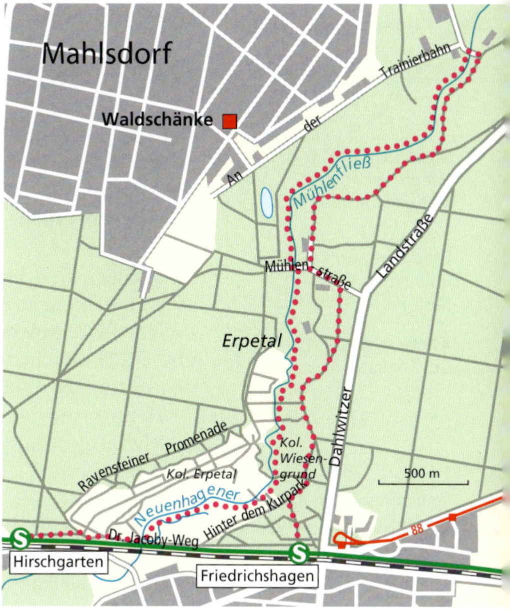

Die nächste Brücke über die Erpe ist nach circa weiteren 2,5 km am Heidemühler Weg erreicht. Links befindet sich ein Bauernhof, wir folgen dem ersten Weg rechts zum Friedrichshagener Wald und nehmen den Weg zurück am Waldesrand und über die Erpestraße zur „Ravensteiner Mühle“. Besonders schön ist es hier im Frühjahr und Herbst, wenn das Licht durch die Bäume scheint, aber auch der Ausblick auf das Erpetal noch möglich ist. An der Ravensteiner Mühle gehen wir ein kurzes Stück links die „Mühlenstraße“ entlang und nehmen dann den Waldweg rechts, der uns von hier aus nach 1,5 km zum S-Bhf. Friedrichshagen (► Seite 56) führt.

Waldschänke
Köpenicker Allee 18
15366 Hoppegarten-Waldesruh
☎ (0 30) 5 66 02 71
Di–So ab 12 Uhr
Schöner Biergarten im Grünen. Die einzige direkte Einkehrmöglichkeit. Man erreicht das Lokal, wenn man nach Überquerung der Brücke an der Mühlenstraße rechts in den Weg Am Vogelherd einbiegt, am verlandeten See vorbei und über die Straße „An der Trainierbahn“ in den Stichweg, das Lokal befindet sich an der nächsten Ecke.

Start und Ziel
Friedrichshagen
S3 alle 10 Min.

Stadtspaziergang
Bölschestraße
Müggelsee

Karte ▸ Seite 59

Tourismusverein Berlin Köpenick-Treptow e.V.
Alt-Köpenick 31–33
12555 Berlin

Dichterkreismuseum
(im Antiquariat Brandel)
Scharnweberstraße 59
☎ (0 30) 6 41 11 60
Mi–Fr 12–18.00 Uhr,
Eintritt frei

Café Lehmann
Bölschestraße 54
☎ (0 30) 64 09 25 20
tägl. 6–18 Uhr

Stern und Kreis Schiffahrt
Anlegestelle am Müggelpark
Fahrten im Sommer:
Großer Müggelsee,
Treptower Hafen,
Woltersdorfer Schleuse,
Rüdersdorf,
auf der Löcknitz nach Alt-Buchhorst.

FRIEDRICHSHAGEN

Dichterkreis und Rübezahl

Um die Jahrhundertwende zog es großstadtmüde Bohemiens und Literaten nach Friedrichshagen. Sie bildeten den Friedrichshagener Dichterkreis.

Ihre Namen sind nicht mehr vielen bekannt, aber was sie hier suchten, kann man auch heute noch finden: In **Friedrichshagen** ist alles etwas ruhiger und beschaulicher als in der hektischen Stadt, und Natur gibt es in Fülle.

Wenn man vom S-Bahnhof die **Bölschestraße** in Richtung Müggelsee hinunterspaziert, spürt man noch etwas vom Flair der vorletzten Jahrhundertwende. Die aufwändig restaurierten Häuser, dreistöckige Bürgerhäuser und einstöckige Gebäude mit Remisen strahlen eine fast südländische Atmosphäre aus.

Gegründet wurde der Ort von Friedrich dem Großen als Kolonie sächsischer und böhmischer Baumwoll- und Seidenspinner. Das ist auch der Grund für die ungewöhnliche Breite der Bölschestraße: Hier standen die Maulbeerbäume zum Füttern der Seidenraupen.

Viele kleine Geschäfte, Cafés, Restaurants verlocken zum Verweilen, zum Einkaufen, zum Essen und Trinken. Auf halbem Weg zum Müggelsee ragt die Christopheruskirche in die Straße hinein. Der üppig gegliederte Backsteinbau stammt aus den Jahren 1901–03. Auf dem Marktplatz gegenüber findet man eine wiederhergestellte Statue Friedrichs des Großen, von Bürgern Friedrichshagens gespendet. Ist man am Ende der „Bölsche“ und hat den Müggelseedamm überquert, steht man vor der Berliner Bürgerbräu Brauerei. Links entlang des Brauereigeländes geht's durch den Müggelpark zu den Ufern des großen Müggelsees.

Von der Uferpromenade hat man einen herrlichen Blick über Berlins größten See bis hin zu den gegenüberliegenden Müggelbergen. Hier, wo die Müggelspree in den großen **Müggelsee** mündet, geht es hinunter in den **Spreetunnel**.

Am Müggelsee in Friedrichshagen

Dieser in den Jahren 1926/27 erbaute Tunnel galt seinerzeit als herausragende technische Leistung, da vorgefertigte Tunnelelemente in die Spree abgesenkt wurden. Am Tunnelausgang auf der anderen Seite hat man die Wahl: Rechts herum geht es an der Müggelspree entlang bis zur Salvador-Allende-Brücke (3 km). Von hier aus fahren alle Busse Richtung S-Bahnhof Köpenick.

Wer nach der Spree-Unterquerung aber nach links entlang des Müggelsees wandert, kommt zum beliebten Ausflugslokal Rübezahl und nach 3 km zum Dorint am Müggelsee, der ehemaligen Müggelseeperle.

Wer sich für Architektur- und Technikgeschichte interessiert, sollte auf der Friedrichshagener Seite des Sees bleiben und den Müggelseedamm Richtung Rahnsdorf nehmen.

Hier liegt das alte **Wassserwerk Müggelsee** mit seinen imponierenden Gebäuden im märkisch-gotischen Backsteinstil. 1893 erbaut, galt es damals als das größte und modernste Wasserwerk Europas. Im stillgelegten Schöpfmaschinenhaus ist heute ein Museum zur Geschichte der Wasserversorgung Berlins mit drei originalen Dampfmaschinen aus dem Jahre 1893 untergebracht.

Von hier ist es nicht mehr weit zu den ersten baumbestandenen wilden Badestellen am Müggelsee. Zum großen Strandbad sind es noch 3 km.

Schrörs am Müggelsee
(direkt am Spreetunnel)
einer der schönsten Biergärten Berlins
Josef-Nawrocki-Str. 16
☎ (0 30) 64 09 58 80
Tgl. ab 11 Uhr
www.schroers-online-de

Freibad Friedrichshagen
Müggelseedamm 216
☎ (0 30) 6 45 57 56
Tram 60

Museum im Wasserwerk
Müggelseedamm 307
☎ (0 30) 86 44 76 95
1. März bis 31.Okt.:
Di–Fr 10–16 Uhr,
So/Fei 10–17 Uhr
1.Nov. – 28.Feb.:
1 Std früher geschlossen
2,50 € / 1,50 €
www.museum-im-wasserwerk.de

Strandbad Müggelsee
Fürstenwalder Damm 838
☎ (0 30) 6 48 77 77
Tram 61

Start
Rahnsdorf
S3 alle 10–20 Min.

Wanderung
Rahnsdorf – Fischerkiez
(-Friedrichshagen)

Länge
6 km bis Odernheimer Straße
(bis Friedrichshagen ca. 16 km)

Rückfahrt
Bus X 69 alle 20 Min.
ab Odernheimer Straße
nach S-Köpenick
und
S3 alle 10–20 Min. ab Köpenick

Gerch Conditorei & Café
Fürstenwalder Allee 22
☎ (0 30) 6 48 96 82
Di–So 9–19 Uhr
www.conditoreigerch.de

Fährhaus in Rahnsdorf
Dorfstr. 14
(bei der Dorfkirche in Alt-Rahnsdorf, an der Anlegestelle der Fähre 23)
☎ (0 30) 65 01 72 81
www.faehrhausrahnsdorf.de
Mo/Di 15–21 Uhr,
Mi–So 11–21 Uhr
Nov.–März
Mo–Fr ab 15 Uhr
Dt. und ital. Küche,
Von Mai–Okt. Biergarten direkt am Wasser

Tipps und Informationen
www.am-mueggelsee.de

RAHNSDORF

Idyll an der Müggelspree

In der ehemaligen Fischergemeinde Rahnsdorf gibt es heute keinen einzigen Fischer mehr. Dabei war die Fischerei für über 500 Jahre die Haupteinnahmequelle des Dorfes. Den Fischerkiez am Dorfanger gibt es bis heute.

Der Niedergang dieses Erwerbszweiges begann gegen Ende des 19. Jhs, als die Ufer zunehmend bebaut wurden. Die Spree wurde begradigt, der Oder-Spree-Kanal gebaut. Das entzog der Spree viel Wasser. Die Teerchemie in Erkner trug zur Vergiftung des Spreewassers ihren Teil bei. Durch die Zunahme des Wassersports, besonders nach dem I. Weltkrieg, wurden die Laichplätze am Ufer in Mitleidenschaft gezogen. Diese Entwicklung endete 1984, als der letzte Fischer aufgab.

Was **Rahnsdorf** trotzdem noch hat, ist sein Fischerkiez, der alte Dorfkern um die Dorfkirche herum. Rahnsdorf, 1375 zum ersten Mal urkundlich erwähnt, besaß bis ins 19. Jh. hinein keinerlei Äcker. Die Einwohner lebten ausschließlich vom Fischfang.

Der Weg vom S-Bahnhof Rahnsdorf aus verläuft parallel zum Fredersdorfer Mühlenfließ: Man nimmt einfach gleich den ersten Fußweg links durch den Wald Richtung Rahnsdorf. Nach Überquerung des Fürstenwalder Damms lohnt zunächst ein Abstecher weiter am Fließ entlang bis zur Mündung in den **Müggelsee**, dem Müggeleck. Es ist wirklich eine schöne Ecke mit stark vom Schilf zugewachsenem Ufer, in dem unzählige Vögel zwitschern. Der schöne Ausblick auf den Müggelsee mit Enten, Schwänen, Blesshühnern, und zuweilen auch dem einen oder anderen Graureiher lädt zum Verweilen ein.

Um zum **Fischerkiez** zu kommen, gehen wir jetzt wieder ein Stück zurück. Kurz vor dem Ende dieses Weges führt eine Brücke über das Fließ. Über diese Brücke und in südöstlicher Richtung gelangen wir über die Brücken-und Wiesenstraße,

Aalstieg und dann rechts in den Lachsfang eingebogen zur gepflasterten Dorfstraße, die rechter Hand zum alten Dorfkern führt. Die Dorfkirche, die den Platz dominiert, wurde nach einem Brand 1872 neu errichtet. Erst teilweise restauriert sind die umliegenden Häuser. Vor der Kirche erinnert ein Gedenkstein an einen der vielen Lebensretter, August Herrmann, der mehr als 100 Menschen vor dem Ertrinken im Müggelsee bewahrte. Um die Jahrhundertwende wurde Rahnsdorf auch „Dorf der Lebensretter" genannt.

Die kurze Kruggasse führt vom Dorfanger zur **Müggelspree**, die es zu überqueren gilt. Der Fährmann rudert hier seine Passagiere noch höchstpersönlich über die Spree – die letzte von Hand betriebene Fähre in Berlin. Auf der anderen Seite angekommen, geht es über Straße 35 zur Odernheimer Straße. Dort (ca. 600 m südwestlich), fährt der Bus zum S-Bahnhof Köpenick. Oder man entschließt sich zur reizvollen Wanderung entlang der Müggelspree nach Neu-Helgoland, weiter am Kleinen und Großen Müggelsee bis zum Spreetunnel nach Friedrichshagen (▸ Seite 56).

F 23
verkehrt während der Saison Di–So zwischen Müggelwerderweg, Müggelhort, Neu Helgoland und Kruggasse

An der Anlegestelle der **F 23** am Kleinen Müggelsee von Apr.–Sept. Verkauf von Frisch- und Räucherfisch vom einzigen Fischer des Müggelsees, Herrn Thamm (immer Sa/So 10–18 Uhr)

F 24
Ruderfähre über die Müggelspree bei Rahnsdorf während der Saison stündlich

Neu-Helgoland
▸ Seite 64

Start und Ziel
Friedrichshagen
S3 alle 10 Minuten
und
Tram 88 nach
Rüdersdorf, Heinitzstr.

Museumspark

Karte ▸ Seite 63

Museumspark
Heinitzstraße 41
15562 Rüdersdorf
(03 36 38) 79 97 97 (für Anmeldung und Kasse)
Apr.–Okt. tgl. 10–18 Uhr,
Nov.–März 10.30–16 Uhr
www.museumspark.de
4 € / 2 €
Café zur Kalkscheune (mit Imbiss) im Museumspark
tgl. ab 10 Uhr geöffnet
(03 36 38) 89 64 69
Wildkräuterspezialitäten

Haus der Steine
(schräg gegenüber dem Kalkmagazin)
Geologische Ausstellung über das erdgeschichtliche Werden unserer Heimat
Die Öffnungszeiten entsprechen denen des Museumsparks

RÜDERSDORF

Technik und Natur hautnah

Ein ehemaliger Kalksteinbruch und verlassene Baustofffabriken sind heute die Attraktion von Rüdersdorf: der Museumspark. Und ganz nebenbei erobert sich die Natur ihr Areal zurück.

Wer zum **Museumspark** nach **Rüdersdorf** will, nimmt vom S-Bahnhof Friedrichshagen aus die Straßenbahn. Man kann dabei noch etwas Natur genießen bei der Fahrt durch Wälder und Wiesen. In Schöneiche an der Haltestelle Dorfstraße sollte man einen Blick auf das Depot der Schöneicher-Rüdersdorfer Straßenbahn werfen: Vielleicht erspäht man einen der Oldtimer, die hier gepflegt werden und die gelegentlich zum Einsatz kommen. Auch schöne Spaziergänge sind von hier aus möglich.

In Rüdersdorf ist die Fahrt an der Haltestelle Heinitzstraße zu Ende, von der man schnell zum „Museumspark Baustoffindustrie Rüdersdorf" gelangt. Dieser befindet sich am Rand des größten Kalksteinbruchs Mitteleuropas.

Besucher erwartet eine einzigartige Mischung aus Technikgeschichte, Geologie, Industrie und Natur – eine regelrechte Entdeckungsreise. Und eine vielleicht neue Erkenntnis: Rüdersdorfer Kalkstein hat das Gesicht Berlins geprägt, unter anderem sind das Brandenburger Tor, der Berliner Dom, die Lindenoper, das Schauspielhaus und das Olympiastadion mit dem hellen Gestein aus dem hiesigen Tagebau gebaut. Seit ca. 750 Jahren wird der Kalkstein in Rüdersdorf mit den verschiedensten Methoden abgebaut. Diese kann man in einer Ausstellung und an den beeindruckenden Industriedenkmalen selbst nachvollziehen.

Der Besuch der Ausstellung im Magazingebäude am Eingang des Geländes ist vor der Tour sehr empfehlenswert, da man dann eine Menge mehr versteht von dem, was man später sieht.

Sorgfältig wird über die geologische Ausgangssituation informiert, über die Geschichte des Kalksteinabbaus, die Geschichte der Kalkverarbeitung, über die Lebensbedingungen der Arbeiter und über die Veränderung der Rüdersdorfer Landschaft als Folge des Tagebaus.

Anhand eines übersichtlichen Plans kann dann die Tour beginnen: Zum imposanten Portal des Bülowkanals, zu den Rumfordöfen, die zu Beginn des 19. Jhs. das Kalkbrennen revolutionierten, zur Schachtofenbatterie mit 18 Rumfordöfen in Serie, zum Seilscheibenpfeiler und zum Tagebau, an dessen Bruchkante man entlanglaufen kann. Auf dieser Tour findet man überall ausführliche Hinweise, so dass man schon einiges an Zeit dafür einplanen sollte. Immer wieder stößt man auf bedeutende Industriedenkmale, die erahnen lassen, welche gigantischen Ausmaße die Baustoffproduktion in Rüdersdorf einst hatte.

Rumfordöfen im Museumspark Rüdersdorf

Nicht nur die Technik, auch die Natur kommt zu ihrem Recht, Sträucher und Bäume haben sich das Gelände zurückerobert und der alte Hafen am Mühlenfließ ist heute ein idyllischer Karpfenteich. Doch auch in Rüdersdorf selbst sind die Kalkwerke noch indirekt präsent: Das in den 50er Jahren erbaute Kulturhaus des Betriebs beherrscht unübersehbar die Kuppe des Hasenbergs. Mit seinen prächtigen Säulen ist es ein Paradebeispiel für den stalinistischen Zuckerbäckerstil.

Wer nach dieser Exkursion noch etwas Entspannung und Bewegung zugleich sucht, sollte den folgenden Weg nehmen: Über die Rudolf-Breitscheid-Straße und die Karlstraße wandert man am Ostufer des Kalksees zur Woltersdorfer Schleuse (▸ Seite 62). Dabei kann man sich zwischendurch an einer Badestelle abkühlen und dann mit der Tram zum S-Bahnhof nach Rahnsdorf fahren.

Reederei Kutzker
Linie Grünheide–Museumspark,
jeden 2. So in der Saison (Mitte Mai–Sept.)
☎ (0 33 62) 62 51

Stern und Kreis Schifffahrt
Wöchentliche Fahrt ab Treptow
☎ (0 30) 5 36 36 00

Start
Rahnsdorf
S3 alle 10–20 Min.
und
Tram 87 alle 20 Min. bis
Woltersdorf, Schleuse

Wanderung
Woltersdorfer Schleuse – Kranichsberge – Flakensee – S-Erkner

Länge
ca. 5 km

Rückfahrt
Erkner
S3 alle 10–20 Min.

Woltersdorf-Info
Gemeinde Woltersdorf
Rudolf-Breitscheid-Str. 23
15569 Woltersdorf
☎ (0 33 62) 5 86 90
www.woltersdorf-schleuse.de

Bootsverleih Spree-Safari
Strandpromenade 7
☎ (0 33 62) 50 00 15

WOLTERSDORF

Hollywood am Kalksee

Das idyllische Gebiet um die Woltersdorfer Schleuse erreicht man am besten mit der Tram vom S-Bahnhof Rahnsdorf.

Für Großstädter ungewohnt fährt sie erst einmal 2 km durch den Wald, bevor sie das langgestreckte **Woltersdorf** erreicht und mühsam die gelegentlich vorkommenden Steigungen nimmt. Woltersdorf ist seit Ende des 19. Jhs. ein bevorzugtes Ausflugsziel und Siedlungsgebiet für Berliner. Die schöne Lage zwischen Wald, Seen und Hügeln zog auch Künstler an. In der Köpenicker Str. 46 (Tramhaltestelle Thälmannplatz) steht das Atelier des Jugenstilmalers Hugo Höppner, genannt Fidus, das er selbst entworfen hat.

Die Tram rumpelt weiter durch die kurvenreiche Rudolf-Breitscheid-Straße im ältesten Teil von Woltersdorf. An der Endhaltestelle ist die in kräftigem Blau gehaltene **Wolterdorfer Schleuse** nicht zu übersehen. Sie liegt an der Verbindung zwischen Kalksee und Flakensee und ist das eigentliche Highlight von Woltersdorf. Neben der Klappbrücke für den Fahrzeugverkehr sorgt ein höherliegender Fußgängersteg dafür, dass man auch bei hochgezogener Brücke ungehindert auf die andere Seite kommt. Rund um die Schleuse gibt es einige Ausflugslokale.

Auf der gegenüberliegenden Seite der Schleuse steigen schon die waldigen Hügel des Barnim auf. Ein Wegweiser führt zur Liebesquelle, wo man sich erfrischen kann. In Stein gehauen steht dort geschrieben: „Aus märkischem Sand entspring ich hell als Labetrunk und Liebesquell".

Derart gestärkt ist der Weg hoch auf die **Kranichsberge** (106 m) sicher kein Problem, zumal der Aussichtsturm oben einen wunderbaren Blick auf die umliegenden Seen und Wälder, bei guter Sicht bis zu den Müggelbergen oder den Rauener Bergen bei Fürstenwalde verspricht. Im Turm erfährt man auch von einer fast vergessenen Epoche: In Woltersdorf wurden nach dem I. Welt-

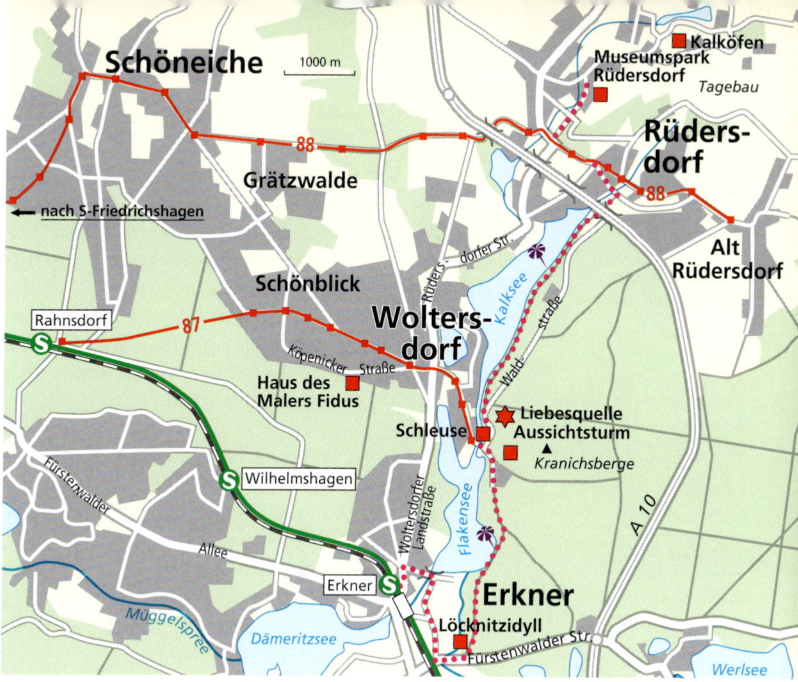

krieg diverse Monumentalfilme gedreht. Hier am Kalksee entstanden die Außenaufnahmen zu dem Achtteiler „Die Herrin der Welt". Eine liebevoll zusammengestellte Ausstellung mit vielen Fotos erinnert an die kurze Geschichte der Filmstadt Woltersdorf.

An der Schleuse gibt es mehrere Möglichkeiten, die Tour fortzusetzen, z. B. entlang des Kalksees (Ostufer) nach Rüdersdorf (▸ Seite 60) und von dort mit der Tram zum S-Bahnhof Friedrichshagen. Wer im Sommer bei schönem Wetter hier ist, zieht wahrscheinlich den Weg nach Erkner entlang des Flakensees (Ostufer) vor. Hinter der Strandpromenade erreicht man nämlich schon nach kurzer Zeit eine Badestelle mit breiten Sandstrand. Nach einer erfrischenden Abkühlung geht es dann weiter auf einem schattigen Uferweg, später entlang der Löcknitz, die hier in den Flakensee mündet. Nach knapp 3 km erreicht man am Löcknitzidyll die Straße nach Erkner (▸ Seite 66) und hat nur noch den Weg zum S-Bahnhof vor sich.

Hotel-Restaurant Kranichsberg
An der Schleuse 3-4
15569 Woltersdorf
☎ (0 33 62) 79 40
www.kranichsberg-hotel.de

Restaurant Liebesquelle
Brunnenstraße 2
☎ (0 33 62) 53 40
tgl. ab 12 Uhr
Deutsche Küche,
Biergarten

Aussichtsturm auf den Kranichsbergen
Apr. bis Okt.
tgl. 9.30–15.30 Uhr,
Sa/So/Fei 10–17 Uhr
Nov. bis März
Sa/So/Fei 10–16 Uhr

Baden
Am Flakensee nahe der Schleuse

Start
Wilhelmshagen
S3 alle 10–20 Min.

(Rad-)Wanderung
S-Wilhelmshagen – Brücke über den alten Spreearm – Neu-Helgoland – S-Friedrichshagen

Länge
15 km

Rückfahrt
Friedrichshagen
S3 alle 10–20 Min.

Neu-Helgoland
Neuhelgoländer Weg 1
12559 Berlin
☎ (0 30) 6 59 82 47
Mo–Fr ab 11.30 Uhr
Sa/So/Fei ab 11 Uhr
www.neu-helgoland.de
Traditions-Restaurant mit Fisch- und Wildspezialitäten
BUS X69 zum S-Bahnhof Köpenick
F nach Rahnsdorf

Neu-Venedig

Die Siedlung Neu-Rahnsdorf wurde kurz vor der vorletzten Jahrhundertwende gegründet, um auch sozial Schwachen eine preiswerte Wohnung auf dem Lande zu bieten. Vielleicht kam daher der große Patriotismus, denn man bat Wilhelm II. um die Ehre, sich nach ihm benennen zu dürfen.

1902 war die Erlaubnis da und seitdem gibt es **Wilhelmshagen**. Heute ist der Ort – durch die Bebauung nach der Jahrhundertwende – eher ein Villenvorort im Grünen und am Wasser.

Einfach ist noch, den Weg vom S-Bahnhof zur Fürstenwalder Allee zu finden. Danach wird es schwieriger: Man muß sich einen Weg zur Müggelspree durch Neu-Venedig suchen.

Wir empfehlen folgenden Weg, der etwas kompliziert, aber dafür sehr schön ist: Von der Fürstenwalder Allee in den Kuckuckssteig, den ersten Weg rechts bis zum Rialtoring. Dann den dritten Weg links und über Elster-, Lerchen- und Schwanenweg wieder zum Rialtoring. Wer sich nicht so gern verirrt, kommt auch so zum Rialtoring: vom S-Bahnhof bis zur Kirche, dann rechts in die Langfuhrer Allee, danach links die Hochlandstraße entlang der Püttberge bis zum Rialtoring.

Neu-Venedig hat seinen Namen nicht umsonst: Das Kanalgewirr ist für den Ortsunkundigen nicht so leicht zu durchschauen. Aber es ist schon sehr ungewöhnlich und für das Auge sehr reizvoll, in der Stadt Berlin so viele Boote und Bootshäuser auf so vielen Kanälen zu sehen. Im Sommer wird man sich über den starken Verkehr auf den Kanälen wundern.

Hat man sich nun südlich bis zur Müggelspree durchgeschlagen, geht es in östlicher Richtung weiter. Der Straßenzug Rialtoring, Biberpelzstraße, Im Haselwinkel, Triclawstraße führt zur Brücke über die Müggelspree und gleich dahinter zur gerade renovierten Fußgängerbrücke über den alten Spreearm.

Hier ist die einzige Möglichkeit, ohne Boot oder Fähre auf die Südseite des Kanal- und Seengebiets zu gelangen.

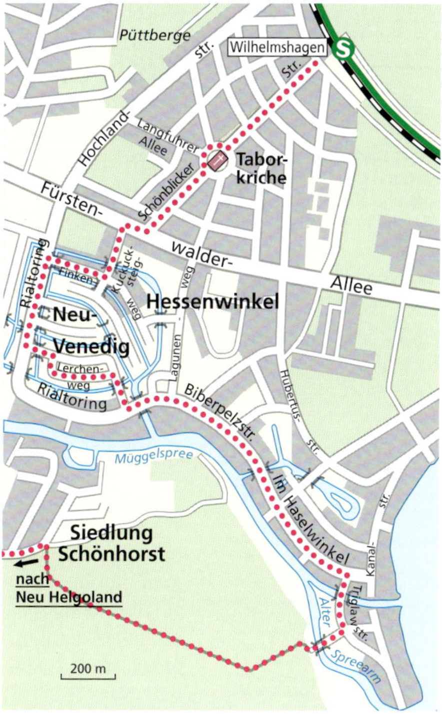

Ab jetzt ist es einfacher, den richtigen Weg zu finden. Durch den Mischwald, vorbei an der Kolonie Schönhorst, geht es in westlicher Richtung weiter. Der Weg ist ausgeschildert als RE 1 und führt immer an der Müggelspree entlang bis zum Kleinen Müggelsee. Hier bietet eine schöne Badestelle die Möglichkeit, sich zu erfrischen.

Genau dort, wo die Müggelspree in den **Kleinen Müggelsee** mündet, sorgt die traditionsreiche Gaststätte Neu-Helgoland für das leibliche Wohl.

Wer zu Fuß unterwegs ist und hier die Tour beenden will, kann von hier (an der Odernheimer Str.) den Bus zum S-Bahnhof Köpenick nehmen oder während der Saison mit dem Schiff Richtung Treptow fahren.

Radfahrer aber sollten auf jeden Fall weiter den Uferweg an der Südseite des Müggelsees nehmen. (Der offizielle Radweg RE 1 führt jetzt durch den Wald oberhalb des Müggelsees und bietet nicht so schöne Ausblicke.)

Wer die Tour am späten Nachmittag macht, kann mit etwas Glück eine Kolonie von Kormoranen hinter dem renaturierten Schilfgürtel beobachten. Für Gastronomisches ist auch gesorgt. Die großen Ausflugslokale Rübezahl und Dorint liegen direkt an der Müggelspree.

Die Radtour endet am Spreetunnel, der nach Friedrichshagen führt. Über die Bölschestraße ist schnell der S-Bahnhof Friedrichshagen erreicht.

Waldrestaurant Müggelhort
Straße zum Müggelhort 1
☎ (0 30) 65 92 59–0
www.mueggelhort.de
Einheimische Küche, Fischspezialitäten

Start und Ziel
Erkner
S3 alle 10-20 Min.
RE1 alle 30 Min.

Radtour
nach Grünheide

Länge
ca. 12 km

Gerhart-Hauptmann-Museum
Gerhart-Hauptmann-Straße 1-2
(0 33 62) 36 63
Di–So 11–17 Uhr
www.gerhart-hauptmann.de

Gemeinde Grünheide / Information
Am Marktplatz 7
15537 Grünheide
(0 33 62) 58 55-84
www.amt-gruenheide.de

Gerhart-Hauptmann-Museum

ERKNER – GRÜNHEIDE

Wälder, Villen, Badeseen

Wer vom S-Bahnhof Erkner kommend rechts durch den Tunnel zum Kreisverkehr und zur Friedrichstraße gelangt, sieht kaum noch etwas davon, dass Erkner Ende des vorletzten Jahrhunderts ein Villenvorort Berlins war.

Plattenbauten und Ladenpassagen dominieren das Bild der schnurgerade durch das Städtchen führenden Hauptstraße. Eine der wenigen Ausnahmen bildet kurz hinter dem Abzweig nach Fürstenwalde die Villa Lassen, in der Gerhart Hauptmann von 1885 bis 1889 wohnte.

Heute befindet sich in dem hübsch restaurierten Gebäude ein **Museum**, das über Leben und Werk dieses bekannten deutschen Schriftstellers informiert. Auch Originalmöbel von damals kann man hier besichtigen.

Wir nehmen die Straße nach Fürstenwalde und erreichen bald nach der Überquerung der Bahn neben dem Restaurant Löcknitz-Idyll das ehemalige Büro des Fremdenverkehrsvereins „Grünheider Wald- und Seengebiet". Man kann sich hier an Wandtafeln und Karten über die gut ausgeschilderten Rad- und Wanderwege dieser wunderschönen Landschaft informieren. Hier ist auch der Ausgangspunkt für unsere Wanderung durch das reizvolle Löcknitztal (▸ Seite 68).

Wer es im Sommer eilig hat und schnell an eine schöne Badestelle kommen will, der nimmt den gut ausgebauten Radweg R1 entlang der Straße und ist nach wenigen Kilometern in **Grünheide**. Mit etwas mehr Zeit kann man sich aber auch einen schönen Waldweg durch die nördlich gelegene Rüdersdorfer Heide suchen und dort die Ruhe und herrliche Luft genießen.

Nach der Unterquerung der Autobahn muss man sich entscheiden: Entweder man fährt über die Ortsteile Fangschleuse, Gottesbrück und Bergluch zur Badestelle an der Südseite des Werlsees oder am Nordufer entlang zur dortigen Badestelle.

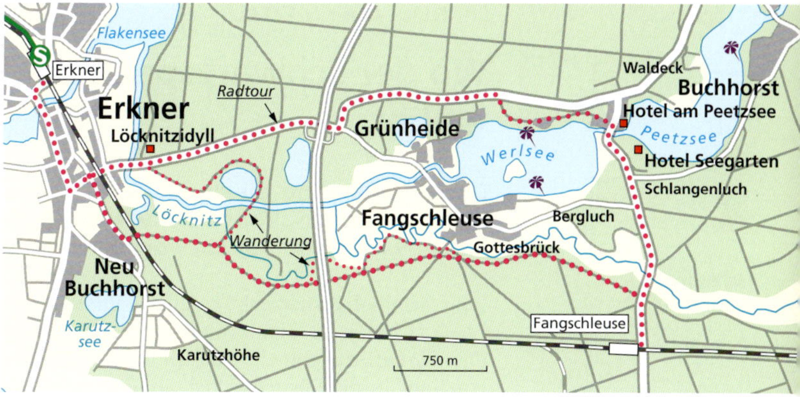

Der **Werlsee** hat leider den Nachteil, daß es direkt an seinem Ufer kaum Wege gibt. Dies ist gleichzeitig aber auch ein Vorteil, denn man kann sich seinen Weg durch ruhige Straßen suchen und Villen aus der Zeit um 1900 bewundern.

Zahlreiche Künstler und Literaten zog es in das märkische Kleinod. Walter Leistikow malte hier einige seiner schönsten Bilder. Der expressionistische Dramatiker Georg Kaiser und der Verleger Ernst Rowohlt hatten hier ihren Wohnsitz, später auch der DDR-Regimekritiker Robert Havemann.

Ein Kanal verbindet das östliche Ende des Werlsees mit dem **Peetzsee**. Am Ostufer des Peetzsees gibt es ebenfalls eine schöne Badestelle.

Zur Rückfahrt nach Erkner bietet sich ein anderer, sehr schöner und gut ausgeschildeter Weg an. Man nimmt die Straße zwischen Werlsee und Peetzsee in Richtung Bahnhof Fangschleuse (große Richtung: Storkow). Kurz nachdem man die Brücke über die Löcknitz überquert hat, biegt rechts oberhalb des Löcknitztals ein idyllischer Wald-Rad-Weg mit schönen Ausblicken auf das **Löcknitztal** ab. Wenn man ihm folgt, gelangt man direkt nach Erkner. Weiter unten im Tal gibt es auch noch einen Weg, der direkt an der Löcknitz verläuft, aber der ist leider für Radfahrer völlig ungeeignet.

Hotel & Gaststätte am Peetzsee
Karl-Marx-Straße 9
15537 Grünheide
☎ (0 33 62) 88 45 70
www.hotelampeetzsee.de
Tgl. ab 14 Uhr
Winter tgl. ab 16 Uhr,
Sa/So ab 11 Uhr
Wild- und Fischgerichte der Region mit Blick auf den Peetzsee

Hotel Seegarten Grünheide
Am Schlangenluch 12
15537 Grünheide
☎ (0 33 62) 7 96-00
www.hotelseegarten.de

Heimatmuseum Erkner Museumshof
Heinrich-Heine-Str. 17–18 /
Ecke Pfälzer Str.
(am Ortsausgang Richtung Neu-Zittau)
15537 Erkner
☎ (0 33 62) 2 24 52
Mi/Sa/So 13–17 Uhr
Restauriertes Kolonistenhaus von 1758, sehenswerte Ausstellung über die friderizianische Binnenkolonisierung Mitte des 18. Jhs. in Erkner und Umgebung.

Start
Erkner
S3 alle 10–20 Min.
RE1 alle 30 Min.

Wanderung
S-Erkner – Löcknitz-idyll – Löcknitztal – Bahnhof Fangschleuse

Länge
ca. 8 km einfach

Rückfahrt
Bahnhof Fangschleuse
RE1 alle 30 Min.

Karte ▸ Seite 67

Löcknitz-Idyll
Fangschleusenstraße 1
15537 Erkner
((0 33 62) 88 65 83
Tgl. ab 11 Uhr
Am Ausgangspunkt der Wanderung, mit Biergarten

Wo der Schwarzspecht wohnt

Diese Wanderung durch das romantische Löcknitztal ist ein „Muss“ für Ruhe suchende und Natur liebende Stadtbewohner.

Vom Bahnhof **Erkner** geht es über Bahnhof- und Friedrichstraße ins Zentrum von Erkner. Kurz vor dem Gerhart Hauptmann-Haus (▸ Seite 66) biegen wir links in die Fürstenwalder Straße ab. Die eigentliche Wanderung beginnt auf dem Parkplatz gegenüber dem „Löcknitz-Idyll“ an der Straße nach Grünheide und ist gut ausgeschildert (Löcknitztalweg).

Vertrauen Sie auf die Hinweisschilder und erwarten Sie keinen breit angelegten Wanderweg. Manchmal verläuft der Weg schon mal auf schmalem Pfad durch zugewachsenes Gebüsch.

Entlang einer im Frühjahr und Sommer wunderschön blühenden Wiese, auf der man noch Wiesenorchideen finden kann, gelangt man zur Löcknitz. Dieser stellenweise etwas sumpfige Weg führt zu dem kleinen Wupatzsee, den es halb zu umrunden gilt. Ein breiter Schilfgürtel säumt seine Ufer und viele Seerosen bedecken seine Wasserfläche.

Auf einer Holzbrücke überquert man zunächst die Neue Löcknitz, um dann zur eigentlichen **Löcknitz** zu gelangen, die ebenfalls von einer Holzbrücke überspannt wird. Kurz nach der Brücke biegt man links in den breiten **Oberförsterweg** ein. Nach ca. 1 km verlässt man diesen wieder, um den schmalen Weg Richtung **Froschbrücke** zu nehmen. Bald überquert die Autobahn die Löcknitz, der Wanderer unterquert sie an der „Froschbrücke“ – zwei steinerne Frösche auf jeder Flussseite gaben ihr den Namen. Sobald der Autolärm nachgelassen hat, befindet man sich in einer der reizvollsten Landschaften in der Umgebung Berlins, zu vergleichen vielleicht nur noch mit dem Spreewald. Auch Pflanzen- und Tierwelt

Im Löcknitztal findet sich noch der seltene Pirol

weisen Gemeinsamkeiten auf, auch hier gibt es z.B. den seltenen Eisvogel und das Pfeilkraut.

Entlang des Weges kann man den Schwarzspecht und den Graureiher beobachten, nicht zu vergessen die vielen Arten von Schmetterlingen. Mit etwas Glück und wenn man den Ruf kennt, hört man auch einen Pirol.

Links schlängelt sich die Löcknitz durch feuchtes, sumpfiges Gebiet mit angrenzenden, von Erlen gesäumten Wiesen. Rechts sehen wir vor allem Kiefern, manchmal auch Eichen und Buchen.

Wenn wir die Straße nach Gottesbrück überquert haben, entfernt sich der Weg vom Flusslauf und geht etwas oberhalb im Tal weiter. Er wird auch ein wenig schwieriger mit einigem Auf und Ab. Für die größere Anstrengung wird man aber mit schönen Ausblicken auf das reizvolle Flusstal reichlich belohnt.

An der Straße nach **Fangschleuse** beenden wir die Löcknitztalwanderung – an den vielen hier vorhandenen Wanderweg-Hinweisen sieht man, wohin man sie verlängern kann. Der Fuß- und Radweg führt jetzt rechts weiter zum Bahnhof Fangschleuse, den man in kurzer Zeit erreicht.

Start
Erkner
S3 alle 10–20 Min.
RE1 alle 30 Min.

Radwanderung
S-Erkner – Jägerbude – Burig – Hartmannsdorf – Hangelsberg – Fürstenwalde

Länge
ca. 35 km

Rückfahrt
Bahnhof Fürstenwalde
RE1 alle 30 Minuten

Karte ▸ Seite 73

Gaststätte und Wirtshaus Zum Lindeneck
15528 Spreenhagen/
Hartmannsdorf
OT Neu Hartmannsdorf
Schulstraße 11
✆ (03 36 33) 6 95 16
Mi–So 11.30–21.30 Uhr
Mo und Di Ruhetag
Durchgehend warme Küche

Wo fließt denn die Spree?

Der Spreeradweg führt auf einer Strecke von insgesamt 400 km von der Quelle der Spree in der Oberlausitz bis an die Stadtgrenze Berlins. Zwischen Erkner und Fürstenwalde ist er zunächst ein schöner Wald-Radweg – der Fluss liegt oft versteckt hinter Bäumen.

Vom S-Bahnhof Erkner führt uns der Weg zunächst über die Friedrichstraße bis zum Gerhart-Hauptmann-Museum (▸ Seite 66). Hier zweigt der ausgeschilderte Spreeradweg über die Gerhart-Hauptmann-Straße und Hohenbinder Straße ab. Schnell lassen wir Erkner hinter uns und radeln durch Wald und Feld. Die Spree, die hier Müggelspree heißt, ist an dieser Stelle recht schmal. Sie verläuft rechterhand in einer großen Lichtung und lässt sich oft eher erahnen als sehen. Rundherum liegt der 600 qkm große Regionalpark Müggel-Spree, der mehr als 25 Seen, zwei Flüsse, viele Pfuhle, Sümpfe und Moore umfasst.

Nach ca. 8 km kommt man zum Campingplatz **Jägerbude**. Das dazugehörige Restaurant liegt nahe am Ufer der Müggelspree. Hinter Jägerbude wechselt der Spreeradweg auf die andere Seite des Flüsschens. Hier liegt Gut **Burig**, das vor allem aus einem Reiterhof samt noblem Gästehaus besteht.

Nach weiteren 5 km ist die 600-Seelen-Gemeinde **Hartmannsdorf** erreicht. Hier lohnt ein kleiner Umweg in den Ortsteil **Neu Hartmannsdorf** mit seiner Hoffnungskirche. Das Besondere ist die mit Bienenwachs überzogene Altarwand und der Bienenwachsaltar von 1993. Sie beziehen sich auf eine frühere Haupttätigkeit der Hartmannsdorfer, die Imkerei. Ganze 600 kg Bienenwachs wurden von der Bildhauerin Brigitte Trennhaus für den Altar verbaut, noch einmal 200 kg für die Wand.

Nächste größere Etappe ist der ca. 8 km entfernte Ort **Hangelsberg**. Hangelsberg erstreckt

An der Spree bei Fürstenwalde

sich über eine Länge von mehr als sechs Kilometern zu beiden Seiten der Landstraße nach Fürstenwalde. Der Bereich vom Bahnhof bis zum Waldschloss ist der älteste Teil von Hangelsberg, das 1644 zum ersten Mal erwähnt wurde. Ein- und Mehrfamilienhäuser geben dem Ortskern einen vorstädtisch-dörflichen Charakter. Hier steht auch die denkmalgeschützte Kirche von 1928. Ihre klare und fast nüchterne Bauweise befindet sich im Einklang mit dem Stil ihrer Zeit, der Neuen Sachlichkeit.

Nachdem wir Hangelsberg durchquert haben, verläuft der Spreeradweg zunächst auf einem Radweg entlang der Landstraße, biegt dann aber wieder rechts in den Wald Richtung Spree ab. Hier beginnt der schönste Teil der Strecke: In Sichtweite des Flusses windet sich der Weg in sanften Kurven Richtung Fürstenwalde. Am Wegesrand liegen Lichtungen und Rastplätze mit Spreeblick.

In **Fürstenwalde** angekommen, sollte man sich noch Zeit für einen Stadtrundgang nehmen. Im Stadtzentrum, das im Zweiten Weltkrieg schwer beschädigt wurde, ist besonders der **Dom St. Ma-**

Tourismusbüro Fürstenwalde
Rathausstraße 7
✆ (0 33 61) 76 06 00
Mo–Fr 10–18, Sa 10–14 Uhr
www.fuerstenwalde-tourismus.de

Dom St. Marien
Domplatz 10
Mo–Fr 10–15 Uhr,
Sa/So 11–16 Uhr
(Sommer: plus 1 Std.)
✆ (0 33 61) 59 18 12
www.kirche-fuersten-walde.

Stadtmuseum Fürstenwalde
Domplatz 7
☎ (0 33 61) 21 30
Di–So 13–18 Uhr

Zunfthaus 383
Tuchmacherstr. 12
☎ (0 33 61) 71 10 04
Mo–Sa 11–22 Uhr
Schmalstes Restaurant der Stadt, offener Speiseaufzug, deutsche Küche

Haus am Spreebogen
Hotel Restaurant Bar
Altstadt 27
☎ (0 33 61) 59 63 40
Tgl. ab 11 Uhr
Regionale und internationale Küche, Sommerterrasse an der Spree
www.haus-am-spreebogen.de

rien mit seinem 68 m hohen Turm sehenswert. 1446 erbaut, wurde er mehrfach zerstört und wieder aufgebaut. Der dreischiffige Innenraum des Doms wurde vor kurzem wiedererrichtet, nicht historisch getreu, aber in einer interessanten Mischung aus Alt und Neu. Seit dem Mittelalter ist Fürstenwalde neben Havelberg und Brandenburg eine der märkischen Domstädte. Davon zeugt auch das Bischofsschloss.

Im Umkreis des Doms finden sich weitere historische Gebäude, wie das aus dem 15. Jahrhundert stammende **Rathaus** am Marktplatz mit seinem prunkvollen Festsaal. Der Rathausturm wurde erst im Jahre 1624 angebaut. Ein anderes markantes Bauwerk ist das Bürgerhaus aus dem 19. Jahrhundert, das sich zwischen Dom und Marktplatz befindet. Es beherbergt heute das **Stadtmuseum**, in dem man sich ausführlich über die Geschichte Fürstenwaldes informieren kann. Interessierte können sich hier auch den Schlüssel zum jüdischen Friedhof in der Frankfurter Straße ausleihen, auf dem heute noch etwa 25 Grabsteine erhalten sind.

Eine weitere Sehenswürdigkeit Fürstenwaldes sind die noch erhaltenen Reste der alten Stadtbefestigung. Hier gibt es unter anderem am Töpfergraben Mauerreste aus dem 14. und 15. Jahrhundert zu sehen. Am **Niederlagetor** befindet sich das gleichnamige Tor, ein mittelalterliches Wirtschaftstor. Der Name hat allerdings nichts mit einer Niederlage zu tun, sondern erinnert daran, dass Waren vor dem Tor niedergelegt (das heißt zum Kauf angeboten) wurden. Auch am Goetheplatz befindet sich noch ein Teil der Stadtmauer, der heute unter Denkmalschutz stehende **Bullenturm**. Der ruhige Goetheplatz selber bietet sich mit seinen alten, Schatten spendenden Eichen und einem Abenteuerspielplatz in der warmen Jahreszeit als Ort für eine Pause an. Wer lieber einkehren will, kann zum Beispiel das „Zunft-

Spreefischer

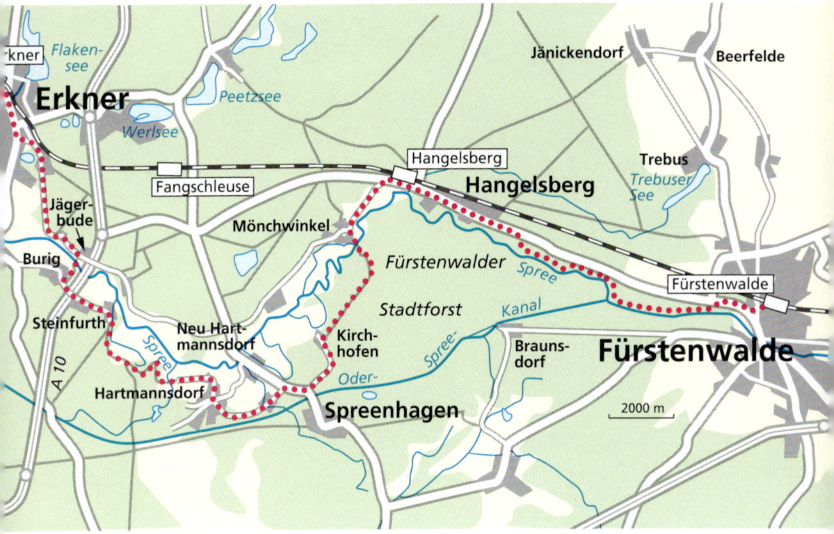

haus 383" in der Tuchmacherstraße aufsuchen. Das heutige Restaurant ist mit 3,83 Metern das schmalste und gleichzeitig eines der ältesten Häuser Fürstenwaldes aus dem 17. Jahrhundert.

Einige Gebäude erzählen noch heute von einer besonderen Tradition des Ortes: der Braukunst. Im 18. Jahrhundert hatten allein 104 Fürstenwalder Bürger das Braurecht. Eine Erinnerung daran findet sich an der Schloß-/Ecke Mühlenstraße im Gasthaus „Mords Eck". Das heutige Haus stammt zwar aus dem 18. Jahrhundert, ein einzigartiger hölzerner Umgang im Innenhof berichtet allerdings davon, das hier schon seit dem Mittelalter Bier gebraut wurde.

Wer jetzt eine Erfrischung braucht, dem sei das **Schwapp** empfohlen: In dem 1300 qm großen Spaß- und Sportbad findet man fast jede Art von Wasservergnügungen.

Bevor man am Ende des Ausflugs in den Zug steigt, sollte man ruhig noch einen zweiten Blick auf das eher unscheinbare Bahnhofsgebäude werfen: Der Bahnhof Fürstenwalde wurde nämlich schon 1842 in Betrieb genommen und ist somit einer der ältesten in Deutschland.

Schwimm- und Wasserparadies Schwapp
Große Freizeit 1
15517 Fürstenwalde
☎ (0 33 61) 36 37 0
Mo–Do, So 10–20 Uhr,
Fr–Sa 10–23 Uhr
Spaßbad: Mo–Do 3 Std.
12 € / 8 €
Frei/Sa/So/Fei und Ferien
12,50 € / 8,50 €
Abendtarif 7,50 € / 4,50 €
www.schwapp.de

SÜDEN

Start und Ziel
Treptower Park
S41 S42 S8 S85
ca. alle 5–10 Min.

Stadtspaziergang
Treptower Park

Länge
ca. 8 km
(mit Abstecher Plänterwald)

Karte ▸ Seite 79

Spreepromenaden und Sterne gucken

Ins Grüne nach Treptow, das hat Tradition: Heute wie vor mehr als 100 Jahren strömen die Menschen an Sommertagen in den rund 160 ha großen Park mit schattigen Wegen und großflächigen Wiesen. Direkt vom S-Bahnhof aus gelangt man in den zwischen 1876 und 1888 angelegten Volkspark.

„Im Grase lagern und Gerstenkaffee aus mitgebrachten Blechflaschen trinken", so erholte man sich um 1900 in **Treptow**, und daran hat sich nicht allzu viel geändert. Lichte Promenaden am Wasser machen den Park auch im Herbst und Winter zu einem beliebten Ziel für Spaziergänger.

Wer vom S-Bahnhof kommend an der Uferpromenade entlangspaziert, trifft gleich links auf die Ausflugsdampfer der Stern und Kreis Schifffahrt. Von den **Anlegestellen** am Treptower Park aus kann man nach Köpenick oder Woltersdorf schippern, mit Kind und Kegel nach Tegel abdampfen, eine Havelseen-Rundfahrt unternehmen oder die Berliner Innenstadt vom Wasser aus erkunden.

Doch auch wer auf dem Festland bleibt, muss sich nicht langweilen. Die Uferpromenade an der Spree führt zum traditionsreichen Ausflugslokal **Haus Zenner**. An sonnigen Tagen tummelt sich im großen Biergarten an der Spreeterrasse ein bunt gemischtes Publikum. Der Grill raucht, das Bier zischt, die Live-Musik sorgt für zünftiges Vergnügen. „Anno 1727" erhielt Haus Zenner das Schankrecht als „Spreebudike" und ist damit das älteste Gartenlokal an der Spree. Stehen geblieben ist die Zeit deshalb nicht, im Erdgeschoss hat sich inzwischen ein Fastfood-Restaurant angesiedelt.

Vom Biergarten aus fällt der Blick auf die kleine **Insel der Jugend** mitten in der Spree. Eine schwungvoll geformte Brücke führt von der Uferpromenade zur ehemaligen Abteiinsel. Tagsüber nimmt die Jugend hier ein Sonnenbad, abends

Stern und Kreis Schifffahrt
Puschkinallee 15
(Hauptverwaltung)
☎ (0 30) 5 36 36 00
www.sternundkreis.de

Haus Zenner
Alt-Treptow 14-17
☎ (0 30) 5 33 73 70
Mi–Do 10–20 , Fr 10–4 ,
Sa 9–5 , So 9–20 Uhr
Mo/Di geschlossen
Saisonbetrieb
www.eierschale-zenner.de

und nachts finden in dem Gebäude an der Brücke Rock- und Popkonzerte statt.

Geht man den Uferweg weiter entlang, gelangt man in den **Plänterwald**. Hinter den Bäumen ragt ein Riesenrad in den Himmel. Es gehört zum Vergnügungspark Spreepark. Nach der Pleite des alten Betreibers wird seit Jahren ein neuer gesucht.

Wer statt in den Plänterwald lieber einen Blick in die Welt der Sterne werfen möchte, sollte einen Besuch in der nahen **Archenhold-Sternwarte** nicht verpassen. Man folgt der Bulgarischen Straße, die vis à vis der Insel der Jugend zur mehrspurigen Straße Alt-Treptow führt, und biegt in diese rechts ein. Nach wenigen Metern sieht man links über alten Parkbäumen ein gigantisches Linsenfernrohr hervor ragen. Die Einweihung des 21 m langen Gerätes 1896 zur damaligen Gewerbeausstellung im Treptower Park war eine Sensation. Das Planetarium bietet nicht nur eine Sammlung alter astronomischer Instrumente, sondern auch eine romantische Kulisse für Hochzeiten unterm Sternenzelt. Benannt ist die Sternwarte nach Friedrich Archenhold (1861-1939), ihrem Begründer und ersten Direktor.

Ein kleiner Waldweg links von der Sternwarte führt zum 1946-48 errichteten **Ehrenmal für die gefallenen Sowjetischen Soldaten**. Imposanter Mittelpunkt des Ehrenhains, in dem mehr als 5000 Sowjetsoldaten des II. Weltkriegs ihre letzte Ruhe fanden, ist die Monumentalplastik eines Rotarmisten. Auf dem linken Arm trägt er ein Kind, in seiner Rechten das Schwert, mit dem er das Hakenkreuz zerschlagen hat.

Zurück zum S-Bahnhof gelangt man, wenn man den Ehrenhain über den Ausgang Puschkinallee verlässt, die von prachtvollen Platanen und Autoverkehr geprägte Allee überquert und dann dem Parkweg nach links zum Bahnhof folgt.

Unmittelbar westlich des S-Bahnhofs stehen die „Treptowers“, ein Mitte der 90er Jahre erricheter Bürokomplex, der von dem 125 m hohen gläsernen Turm des Allianz-Konzerns überragt wird. Daneben, mitten auf der Spree, funkelt der „Molecule Man“, die 30 m hohe Stahlskulptur des amerikanischen Künstlers Jonathan Borofsky.

Air Service Berlin
✆ (0 30) 53 21 53 21
Der Treptower Park ist Start- und Landeplatz für Berlin-Rundflüge mit dem Wasserflugzeug.
25 Min. kosten 189 €. Der Ankerplatz liegt nahe der Insel der Jugend
www.air-service-berlin.de

Archenhold-Sternwarte
Alt-Treptow 1,
BUS 166, 365, 265
✆ (0 30) 5 36 06 37 19
Mi–So 14–16.30 Uhr
Führungen Do 20, Sa/So 15 Uhr, Himmelsbeobachtung Fr 20 Uhr (im Winterhalbjahr).
www.sdtb.de

Hafen im Treptower Park

Start
Treptower Park
S41 S42 S8 S85
ca. alle 5–10 Min.

Stadtspaziergang
Halbinsel Stralau

Länge
ca. 7,5 km

Rückfahrt
Rummelsburg
S3 alle 10–20 Min.

STRALAU

Der schiefe Turm von Berlin

Ein Abstecher zur ruhig gelegenen Halbinsel Stralau lohnt sich. Hier lädt ein reizvoller Uferweg zum Flanieren am Wasser ein.

Vom S-Bahnhof Treptower Park überquert man die Spree auf der parallel zur S-Bahn verlaufenden Fußgängerbrücke und biegt nach rechts in die Tunnelstraße. So gelangt man an die Spitze der Halbinsel, um die eine besonders schöne **Spreepromenade** führt.

Malerisch lassen Trauerweiden ihre Zweige ins Wasser hängen, Boote und Lastkähne schippern vorbei. Die Promenade bietet einen Blick auf zwei kleine vorgelagerte Inseln, die Liebesinsel und den Kratzbruch, den Plänterwald und den Treptower Park. Am Südufer der Halbinsel geht der Weg in den Friedhof der **Stralauer Dorfkirche** mit dem „schiefen Turm von Berlin" über. Der Turm des 1459-1464 erbauten Gotteshauses neigt sich knapp fünf Grad zur Seite. Im II. Weltkrieg schwer beschädigt, wurde die Kirche 1949 wiederhergestellt und eingeweiht.

Die Lage am Wasser prägt Stralaus Geschichte: Im 13. Jh. wurde die Halbinsel erstmals als Fischerdorf erwähnt, und der „Stralauer Fischzug" ist den Berlinern bis heute ein Begriff. Der Ursprung dieser Tradition liegt in der im 16. Jh. eingeführten Schonzeit für Fische von Gründonnerstag bis zum Bartholomäustag, dem 24. August. Der Dorfpfarrer bekam den Ertrag der ersten Fischzüge und musste sich mit Bier und Essen für die Fischer revanchieren: Das war die Grundlage für die rauschenden Volksfeste, mit denen der Tag des Anfischens gefeiert wurde.

Mit der Ansiedlung einer Teppichfabrik begann 1865 die Industrialisierung Stralaus, es folgten Brauereien, Bootswerften, eine Palmkernöl- und eine Flaschenfabrik sowie der Bau von Mietskasernen. 1837 hatte Karl Marx auf Stralau

Blick auf Stralau vom Treptower Park aus

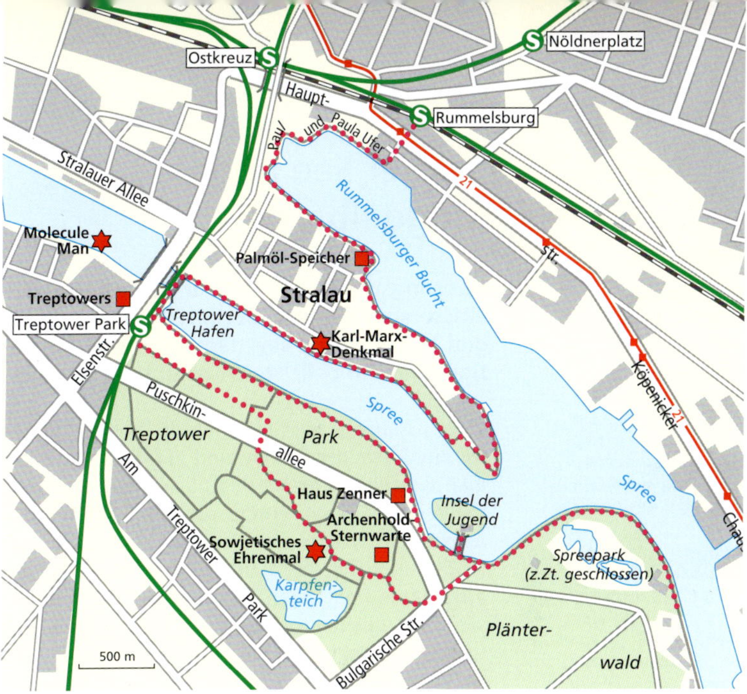

noch Erholung gesucht. An seinen Besuch und an den Streik der Glasarbeiter von 1901 erinnert das **Karl-Marx-Denkmal.** Die beiden roten Steinquader mit einem Relief des Philosophen stehen in einer kleinen Grünanlage am Südufer Stralaus, in Höhe der Friedrich-Junge-Straße.

Die Zukunft Stralaus steht unter dem Motto „Wohnen am Wasser". Ehemalige Fabrikspeicher werden zu Lofts, neue Wohnquartiere und Stadtvillen sind bereits entstanden. Bald soll auch der Uferweg vollständig um die Halbinsel führen.

Auf ihm gelangt man schon heute von Osten her zu dem sechsstöckigen Gebäude der Palmölfabrik an der Rummelsburger Bucht. Nachdem der Bau zwischenzeitlich – der Palmölfabrikant ging schon 1899 pleite – als Getreide- und Tierfutterspeicher diente, soll er in Zukunft schicke Wohnlofts beherbergen – Bootsanleger inklusive.

Geht man vom Palmölspeicher weiter an der Rummelsburger Bucht entlang, kommt man bald zum **Paul und Paula Ufer** – hier wurde die Bootsszene des berühmten DEFA-Films „Die Legende von Paul und Paula" gedreht.

Dorfkirche Stralau
Besichtigungszeiten:
Mai–Aug. So 11–15 Uhr
Klassische Konzerte jeden 4. So im Monat um 17 Uhr in der Kirche
www.die-alte-von-stralau.de

Start
Grünau
S46 S8 S85
ca. alle 8-20 Min.

Wanderung
F 12 Grünau – Wendenschloss – Abzweig Müggelberge (– Müggelsee) oder Wendenschloss – Große Krampe – Müggelheim

Länge
bis Abzweig Müggelberge ca. 3,5 km einfach
bis zum Müggelsee weitere 3 km
bis Müggelheim ca. 8 km

Rückfahrt
BUS X69 von Müggelheim/Dorf Richtung S-Bahnhof Köpenick

Strandbad Grünau
Sportpromenade 9
((0 30) 6 74 35 76
Mai–Aug. 10–18 Uhr
Ferien 9–19 Uhr

Kaffee Liebig
Regattastraße 158
Grünau
(nahe der Fähre nach Wendenschloss)
((0 30) 67 82 09 36
Jugendstil-Caféhaus

Freibad Wendenschloss
Möllhausenufer 30
((0 30) 6 51 71 71

GRÜNAU

Langer See und Müggelberge

Ausgangspunkt dieser Tour ist Grünau, das Wassersportzentrum Berlins. Der Ort am Langen See ist schon seit dem Bau der Bahnstation 1866 ein beliebtes Ausflugsziel.

Vom S-Bahnhof geht es durch die Wassersportallee zum Ufer der Dahme und zur Fähre, mit der man den Fluss überquert. Auf der anderen Seite, in Wendenschloss, einem ruhigen Villenvorort, nehmen wir rechts die Wendenschloßstraße zum Möllhausenufer, etwa bis zu der Stelle, an der die Dahme im Langen See aufgeht. Entlang dieser Uferpromenade, vorbei am Freibad Wendenschloss, gelangt man zu dem Weg, der das Ufer des Sees auf dieser Seite in seiner ganzen Länge begleitet.

Fast überall ist der Blick auf den See und das jenseitige Ufer frei. Gegenüber liegt das Strandbad Grünau, auf dem Wasser erkennen wir die Markierungen der traditionellen Regattastrecke, die ihren Höhepunkt bei den Olympischen Spielen 1936 hatte.

Im Sommer ist man nicht ganz ungestört, besonders bei schönem Wetter tummeln sich hier jede Menge Wassersportler. Vorbei an der ehemaligen Gaststätte Schmetterlingshorst gelangt man zum einstigen Ausflugsrestaurant Marienlust.

Hier besteht die Möglichkeit, nun den Weg über die Müggelberge zum Teufelssee und dann zum **Müggelsee** zu wählen, den man etwa auf der Höhe des Restaurants Rübezahl erreicht. Auf den Müggelbergen sollte man sich die Mühe machen, den **Müggelturm** zu besteigen, um den schönen Rundblick zu genießen. Am Teufelssee bietet das Lehrkabinett naturinteressierten Kindern und Erwachsenen einen sehr informativen und sinnlichen Überblick über Flora und Fauna des Gebietes.

Man kann natürlich auch anders laufen: Wer sich den Abstecher zum Müggelturm spart, geht weiter den Uferweg am Langen See entlang, der jetzt beschaulicher wird. Die Zahl der ihn überall säumenden schönen alten Stieleichen wird größer, die der Wassersportler kleiner.

Hier kommt noch einmal eine sehr schöne Badestelle mit Sandstrand und Liegewiese, die überwiegend von FKK-Anhängern benutzt wird. Kurz hinter dieser Stelle sieht man eine Insel, der große Rohrwall, und eine Landzunge ragt in den See.

Hier bietet sich nun die Möglichkeit, auf einem ruhigen Waldweg direkt nach Müggelheim zu gelangen.

Weiter entlang des Sees kommt man zur Krampenburg, einem Dauerzeltplatz, vor dem man zum ausgeschilderten Uferweg an die Große Krampe abbiegen sollte. Auch auf diesem schönen, sehr ruhigen Weg kommt man nach **Müggelheim**. Am Dorfanger ist die Haltestelle des Busses zum S-Bahnhof Köpenick.

Müggelturm
Tgl. 10–17 Uhr
Eintritt: 1 €, Kinder bis 9 Jahre 0,50 €

Lehrkabinett Teufelssee
In den Müggelbergen
☎ (0 30) 6 54 13 71
Mo–Do, So 10–16 Uhr

Start und Ziel
Grünau
S46 S8 S85
ca. alle 8-20 Min.
und
Tram 68 nach Alt-Schmöckwitz

Wanderung
Schmöckwitz – Wernsdorfer Brücke – (Schleuse – Rundweg NSG Wernsdorfer See) – Oder-Spree-Kanal – Schmöckwitz

Länge
ca. 8,5 km
mit Schleuse und Wernsdorfer See ca. 16 km

Kreischende Möwen

Den landschaftlich reizvollsten Weg nach Schmöckwitz nimmt die Straßenbahn, die seit 1911 hier verkehrt. Die 7,8 km lange Strecke der Uferbahn gehört zu den schönsten Straßenbahnstrecken Berlins.

Vom Bahnhofsvorplatz am S-Bahnhof Grünau fährt sie entlang des Langen Sees, vorbei am Strandbad und der Grünauer Regattastrecke. Auf der einen Seite der See, auf der anderen der Berliner Stadtforst.

Die Endhaltestelle ist der alte Dorfkern, **Alt-Schmöckwitz**. Der Blick fällt auf die Dorfkirche und zwei weitere Gebäude, die im gleichen historisierenden Stil nebeneinander errichtet sind: die Feuerwache und das ehemalige Rathaus. Das Straßenbahndepot von 1912 brannte leider am 30. August 2008 vollständig aus. Das Feuer vernichtete auch eine historische Straßenbahn von 1921.

Schmöckwitz ist fast ganz von Wasser umgeben: Das erkennt man am besten von der Brücke an der Wernsdorfer Landstraße. Hier kann man einen herrlichen Blick auf den Langen See, die Große Krampe und den Seddinsee genießen.

Hinter der Schmöckwitzer Brücke beginnt der Schmöckwitzer Werder – eine waldreiche Halbinsel. Gleich rechts nach der Brücke gelangt man zum Ufer des Zeuthener Sees mit einer schönen Badestelle.

Turm in Wernsdorf

Da danach bald ein Dauerzeltplatz den Weg versperrrt, verlassen wir den Uferweg und suchen uns einen der vielen schattigen Waldwege parallel zur Wernsdorfer Straße in Richtung Krossinsee, der den Schmöckwitzer Werder an der östlichen Seite begrenzt. Dort angelangt geht es am Ufer des Sees Richtung Nordosten bis zum Dorf Schmöckwitzwerder und zur Wernsdorfer Brücke. Wen hier die Kräfte verlassen, sollte ein Stück weiterlaufen bis

zum **Oder-Spree-Kanal** und gemütlich zurück nach Schmöckwitz wandern.

Für Naturliebhaber und speziell für Vogelfreunde gibt es hier eine sehr interessante Zusatzwanderung: um das **Naturschutzgebiet Wernsdorfer See**. Ausgangspunkt ist die Wernsdorfer Schleuse, die man von der Brücke nach ca. 1 km durch das Dorf (in Richtung Neu-Zittau) erreicht.

Gegenüber, an der Straße Am Kanal, beginnt der Wanderweg nach Gosen. Sobald man an der Mülldeponie vorbei ist, ist der Weg ausgeschildert als „Lehrpfad Wernsdorfer See“ und man braucht ab jetzt nur diesem Schild zu folgen.

Man umrundet dabei den in Verlandung begriffenen See. Gelegentlich erhascht man noch einen Blick durch das Schilf auf offene Wasserstellen. Die andere Seite des Weges grenzt an Wald und Wiesen. Was diesen abwechslungsreichen Rundweg jedoch wirklich zum Erlebnis macht: Im Frühjahr brüten in dieser feuchten Niederung Tausende von Vögeln. Die machen natürlich einen ganz schönen Lärm, besonders die Möwen mit ihrem Gekreische.

Kurz vor **Gosen** geht der Weg weiter an der nordwestlichen Seite des Sees entlang durch die Gosener Berge bis zum Oder-Spree-Kanal, an dessen Ufer wir links entlanggehen. Nach etwa 3 km – der Weg biegt zwischenzeitlich wieder links in den Wald ein – erreichen wir den Ausgangspunkt unserer Tour: Alt-Schmöckwitz.

Schmöckwitzer Krug
Adlergestell 785
12527 Berlin
☎ (0 30) 6 75 84 78
Deutsche Küche
Tgl. ab 11 Uhr

Strandlust
Fischrestaurant/
Kaffeekahn
Seddinpromenade 3a
Schmöckwitz
☎ (0 30) 67 58 62 6
März bis Okt.
Di–So ab 11 Uhr
www.strandlust-schmoeckwitz.de

Start
Eichwalde
S46 S8 alle 20 Min.

(Rad-)Wanderung
S-Eichwalde – Eichwalder Badewiese – Villensiedlung Seegarten – Dorfaue Zeuthen – S-Zeuthen

Länge
ca. 7 km

Rückfahrt
Zeuthen
S46 S8 alle 20 Min.

EICHWALDE

Villen am See

Die Gemeinden Eichwalde und Zeuthen liegen südöstlich von Berlin in einem ausgedehnten Wald- und Seengebiet. Den Berlinern gelten sie seit Jahrzehnten als bevorzugte Wohnlage und als Ausflugsziele.

1893 gegründet, ist **Eichwalde** die jüngste Gemeinde im Dahme-Seengebiet. Am Bahnhofsplatz prägen mehrgeschossige Häuser im Stil der Gründerzeit das Bild. Hier liegt auch das Zentrum von Eichwalde mit Geschäften und Gaststätten.

Für unseren Spaziergang nehmen wir die von Eichen gesäumte Bahnhofstraße. Bald passiert man das rekonstruierte Humboldt-Gymnasium. Es bildet ein architektonisches Ensemble mit der Alten Feuerwache, dem kulturellen Zentrum Eichwaldes. Wo die Bahnhofstraße endet, biegen wir rechts in die Godbersenstraße ein. Kurz darauf lassen wir uns durch das Ortsschild „Berlin" nicht beirren: Die Hauptstadt besteht hier nur aus einem Stück Berliner Stadtforst, das wir geradewegs durchqueren. Am Ende des Waldstücks biegen wir rechts die Lindenstraße ein.

Ab jetzt bewegen wir uns parallel zum **Zeuthener See.** Der ist Teil des Dahme-Seen-Gebietes und somit ein Zufluss der Spree. Allerdings bekommen wir vom Wasser zunächst wenig zu sehen. Denn zwischen Lindenstraße und See stehen respektable Ein- und Zweifamilienhäuser mit großzügigen Gärten. Und eigenem Seezugang, versteht sich. Hier müsste man wohnen. Doch auch wir Spaziergänger bekommen bald, an der Tschaikowskistraße, das Wasser zu sehen: an der Eichwalder Badewiese, einem idyllischen Fleckchen mit uralten Bäumen, Sandstrand und Spielplatz.

Weiter auf der Lindenstraße, überschreiten wir jetzt die Stadtgrenze nach **Zeuthen**. Hier beginnt die Villensiedlung Seegarten – die Gegend wird jetzt noch ein wenig vornehmer. Bald erreicht man die neu gestaltete Uferpromenade. Hier lie-

Am Seegarten in Zeuthen

gen – neu gebaute – Stadtvillen hinter dem Uferweg, so dass jedermann und jedefrau den Seeblick genießen kann.

Herrschaftlich geht es am Ende der Promenade weiter, nun wieder hinter den teils pompösen Gründerzeitvillen, also ohne Seeblick fürs Volk. Am Platz der Demokratie, jetzt schon auf der Seestraße, hat dann die Allgemeinheit erneut einen Zugang zum See. Doch ausgerechnet dieser Platz sieht ärmlich und vernachlässigt aus.

Weiter auf der Seestraße bieten sich immer wieder schöne Blicke aufs Wasser. Wo die Seestraße endet, beginnt die Dorfaue von Zeuthen. Hier kann man noch erahnen, dass Zeuthen einst nur ein winziges Fischerdorf im Dahme-Seengebiet war. Vor dem Bauboom der Gründerzeit. Heute haben sich nahe der Dorfaue verschiedene Segel-Vereine niedergelassen.

An der Platanenallee werfen wir noch einen letzten Blick auf den Zeuthener See. Zurück geht es über die Eichenallee, die Ahornallee und die Lindenallee zum S-Bahnhof Zeuthen. Oder man schlendert weiter durch die Alleen mit den alten Villen und den großen Gärten und stellt sich vor, wie es wohl wäre, hier zu wohnen.

Carmen's Restaurant
Bahnhofstr. 9
15732 Eichwalde
☎ (030) 6 75 84 23
Mi–Sa ab 19 Uhr
Sa/So 12–14 Uhr
im Sommer (ab Mai)
So auch 18-20 Uhr
Feine brandenburgische Küche

Olympia
Seestraße 65
15738 Zeuthen
☎ (03 37 62) 4 19 80
Tgl. 12–23 Uhr
Griechisches Restaurant, Wintergarten und Terrasse mit Seeblick

Seehotel Zeuthen
Fontaneallee 27/28
15738 Zeuthen
☎ (03 37 62) 89-0
DZ ab 128 €, Wochenend-Arrangements (2 Nächte) ab 103 € pro Person. Restaurant „Fontane" mit Wintergarten und Seeterrasse, regionale und internationale Spezialitäten, tgl. 12–23 Uhr.

Start und Ziel
Königs Wusterhausen
S46 alle 20 Min.

Stadtspaziergang

Karte ▸ Seite 89

KÖNIGS WUSTERHAUSEN

Im Jagdrevier des Königs

Es war des Königs Wusterhausen. Der König, nach dem es 1734 benannt wurde, war der Soldatenkönig Friedrich Wilhelm I., der schon früh das dortige Schloss zu seinem Lieblingsaufenthalt erkor. Hier hielt er sein „Tabakskollegium" ab, frönte seiner Jagdleidenschaft und kultivierte seinen kargen Lebensstil.

Heute steht der zweigeschossige Renaissancebau mit Rundturm fast im Zentrum von „KW", wie Einheimische ihr Städtchen gern nennen. Seit Oktober 2000 restauriert, ist das **Schloss Königs Wusterhausen** wieder als Museum geöffnet und eine der Hauptattraktionen der Stadt. Auch der Schlosspark ist mit seinen barocken Elementen wieder kunstvoll gestaltet worden. Zu finden ist das Schloss vom S-Bahnhof aus, indem man einfach den Wegweisern folgt – die ca. 1 km lange Route führt überwiegend durch Grünanlagen.

Das äußere Zeichen einer weiteren Attraktion ist nicht zu übersehen: der 210 m hohe, rot-weisse Antennenmast auf dem heutigen Funkerberg am nördlichen Stadtrand. Vom Schloss aus biegt man in die Berliner Straße ein, von der bald die Straße Funkerberg abzweigt. Auf dem Weg zum Antennenmast kommen wir links am Aussichtsturm mit Biergarten vorbei. Doch bevor wir dort einkehren, erklimmen wir den **Funkerberg**. Hier war die Geburtsstunde des Rundfunks in Deutschland. Nach ihrer Nutzung als Militärfunkstation ab 1916 wurde 1920 erstmals ein Weihnachtskonzert live auf Langwelle übertragen. Das war der Beginn der kulturellen Nutzung des Rundfunks. Allerdings durften diese erste Rundfunksendung nur offiziell genehmigte Stellen empfangen. Das zugehörige Museum ist nach längerer Schließung nun wieder für Besucher geöffnet. Seitdem die Stadt KW 2007 das Funkerberg-Gelände übernahm, kümmert sich der Förderverein „Sender Königs Wusterhausen" um die Betreuung des Museums.

Tourist Information
Am S-Bahnhof
✆ (0 33 75) 25 20 19

Schloss Königs Wusterhausen
Schlossplatz 1
✆ (0 33 75) 21 17 00
Apr. bis Okt.
Di–So 10–17.30 Uhr,
Nov. bis März
Sa/So/Fei 10–16 Uhr
(jeweils letzte Führung)
Eintritt nur mit Führung möglich 4 € / 3 €

Schlossrestaurant im Kavalierhaus
Schloss Königs Wusterhausen
Schlossplatz 1
✆ (0 33 75) 21 209-0
Apr.–Dez. Di–So ab 12 Uhr
Jan.–März Di–Fr ab 18 Uhr
Sa/So ab 12 Uhr
www.schloss-koenigs-wusterhausen.de

Schloss Königs Wusterhausen

Nach so viel Kultur und Technik bietet sich ein Spaziergang am Nottekanal an. Die Notte wurde schon 1568 kanalisiert, um Gips aus Sperenberg heranzuschaffen, und 1856 als „Töpferkanal" ausgebaut für den Ziegeltransport aus Töpchin und Motzen. Mit dem Ausbau der Bahn verlor der Kanal seine Bedeutung. Heute ist der Wasserweg, der mitten durch die Stadt fließt, ein verträumtes Gewässer, das sich die Natur zurückerobert hat. Das Ufer ist zugewachsen und Teichrosen blühen. Der Uferweg führt auf der südlichen Seite aus KW heraus. Die andere Seite des Ufers gibt durch viele Baumgruppen und Hecken den Blick frei auf eine Feld- und Wiesenlandschaft.

Nach etwa 3 km erreicht man die Abzweigung nach **Schenkendorf**. Im Jahre 1995 hatte hier ein adoptierter Nachfahr des Grafen Dracula das um 1900 vom Verleger Rudolf Mosse im italienischen Renaissancestil errichtete Schloss erworben. Draculas Nachfahre machte die Touristenattraktion „Schloss und Rittergut Dracula" daraus, musste aber Insolvenz anmelden. Momentan ist Schloss Schenkendorf leider für Besucher geschlossen.

Wer mit dem Fahrrad unterwegs ist, sollte noch einen kleinen Abstecher nach Krummensee südlich von Schenkendorf machen. Eine schöne Badestelle am Krummen See lohnt den Weg.

Heimatmuseum
Schlossplatz 7
15711 Königs
Wusterhausen
☎ (0 33 75) 29 30 34
Di–Sa 10–16 Uhr
Eintritt 2 € / 1 €
www.heimatverein-kw.de

Restaurant
Jagdschloss 1896
Bahnhofstraße 25
15711 Königs
Wusterhausen
☎ (0 33 75) 20 07 00
Tgl. 11–1 Uhr

Sender- und Funktechnik-museum
Funkerberg Haus 1
15711 Königs
Wusterhausen
www.funkerberg.de
☎ (0 33 75) 29 47 55
Di, Do, Sa, So 13–17 Uhr
Eintritt 3 € / 1,50 €
Ab 5 Pers. Führung nach Anmeldung, 1 € extra

Start und Ziel
Königs Wusterhausen
S46 alle 20 Min.

(Rad-)Wanderung
Königs Wusterhausen – Kameruner See

Länge
ca. 14 km hin und zurück

KÖNIGS WUSTERHAUSEN – NEU KAMERUN

Badetour nach Kamerun

Von Königs Wusterhausen mit dem Rad bis nach Kamerun? Kein Problem! Denn Kamerun liegt im Brandenburger (Ur-)Wald – gerade einmal 7 km von S-Bahnhof entfernt.

Dabei ist der Weiler so abgelegen, dass er auf vielen Karten gar nicht verzeichnet ist. Doch damit nicht genug – noch versteckter liegt mitten im Kiefernwald der **Kameruner See**. Für die kleine Expedition sollte man sich allerdings gut mit Proviant eindecken – am Ziel gibt es keine gastronomische Versorgung.

Aber erst einmal hinfinden, nach Kamerun. Wir starten von der Ostseite des Bahnhofs in Königs Wusterhausen, also der von der Stadt abgewandten Seite. Über den Kirchsteig geht es den Wegweisern folgend in Richtung **Neue Mühle**.

Nach ca. 5 Minuten Radeln oder 15 Min. zu Fuß ist die historische Schleuse erreicht. Die beeindruckt vor allem durch die Zugbrücke: Zur Erbauung der Ausflügler wird sie selbst für das kleinste Segelboot hochgezogen. Fußgänger können von einem Extrasteg aus dem Spektakel zuschauen. Autos und Radfahrer müssen am Brückenrand warten, bis die Zugbrücke nach dem Passieren des Wasserfahrzeugs wieder heruntergelassen wird.

Aber wir wollen ja nach Kamerun und bleiben deshalb diesseits der Schleuse: Wir nehmen die in südlicher Richtung verlaufende Tiergartenstraße. Von dieser zweigt gleich halb links ein gut mit dem Rad zu befahrender Waldlehrpfad durch den Tiergarten von Königs Wusterhausen, ein kleines Wäldchen, ab. Nach ca. 1 km erreicht man kurz vor der Siedlung Waldesruh die Landstraße und folgt dieser ca. 200 m in Richtung Süden, um dann rechts in die Gräbendorfer Straße abzubiegen.

Diese ruhige Siedlungsstraße wird bald zur ebenso wenig befahrenen Körbiskruger Straße, auf der wir uns immer geradeaus halten. Am

Kameruner See

Ende der Siedlung wird die Strecke zur Schotterpiste, die aber noch gut mit dem Rad befahrbar ist. Nachdem man etwa 2 km parallel zum Zeesener See durch den Wald geradelt ist, taucht die Siedlung Körbiskrug auf. Am Ende von Körbiskrug stößt der Fahrweg auf eine Bundesstraße, an der es ca. 100 m entlang Richtung Süden geht, bis links die Piste mit dem verheißungsvollen Straßenschild Kamerun abzweigt.

Auf Betonplatten fahren wir nun Richtung Osten und erreichen bald eine Ansiedlung: Ein paar Häuser und Datschen am Fahrweg, umgeben von viel Grün – eigentlich hatten wir uns unter Kamerun etwas anderes vorgestellt.

Hinter dem Weiler und weiter Richtung Wald wird der Weg etwas sandig – hier geht es zum See. Dieser versteckt sich zwischen Bäumen und schimmert bald malerisch zwischen Kiefernzweigen hervor. Kleine, teils versteckte Badestellen locken zum Bad in dem klaren Gewässer, das auch Großer Tonteich genannt wird. Einige Camper scheinen den Ort so wunderbar zu finden, dass sie ihre Zelte unter den Bäumen im Mischwald aufgestellt haben. Die können später ihren Freunden erzählen, dass sie ihren Urlaub in Kamerun verbracht haben.

Riedels Landgasthof
Tiergartenstraße 2
15711 Königs
Wusterhausen
☎ (0 33 75) 21 35 95
Di–So ab 12 Uhr,
Deutsche Küche, direkt an
der historischen Schleuse
www.riedels-
landgasthof.de

Start
Königs
Wusterhausen
S46 alle 20 Min.

Radtour
Königs Wusterhausen – Mittenwalde – Groß Machnow – Rangsdorf – Blankenfelde

Länge
ca. 33 km (bis Rangsdorf: ca. 26 km)

Dauer
ca. 3 Stunden (ohne Pause)

Ziel
Blankenfelde
S2 alle 20 Min.
oder Bhf. Rangsdorf
RE3 und RE7

MITTENWALDE

Weißes Gold am Salzmarkt

„Im allgemeinen darf man fragen: wer reist nach Mittenwalde? Niemand. Und doch ist es ein sehenswerter Ort, der Anspruch hat auf einen Besuch in seinen Mauern" (Theodor Fontane). Und weil das bis heute so ist, lohnt sich eine Radtour in das beschauliche Landstädtchen.

Vom S-Bahnhof **Königs Wusterhausen** führt uns der Weg durch die Bahnhofstraße, die Einkaufsstraße von „KW". An deren Ende überquert man die Schlossstraße (ein Abstecher zum nahen Schloss lohnt sich unbedingt! Seite 86) und befindet sich auch schon auf dem (anfangs geteerten) Weg „Am Nottekanal". Von nun an geht es immer geradeaus am idyllischen Nottekanal. Der Kanal diente im 19. Jahrhundert dazu, Ziegel und andere Baustoffe zu transportieren.

Nach gut 7 Kilometern kündigt sich Mittenwalde zuerst durch die Reste einer alten Eisenbahnbrücke über den Kanal an. Kurz darauf folgt die Brücke für den Straßenverkehr. Diese nehmen wir und erreichen auch gleich den Ort.

Mittenwalde, 1307 zum ersten Mal urkundlich erwähnt, war im Mittelalter ein strategisch wichtiger Ort an der Grenze der Mark Brandenburg zur Lausitz. Davon zeugt noch heute das nördliche Stadttor mit dem 25 m hohen Pulverturm, die einzigen Reste der ehemals starken Befestigungsanlage. Die Stadt war durch den florierenden Salzhandel sehr reich. 1562 lieh sich Berlin sogar Geld von Mittenwalde, das es anscheinend immer noch nicht zurückgezahlt hat...

Nach dem Dreißigjährigen Krieg allerdings lag Mittenwalde in Schutt und Asche. Damals kam Probst Paul Gerhardt an die Pfarrkirche St. Moritz und sprach den Menschen Mut zu, auch durch seine volkstümlichen Lieder wie „Geh aus mein Herz und suche Freud", die ihn berühmt gemacht haben.

Ein weiterer berühmter Einwohner Mitten-

waldes war der preußische Generalfeldmarschall Johann David Ludwig Graf Yorck von Wartenburg. Er ließ 1806 das Wohnhaus an der heutigen Yorckstraße 45 errichten. Die Yorckstraße trug zu DDR-Zeiten übrigens den Namen des KPD-Abgeordneten des Preußischen Landtags Erich Steinfurth, der 1934 im Konzentrationslager ermordet wurde. Heute erinnert eine Gedenktafel in der Nr. 11 an den Widerstandskämpfer

Die Yorckstraße führt geradewegs in und durch die Altstadt. Dort erzählen Infotafeln von der Geschichte der Stadt. Ein schöner Rundgang führt zunächst zur **Kirche St. Moritz**, ein dreischiffiger, gotischer Hallenbau aus Feld- und Backsteinen. Im südlichen Kirchgarten steht ein Denkmal, das an Paul Gerhardt erinnert. Nicht weit davon entfernt findet man den schönsten Platz in Mittenwalde, den **Salzmarkt**. Auf dem dreieckigen Platz wurde im 16. Jahrhundert mit dem „weißen Gold" gehandelt. So wurden die Steinsalzkristalle genannt, denn ab dem Mittelalter und bis ins 19. Jahrhundert wurden sie mit Edelsteinen aufgewogen. In Haus Nr. 5 gibt es ein Heimatmuseum, in dem man einiges über die wechselvolle Geschichte von Mittenwalde erfährt: Stadtgründung und

Kirche St. Moritz
Paul-Gerhardt-Straße
✆ (03 37 64) 2 03 31
Hallenkirche mit Sterngewölben und Umgangschor aus dem 15 Jh., renoviert 1860/61, sehenswerter Schnitzaltar mit Antwerpener Rentabel von 1514.

Museum am Salzmarkt
Salzmarkt 5
www.salzmarkt5.de
Dez.-Feb. geschlossen, ansonsten Sa/So 13-16 Uhr, im Sommer auch öfter
✆ (03 37 64) 2 22 70
Eintritt: 1,50 € /1 €
Stadtgeschichte, Leben um die Jahrhundertwende 19./20. Jh.

Galerie Münnich
Mauerstr. 9
15749 Mittenwalde
✆ (03 37 64) 24 80 32
www.anett-münnich.de
Von Zeit zu Zeit Ausstellungen in der Gartengalerie

Am Salzmarkt in Mittenwalde

Restauration und Logis „Zum Ackerbürger"
Yorckstraße 46
15749 Mittenwalde
☎ (0 3 37 64) 2 04 78
Mi-Mo 12-19 Uhr, Di Ruhetag, Nov-März auch Mo Ruhetag
www.ackerbuerger-mittenwalde.de
Frische, saisonale Küche der Region. Denkmalgeschützte Gasträume, Hofgarten, barrierefrei.

Entwicklung, Wohlstand, Pest, Hungersnöte und Dreißigjähriger Krieg. Zu sehen sind auch eine historische „Schwarze Küche" und ein Wohnzimmer aus der Gründerzeit.

Wieder zurück auf der Yorckstraße, geht es nach links zum nördlichen **Stadttor** mit dem Pulverturm.

Um Mittenwalde zu verlassen, durchqueren wir das Stadttor und halten uns zunächst links, um nach wenigen Metern rechts in die Chausseestraße einzubiegen. Dieser folgen wir, bis an der ersten Straßenbiegung hinter dem Ortsende ein Fahrweg rechts abzweigt. Auf diesem Weg geht es leicht bergan, vorbei an Brach- und Lagerflächen. Bei der Weggabelung fahren wir nach links. Zunächst ist dieser Weg unbefestigt und stellenweise sandig, später rollt man auf Betonplatten. Nach Norden hin bietet sich ein grandioser Blick über Felder und Wiesen. Im Frühjahr und Herbst kann man mit etwas Glück ein besonderes Naturschauspiel erleben: Hunderte, vielleicht auch tausende von Kranichen nutzen die feuchten Wiesen zum Rasten auf ihrem Flug nach Süden oder Norden.

Bald ist **Groß Machnow** erreicht. Der Name des Dorfes erinnert an die slawische Zeit. Machnow bezeichnet einen Ort in einer feuchten, moosreichen Gegend. Erwähnung fand Groß Machnow erstmals 1375 als deutsches Kolonistendorf. Damals besaß der Ort bereits eine Kirche, zwei Windmühlen und zwei Gaststätten. Die Feldsteinkirche aus dem 13. Jahrhundert steht heute immer noch mitten im Dorf.

In Groß Machnow fährt man bis zur Bundesstraße 96, überquert diese und folgt dem Radweg abseits der Fahrbahn Richtung Norden. Gleich an der ersten Abzweigung biegt man links ab Richtung **Rangsdorf**, das bald erreicht ist. Die meisten Häuser des lang gezogenen Ortes liegen unter hohen Kiefern. Rangsdorf wurde schon im 19. Jahrhundert wegen seiner Lage am Rangsdorfer See zu einem beliebten Ausflugsziel für Berliner. Von 1940-1961 fuhr sogar die S-Bahn bis hier. Seit der Wiedervereinigung im Jahr 1990 steigt die Zahl der Besucher und Einwohner des Ortes auch wieder deutlich.

Vorbei am Bahnhof erreicht man schließlich den **Rangsdorfer See.** Den sollte man unbedingt gesehen haben. Dieser ist zwar kein Badesee, doch der weite Blick vom Sandstrand über den flachen, schilfgesäumten See lohnt allein schon den Weg (mehr dazu: Seite 96).

Nun muss man sich entscheiden: Entweder man folgt der schönen, aber teils etwas sandigen Radroute ins ca. 6 Kilometer entfernte **Blankenfelde** (führt zunächst nah am See entlang) zum dortigen S-Bahnhof. Oder man radelt zurück zum Bahnhof Rangsdorf und nimmt dort die Regionalbahn Richtung Berlin (2x stündlich).

Das nördliche Stadttor von Mittenwalde stammt aus dem Mittelalter

Start und Ziel
Blankenfelde
S2 alle 20 Min.

(Rad-)Wanderung
Blankenfelde – Diedersdorf

Länge
ca. 4 km einfach

BLANKENFELDE

Tradition und Gaudi

Eigentlich ist Blankenfelde südlich von Berlin noch ein typisches märkisches Dorf. Daran haben auch die Erweiterungen des Ortes mit Einfamilienhäusern ringsherum nicht viel geändert. Das Märkische spürt man besonders am alten Dorfanger.

Dieser liegt heute fast am Rand von **Blankenfelde**, 1,5 km vom S-Bahnhof entfernt. Man durchquert zunächst das neue Ortszentrum am Brandenburger Platz. Über ruhige Wohnstraßen geht es in südwestlicher Richtung bis zur Hauptstraße, der man in westlicher Richtung folgt. Nahe der Ampelkreuzung am Ortsrand erstreckt sich der alte Dorfkern. Hier gibt es noch den Dorfteich, die Kirche und ein paar Bänke, die Jugendlichen als Treffpunkt dienen. In der restaurierten Dorfschmiede aus der Zeit des Dreißigjährigen Krieges kann man manchmal sogar einem Schmied bei der Arbeit zusehen. Und im Gasthaus zur Eiche, dem alten Dorfkrug, lässt es sich märkisch speisen.

Gasthaus zur Eiche
Dorfstraße 25
15827 Blankenfelde
(0 33 79) 37 09 20
Tgl. ab 11 Uhr
Am Dorfanger
www.eiche-blankenfelde.de

Etwas unterhalb vom Dorfanger führt bald ein unscheinbarer, befestigter Weg von der Hauptstraße in westlicher Richtung abgehend aus Blankenfelde heraus. Der auch für Radfahrer gut befahrbare, ruhige Plattenweg führt durch die flache Diedersdorfer Heide.

Bald taucht rechts in der Ferne eine Ansiedlung auf. Wer genau hinsieht, erkennt es auch schon, das **Diedersdorfer Schloss**. Ein Abzweig an einer Stromleitung führt direkt in das 800 Einwohner-Dorf, welches den größten Biergarten Brandenburgs sein eigen nennt. So dreht sich auch fast alles in Diedersdorf um den ehemaligen Gutshof und die wiederhergestellte Schlossanlage, einen barocken Putzbau aus dem 18. Jh. Hauptanziehungspunkt ist der Biergarten vor dem Schlosspanorama, in dem gleichzeitig bis zu 2000 Gäste ihren Durst stillen können. Von den langen Bänken aus fällt der Blick auf saftig-grüne Wie-

Schloss Diedersdorf

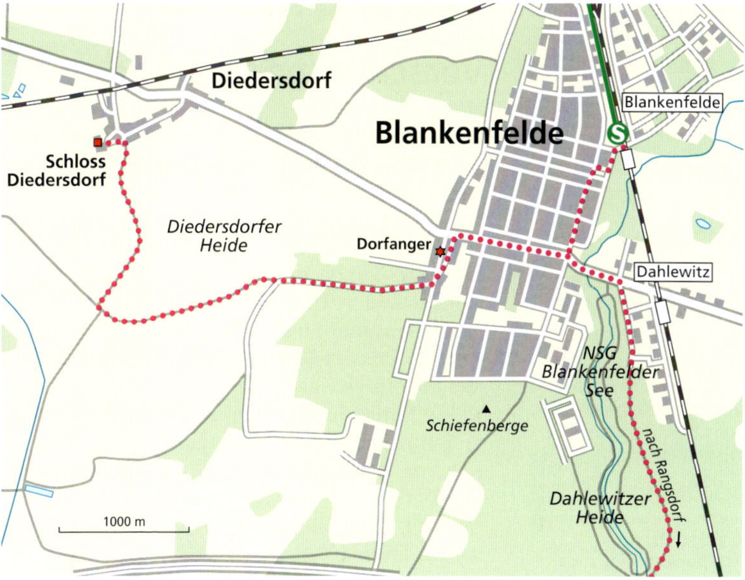

sen, die sanft nach Süden hin abfallen, wie auch das ganze Dorf an einem leichten Südhang erbaut ist. Wenn man nicht genau wüsste, dass man hier nahe Berlin ist – man könnte meinen, plötzlich nach Bayern versetzt zu sein. Auch das Speisen- und Getränkeangebot im Biergarten ist entsprechend: Schweins-Haxen gibt es, und das Bier wird als halbe oder ganze „Maß" ausgeschenkt. Nebenan wird Kindern einiges geboten: Kinderkarusell, Hüpfburg, ein Streichelzoo und ein Spielschloss sorgen bei den kleinen Besuchern für Kurzweil. Auch ein Reiterhof fehlt nicht.

Doch damit nicht genug: Im Schloss selbst ist ein Hotel untergebracht, in den Nebengebäuden des ehemaligen Gutshofes gibt es weitere Restaurants, Läden und Veranstaltungsräume. In der ehemaligen Schmiede wird brandenburgische Küche serviert, der Pferdestall ist der gehobenen Gastronomie vorbehalten. Der ehemalige Kuhstall dürfte vielen Fernsehzuschauern bekannt sein: hier wird die Musikantenscheune gedreht. Sogar heiraten kann man auf Schloss Diedersdorf – ein Standesamt wurde eigens eingerichtet.

Schloss Diedersdorf
Kirchplatz 5-6
15831 Diedersdorf
☎ (0 33 79) 35 35–0
Biergarten März bis Okt. 10–23 Uhr
www.schlossdiedersdorf.de

Restaurant Pferdestall im Schloss Diedersdorf
Rustikale Gastronomie
Tgl. ab 10 Uhr, ganzjährig geöffnet

Ein Shuttle-Bus pendelt alle 30 Min. zwischen Ⓢ-Blankenfelde und Diedersdorf:
Ostern–Anfang Okt.
So 10–18 Uhr

Start
Blankenfelde
S2 alle 20 Min.

Wanderung
Blankenfelde – Blankenfelder See – Rangsdorf

Länge
ca. 7 km einfach, mit dem kompletten Rundkurs Blankenfelder See 5 km mehr

Rückfahrt
Bahnhof Rangsdorf RE3 und RE7 nach S-Blankenfelde (oder weiter Richtung Berlin Hbf oder Stadtbahn)

Karte ▸ Seite 95

Verein für Landschaftspflege und Umweltschutz Teltow-Fläming
✆ (03 37 08) 2 08 21
Informationen zum Blankenfelder See

Seebad-Casino
Am Strand 1
15834 Rangsdorf
✆ (03 37 08) 92 88-0
Hotel, Restaurant, Biergarten, Strandbad mit Strandkörben, Bootsverleih, Kiosk

BLANKENFELDE – RANGSDORF

Verschwundener See

Blankenfelde eignet sich gut als Startpunkt für eine schöne Wanderung nach Rangsdorf – mit oder ohne Fahrrad.

Vom Bahnhof Blankenfelde aus nimmt man die **Karl-Marx-Straße** in südwestlicher Richtung. Vorbei am neuen Ortskern geht es weiter auf der **Erich-Klausener-Straße** bis zum Verkehrskreisel, wo man links in **Bahnhofstraße** abbiegt. Nach ca. 100 Metern zweigt rechts ein Waldpfad ab (Wegweiser **Naturlehrpfad Blankenfelder See**). Wo heute Naturlehrpfad und Feuchtgebiet sind, erstreckte sich vor 70 Jahren eine weite Wasserfläche – der Blankenfelder See. Seitdem sank der Wasserstand Jahr für Jahr, das Gewässer ist verlandet – und hat ein kleines Naturparadies entstehen lassen.

Vom See selbst ist nur das Niedermoorgebiet erhalten geblieben, das von dem kleinen Glasowbach durchzogen wird. Selten gewordene Vogelarten haben sich in dem seit 1986 unter Naturschutz stehenden Gebiet niedergelassen. Auch der schon lange vom Aussterben bedrohte Fischotter ist hier wieder heimisch geworden.

Auf dem Naturlehrpfad erklären zahlreiche Informationstafeln die Tier- und Pflanzenwelt. Rastplätze, Aussichtspunkte und Informationspunkte zum Mitmachen wie z.B. eine Barfußstrecke, auf der man unterschiedliche Waldböden mit bloßen Füßen ertasten kann, machen den 5,5 km langen Rundkurs zu einem wirklichen Erlebnis.

Wen es mehr zu einem „echten“ See zieht, der wandert oder radelt weiter in Richtung Süden nach **Rangsdorf**. Ein schöner Waldweg verläuft parallel zum Naturschutzgebiet. Nach dem Unterqueren der Autobahn (Berliner Ring) führt ein markierter Weg in Sichtweite des Rangsdorfer Sees durch Mischwald in den beschaulichen Ausflugsort.

Bald ist auf dem Uferweg das Seebad-Casino erreicht, Ziel und Treffpunkt für jeden Rangsdorf-Besuch. Das heutige Seebad-Casino ist ein großzügiger Neubau an der Stelle seines traditionsreichen Vorgängergebäudes. Dort trafen sich schon frühere Generationen von Rangsdorf-Ausflüglern, um es sich bei Kaffee und Kuchen gut gehen zu lassen.

Das war die große Zeit von Rangsdorf: Scharenweise kamen die Berliner am Wochenende mit der Bahn zum Seebad. Auch heute bietet das Gelände einen schönen Sandstrand mit schmucken Strandkörben und wunderschönem Seeblick.

Am Rangsdorfer See

Einen Schönheitsfehler hat die Strandidylle allerdings: Wegen zu geringer Sichttiefe war in den vergangenen Jahren das Baden im See verboten. Das Naturerlebnis wird dadurch nur wenig getrübt: Der See, teils mit Schilf bewachsen, steht zu großen Teilen unter Naturschutz. Hier brüten seltene Vögel und an den moorigen Rändern auf der Westseite ist das Gehen deshalb nur auf ausgeschilderten Wegen erlaubt. Der **Rangsdorfer See** lohnt übrigens nicht nur im Sommer einen Besuch: Wenn der See zugefroren ist, treffen sich hier die Eissegler.

Bücker-Luftfahrt- und Europäisches Eissegel-Museum
Im Komplex des
Seebad-Casinos
Am Strand 1
15834 Rangsdorf
Sa, So 13–17 Uhr
(Okt.–Feb.bis 16 Uhr)
www.buecker-museum.de

Doch Rangsdorf hat noch mehr als Natur zu bieten. Neben ruhigen Wohnvierteln auf dem Hügel oberhalb des Sees oder unter hohen Kiefern gibt es einen besonderen Ortsteil: **Klein Venedig**.

Klein Venedig liegt südlich vom Seebad-Casino. Kanäle und Brücken sorgen dafür, dass hier tatsächlich ein Hauch vom Lebensgefühl der Lagunenstadt zu spüren ist.

Vom Seebad-Casino aus führt die Seebad-Allee zunächst zum historischen Dorfanger mit Feldsteinkirche. Wer den kleinstädtischen, mit Bäumen gesäumten Boulevard weiter entlang geht, kommt nach gut einem Kilometer zum Bahnhof von Rangsdorf.

Start und Ziel
Priesterweg
S2 S25
alle 5 Min.

Stadtausflug
Natur-Park Schöneberger Südgelände

Natur-Park Schöneberger Südgelände
Eingang: Am Südausgang
S-Bahnhof Priesterweg
Tgl. von 9 Uhr bis zum Beginn der Dunkelheit,
Eintritt: 1 €
Radfahren und Ausführen von Hunden verboten

Park-Verwaltung
Grün Berlin Park und Garten GmbH
Sangerhauser Weg 1
12349 Berlin
☎ (0 30) 70 09 06–0
www.gruen-berlin.de

Vogelkundliche und stadtökologische Führungen:
BUND-Bund für Umwelt- und Naturschutz Berlin Deutschland e.V.
Landesverband Berlin
☎ (0 30) 78 79 00–0
Infos auch online unter:
www.gruen-berlin.de

NATUR-PARK SÜDGELÄNDE

Ein Biotop zwischen den Schienen

Schon vom Bahnsteig aus ist die gelbe Mauer mit den bogenförmigen Durchgängen zu sehen. Einige Schritte durch den Südausgang, und ein europaweit einmaliges Landschafts- und Naturschutzgebiet ist erreicht.

Einmalig, weil es 70 Jahre lang industriell genutzt wurde und der Natur nicht die geringste Chance bot. Wenige Jahrzehnte genügten, um aus dem 1952 aufgegebenen Bahngelände ein schutzwürdiges Biotop zu machen. Seit dem Sommer 2000 steht es, so groß wie 18 Fußballfelder, Besuchern zu einem Eintrittspreis von 1€ offen.

Große Teile des Parks, der sich schmal und lang nach Norden erstreckt, sind Naturschutzgebiet. Deshalb gelten einige Verbote. Radfahren und das Ausführen von Hunden sind untersagt, die sensiblen Kernbereiche können nur über Stege, angelegt von der Künstlergruppe Odious, begangen werden.

Doch diese Einschränkungen nimmt der einsichtige Besucher hin, denn das Ensemble aus Natur und Technik wirkt gleich auf den ersten Blick ungewöhnlich interessant. Der denkmalgeschützte **Wasserturm** von 1927, eine alte Dampflok der 50er Baureihe, eine Drehscheibe erinnern an den früheren Rangierbahnhof Tempelhof und die Fernstrecken in Richtung Dresden und Anhalt. Moderne Eisenkonstruktionen in vielen Formen betonen diese Vergangenheit. Beherrscht wird das Bild jedoch von stellenweise geradezu urwaldartigem Bewuchs – ein reizvoller Kontrast, den man von einer Sonnen- oder Schattenbank aus unbeschwert genießen kann. Nach einer sommerlichen Führung, also mit einigem Hintergrundwissen, machen Spaziergänge aber noch mehr Spaß. Wie Flechten, Moose und anspruchslose Baumarten – Pappeln, Birken, Robinien – in Schotter und Kohlengrus wortwörtlich den Boden bereiteten für Eichen und Hainbuchen, ist ein spannendes Stück Stadtökologie. Auf dem Trockenrasen der Lichtungen haben sich botanische Raritäten angesiedelt, die der Laie übersieht. Insgesamt sind es etwa 370 Arten. Ohne Düngen und Wässern wuchs ein Pfirsichbäumchen heran. Im übrigen kreuchen und fleuchen auf dem Gelände Dachs und Fuchs, 30 Brutvogel-, 95 Wildbienen- und 57 Spinnenarten, darunter die weitgereiste Südfranzösische Höhlenspinne. Viele sind als gefährdet oder selten eingestuft, so die Blauflüglige Ödlandschrecke und an Vögeln der Berghänfling, die Gartengrasmücke und der Trauerschnäpper. Falls die Erkundung hungrig und durstig gemacht hat: Am Nordeingang des S-Bahnhofs gibt es ein beliebtes Lokal mit Biergarten, die „Alte Ziegenweide“ in der gleichnamigen Kleingartenkolonie, in der Brückenmeisterei ein kleines Café.

Natur-Park Schöneberger Südgelände

Das **Schöneberger Südgelände** gehörte bis zur Wiedervereinigung Deutschlands der Reichsbahn und danach der Deutschen Bahn AG. Erst nachdem die Bahn auf ihre Betriebsrechte verzichtet hatte, konnte der Wunsch von Bürgerinitiativen erfüllt und mit großzügiger Hilfe der Allianz Umweltstiftung ein Park gestaltet werden. Am nördlichen Ende führt eine Brücke über die S-Bahngleise. Von dort geht es zum S-Bahnhof Südkreuz oder zurück zum Priesterweg durch den Hans-Baluschek-Park. Hier ist alles möglich, was im Naturschutzgebiet unterbleiben muss, wie Spiel und Sport. Geometrische Formen bilden einen reizvollen Gegensatz zur Wildnis, die der Spaziergänger gerade hinter sich ließ. Der Maler Hans Baluschek hatte in der Nähe sein Atelier und bevorzugte Eisenbahnmotive.

Start
Teltow Stadt
S25 alle 20 Min.

(Rad-)Wanderung
S-Bahnhof Teltow Stadt – Alt-Teltow–Ruhlsdorf – Bf-Teltow

Länge
ca. 10 km

Rückfahrt
Regionalbahnhof Teltow
RE3 RE4 RE5 nach Lichterfelde Ost, Südkreuz, Potsdamer Platz und Berlin Hbf

Ältestes Haus Heimatmuseum
Hoher Steinweg 13
Apr.–Okt. So 13–18 Uhr,
Nov.–März So 13–17 Uhr
☎ (0 33 28) 41 76 5

Extra Tipp
Vogelpark und Streichelzoo Teltow
Feldstraße 30a
☎ (0 33 28) 4 16 78
Tgl. 9–19 Uhr
www.vogelpark-streichelzoo-teltow.de
Ab S-Bahnhof 10 Minuten zu Fuß. Papageien, Kakadus und andere Vögel, aber auch Ziegen, Schafe, Affen, Hasen und Rehe sind zu bestaunen. Die Kleinen können auf dem Pony oder dem Esel reiten oder in der Riesenbuddelkiste spielen.

Rübchen und mehr

Bei dieser Tour durchstreift man die Altstadt und die Umgebung von Teltow. Dabei kann man erfahren, was Teltower Rübchen sind und dass auch Schweine ein Museum haben.

Vom S-Bahnhof Teltow Stadt führt ein Fuß-Radweg entlang der Mahlower Allee in die Altstadt. Nach 400 m überqueren wir eine verkehrsreiche Kreuzung und biegen auf der gegenüberliegenden Seite halb rechts in die Berliner Straße ein. Hier beginnt die Altstadt, beziehungsweise das, was Brände, Krieg und Nachkriegszeit von der ehemaligen Ackerbürgerstadt übrig gelassen haben. Und das ist sehenswert.

Die Ursprünge der Stadt **Teltow** reichen bis ins 12. Jahrhundert. Die ältesten erhaltenen Bauten zählen allerdings nur 300 Jahre. An der Andreaskirche vorbei geht es bis zum hübsch renovierten Marktplatz, wo das blumengeschmückte Rathaus steht. Neben Bänken und einem neuen Springbrunnen erhebt sich das Denkmal von 1908 für Landrat Stubenrauch, den „Schöpfer des Teltow-Kanals“, wie wir einer Tafel entnehmen können. Der 38 km lange Teltowkanal verbindet seit 1906 die Potsdamer Havel mit den Gewässern südöstlich von Berlin.

Rund um den Marktplatz wurde und wird die historische Stadtgestalt rekonstruiert – ein Ruhepol im aufstrebenden Teltow, wo High-Tech-Betriebe und neue Wohngebiete entstanden sind. Wir verlassen die Altstadt über die Alte Potsdamer Straße in Richtung Westen. Wo diese auf die verkehrsreiche Potsdamer Straße trifft, überqueren wir die Verkehrsader in südlicher Richtung und landen bald auf dem Weinbergsweg. Von diesem zweigt der idyllische Hollandweg links ab und führt uns über ein paar Kurven und durch üppiges Grün bis zur Ruhlsdorfer Straße. Auf dieser geht es zum gleichnamigen Dorf. Wer die Landstraße mit dem schmalen Rad-Fußweg meiden möchte, biegt nach einem Kilometer (Höhe

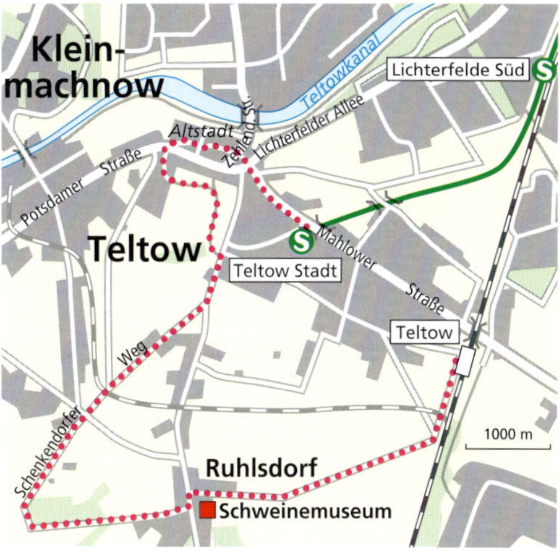

„Pflanzen-Kölle") rechts in den Schenkendorfer Weg ein und folgt dem asphaltierten Fahrweg. So oder so kommt man nach einem weiteren Kilometer (über Schenkendorfer Weg: 3 km) zum Ortskern von **Ruhlsdorf**, erkennbar an der Bushaltestelle und einem Übersichtsplan. Hier steht auch Hammers Landhotel, wo man von Mitte September bis in den Januar hinein „Teltower Rübchen" probieren kann. Das ist ein besonders schmackhaftes Wurzelgemüse, das schon Friedrich der Große und Goethe zu schätzen wussten. Es wächst nur rund um Teltow und wird deshalb auch jährlich mit dem „Teltower Rübchenfest" geehrt.

Auf der gegenüberliegenden Seite der Landstraße zweigt die beschauliche Dorfaue von Ruhlsdorf ab. Die hat neben der Feldsteinkirche von 1250 eine weitere Sehenswürdigkeit zu bieten: Das **Deutsche Schweinemuseum.** Hier kann man fast alles über das Leben der Schweine erfahren. Oder wussten Sie, dass bis Anfang des 19. Jahrhunderts alle Schweine frei in Wald und Flur herumliefen, sich von dem ernährten, was der Wald hergab und sich mit Wildschweinen paarten? Davon erzählt das Museum.

Über die Dorfstraße weiter geradeaus gelangt man nach 3 km auf die Mahlower Straße, wo gleich rechts der Regionalbahnhof Teltow liegt.

Hammers Landhotel
Genshagener Strasse 1
14513 Teltow-Ruhlsdorf
☎ (0 33 28) 4 14 23
www.hammers-landhotel.de
Im rustikal eingerichteten Restaurant traditionelle Küche und märkische Spezialitäten

Deutsches Schweinemuseum
Dorfstraße 1
14513 Teltow–Ruhlsdorf
☎ (0 33 28) 436-130
www.deutsches-schweinemuseum.de
Do 11–17 Uhr,
Juni–Sept. auch jeden 1. So im Monat 11–17 Uhr
Und nach Voranmeldung:
☎ (0 33 28) 436-105
Di–Fr 14–22 Uhr,
Sa/So 11–22 Uhr
Eintritt 1,50 € / erm. 1 €,
Kinder unter 14 Jahren frei

Start
Zehlendorf
S1 alle 5–10 Min.

(Rad-)Wanderung
S-Bahnhof Zehlendorf – Düppel – Kleinmachnow – Griebnitzsee

Länge
ca. 15 km

Rückfahrt
Griebnitzsee
S7 alle 10 Min.

KLEINMACHNOW

Entlang der Stammbahn

Eine Radtour entlang junger und alter Siedlungs- und Technikgeschichte eröffnet ganz neue Perspektiven.

Dass die Berliner schon Mitte des 19. Jhs. in so großer Zahl aus der Stadt hinaus kamen, das lag an der preußischen Stammbahn. Diese 1838 eröffnete Strecke Berlin – Zehlendorf – (Düppel) – Potsdam war die erste preußische Eisenbahn gleich nach der Verbindung Nürnberg – Fürth. Inzwischen ist sie, bedingt durch die ehemalige Sektorengrenze südwestlich von Zehlendorf, aufs Neben- und Abstellgleis geraten und streckenweise nur noch zu erahnen.

Am S-Bahnhof **Zehlendorf** nehmen wir den Südausgang und radeln entlang der Berlepschstraße – parallel zur ehemaligen preußischen Stammbahn – bis zur Kreuzung Clauertstraße/Ludwigsfelder Straße. Rechts sehen wir den 1972 in Betrieb genommenen und 1980 wieder außer Dienst gestellten S-Bahnhof „Zehlendorf Süd". Neben dem Bahnhof „Buckower Chaussee" war er der einzige neue Bahnhof der von der Deutschen Reichsbahn betriebenen S-Bahn auf West-Berliner Gebiet. 1980, als die Betriebspflicht der Reichsbahn im Westteil der Stadt erlosch, wurde der Betrieb auf der Stummelstrecke eingestellt.

Einige Meter weiter können wir auf der linken Straßenseite ein Hinweisschild erkennen. Hier ist ein Stück Geschichte zu sehen, das es in sich hat: Im **Museumsdorf Düppel** ist ein ganzes Dorf mitsamt seiner Umwelt so rekonstruiert worden, wie es vor rund 800 Jahren existiert hat.

Museumsdorf Düppel
Clauertstraße 11
14163 Berlin
(030) 8 02 66 71
www.dueppel.de
Während der Saison (Ostern bis Anfang Okt.) So/Fei 10–17 Uhr und Do 15–19 Uhr

Weiter die Berlepschstraße entlang, erreichen wir nach gut 1 km den Straßenzug Benschallee/Karl-Marx-Straße und befinden uns an der Grenze zwischen Zehlendorf und Kleinmachnow. Ein Holzkreuz erinnert an Menschen, die den Fluchtversuch aus der DDR mit dem Leben bezahlten.

Hier liegt auch das Areal der ehemaligen Stammbahn-Station Düppel-Kleinmachnow. Es lässt erahnen, warum das ab 1900 erschlossene Kleinmachnow ein derartiges Straßenmuster besitzt. Nahezu alle Wege führen zum Bahnhof.

Unser Weg führt entlang der Karl-Marx-Straße. Dort, wo sie einen Rechtsknick macht, geht der Weg geradeaus durch die Straßen Uhlenhorst und Meiereifeld und nach ca. 1 km rechts durchs „Jägerhorn" wiederum zur Karl-Marx-Straße. An deren Ende befindet sich das große Eingangstor zur **Hakeburg**. Das burgähnliche Landhaus liegt auf dem Seeberg an der Nordseite des Machnower Sees. Erbaut wurde das Gebäude 1906 von der Adelsfamilie derer von Hake, die in diesem Landstrich über Jahrhunderte ansässig waren.

Weiter geht es unten am Machnower See entlang, bis die unter Denkmalschutz stehende Kleinmachnower Schleuse erreicht ist. Sie gehört zum 1906 fertig gestellten Teltowkanal, der damals als südliche Umfahrung Berlins für die Binnenschifffahrt angelegt wurde.

Hinter der Schleusenbrücke fährt man bis zum Kreisel vor und dann rechts zur Alten Potsdamer Landstraße. Ihr folgend radeln wir am **Stahnsdorfer Südwestkirchhof** vorbei (Ein Abstecher lohnt! ▸ Seite 150) und weiter geht's geradeaus durch die Parforceheide auf leidlichen alten Wegen nach Potsdam hinein.

Nach dem Überqueren der Eisenbahnbrücke an der Stahnsdorfer Str. geht es nach rechts durch das Studentendorf zum Bahnhof Griebnitzsee.

Hakeburg Kleinmachnow
Im Sommer Getränke und kleine Speisen auf der Burgterrasse.
Die Innenräume der Burg sind nicht öffentlich zugänglich, allerdings für Veranstaltungen zu mieten unter:
☎ (03 32 03) 7 06 00

Start und Ziel
Botanischer Garten
S1 alle 10 Min.

Stadtausflug
Botanischer Garten
Botanisches Museum

BOTANISCHER GARTEN

Ab in die Tropen

Der S-Bahnhof Botanischer Garten, ein interessanter restaurierter Jugendstilbau, liegt sinnigerweise im Lichterfelder Blumenviertel: Über den Asternplatz geht es rechts die Straße Unter den Eichen entlang zum Begonienplatz.

Ihm gegenüber befindet sich einer der beiden Eingänge zum **Botanischen Garten** – ein attraktives Ziel zu jeder Jahreszeit und geradezu ein Heilmittel bei Winterdepressionen. Denn in den 16 Gewächshäusern sind rund 18 000 Pflanzenarten auf mehr als 6000 Quadratmetern zu bestaunen.

Eines der größten Gewächshäuser der Welt, das Große Tropenhaus, steht hier. Nach jahrelanger Grundsanierung, die etwa 50 Prozent Energieersparnis ermöglichen soll, wird es voraussichtlich im September 2009 wieder eröffnet. Die Gewächshäuser entsprechen jeweils entweder einer bestimmten Klimazone oder sind das Zuhause einer bestimmten Pflanzenfamilie. Von den Kakteen der Wüste bis zu den Lianen der Urwälder lässt sich die Pflanzenwelt hier erkunden. Über Brückchen, vorbei an Wasserfällen führt der Rundweg zu „alten Bekannten“ aus Urlaubstagen in wärmeren Gegenden, die hier fachmännisch gepflegt vielleicht sogar besser gedeihen als in ihren Heimatländern. Oder zu seltenen Pflanzen, die in Deutschland heimisch sind, doch in der freien Natur meist übersehen werden.

In der warmen Jahreszeit kann man im Botanischen Garten problemlos einen ganzen Tag angenehm verbringen, Hunger und Durst stillen und sogar Geschenke besorgen. An den Eingängen informieren Tafeln darüber, wo auf dem Gelände gerade etwas besonders Interessantes zu sehen ist. Überall laden Bänke zu Ruhe- oder Lesepausen ein. So kann man nacheinander die Botanik der nördlichen gemäßigten Klimazonen besichtigen, von den Alpen über den Kaukasus bis zum Himalaya, den Sumpf- und Wassergarten besuchen,

Botanischer Garten
Eingänge: Unter den Eichen/Begonienplatz, Königin Luise Straße 6–8

Tgl. geöffnet

Nov. bis Jan.	9–16 Uhr
Febr.	9–17 Uhr
März und Okt.	9–18 Uhr
Sept.	9–19 Uhr
Apr. und Aug.	9–20 Uhr
Mai bis Juli	9–21 Uhr

(die Schauhäuser werden 30 Min. eher geschlossen)

Eintritt: 6 € / 3 €, Familienkarte 12 €

Info
(030) 8 38 50–100
www.bgbm.org
Es können regelmäßige aktuelle Informationen per E-Mail angefordert werden

Restaurant Landhaus
mit Terrasse, am Eingang Unter den Eichen
(030) 8 31 68 61
Tgl. 11–18 Uhr (Nov.–Febr. geschlossen)

den Bauerngarten und die Nutz- und Arzneipflanzen.

Häufig liegen die Ursprünge botanischer Gärten in Arzneipflanzengärten. Im Heilkräutergarten sind ungefähr 230 Heilpflanzen zu sehen, nach ihren medizinischen Anwendungsbereichen geordnet. Auf den dazu gehörigen Etiketten kann sich der Besucher darüber infomieren, wie giftig oder heilkräftig eine Pflanze ist und welche Stoffe für die jeweilige Wirkung verantwortlich sind. Der Duft- und Tastgarten vermittelt noch einmal ganz ungewohnte Eindrücke von der Schönheit der Pflanzenwelt. Er ist besonders auf die Bedürfnisse sehbehinderter Menschen zugeschnitten.

Stachelige Schönheiten im Botanischen Garten

Der Botanische Garten zog in seiner Geschichte mehrmals um. Zur Zeit der brandenburgischen Kurfürsten gab es bereits den heute noch so genannten Lustgarten an der Spree. 1679 kam auf Geheiß des Großen Kurfürsten der heutige Kleistpark dazu. Da der Garten dort nicht vergrößert werden konnte, wurde er zwischen 1896 und 1910 am jetzigen Ort neu angelegt. Im 19. Jh. erhöhten berühmte Botaniker und Naturwissenschaftler wie de Lamarck, Darwin und Haeckel seine wissenschaftliche Bedeutung. Bis heute spielt die Wissenschaft hier eine wichtige Rolle, so gehen jährlich rund 40 000 Pflanzen und Pflanzenteile als Lehrmaterial an die Berliner Hochschulen - der Garten ist inzwischen eine Zentraleinrichtung der Freien Universität Berlin.

Wer mehr über die Geschichte der Botanik wissen möchte, sollte ein bisschen Zeit für das **Botanische Museum** reservieren. Von der Stammesgeschichte und -geographie der Pflanzen bis hin zu Funden aus altägyptischen Pharaonengräbern kann man hier allerhand Wissenswertes erfahren.

Bistro Anthurium
mit Terrasse, rechts vom Eingang des Tropenhauses

Pflanzenreich
Bücher und Geschenkartikel, links vom Eingang des Tropenhauses

Kirchner
Laden für Garten- und Geschenkartikel, am Eingang Unter den Eichen

Botanisches Museum
Königin-Luise-Str. 6–8
Tgl. 10–18 Uhr
(Bibliothek Mo–Fr von 9–18 Uhr)
2,50 € / 1,50 €
Familienkarte 2 €
Die Karte für den Botanischen Garten gilt auch für das Museum, auf Wunsch an verschiedenen Tagen (abzeichnen lassen).
S/U-Rathaus Steglitz
und BUS X83
oder U Breitenbachplatz
und BUS 101

Teltowkanal

WESTEN

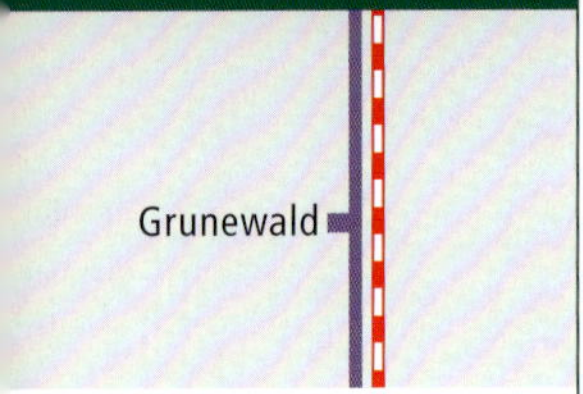

Start
Grunewald
S7 alle 10 Min.

Wanderung

Länge
ca. 8 km

Rückfahrt
Havelchaussee
BUS 218 (teils historische Fahrzeuge) bis
S-Wannsee oder U-Theodor-Heuss-Platz

Ökowerk e.V.
Teufelsseechaussee 22–24
☎ (0 30) 3 00 00 50
Di–Fr 9–18 Uhr,
Sa, So/Fei 12–18 Uhr
(Nov.–März Di–Fr 10–16, Sa/So/Fei 11–16 Uhr)
Führungen durch das Wasserwerk
www.oekowerk.de

Bistro im Ökowerk
Sa/So/Fei 12–18 Uhr
(Nov.–März 11–16 Uhr)
Bio-Kuchen, Bänke im Freien

Grunewaldturm
Zur Zeit gesperrt, Wiedereröffnung voraussichtlich Mai 2011

Restaurant Grunewaldturm
Havelchaussee 61
☎ (0 30) 41 72 00 01
Tgl. ab 10 Uhr
Terrasse mit Havelblick, großer Biergarten und Abenteuerspielplatz, behindertengerecht, moderne deutsche Küche

GRUNEWALD

Zum Kuhhorn

Der Grunewald, mit 40 qkm der größte Berliner Forst, bietet mit seinen Seen, Reit- und Wanderwegen sowie dem grün-verwilderten, aus Trümmerschutt des II. Weltkrieges bestehenden Teufelsberg vielfältige Ausflugsmöglichkeiten.

Besonders reizvoll ist eine Tour durch den urwüchsigen, westlichen **Grunewald** zu den sandigen Ufern der Havel.

Vom S-Bahnhof Grunewald geht es in westlicher Richtung unter der Avus – einst als Automobil-Verkehrs- und Übungsstraße die älteste deutsche Autorennstrecke – hindurch. Über den Parkplatz an der Eichkampstraße hinweg taucht man in den Mischwald ein. Hier beginnt der breite, leicht ansteigende Schildhornweg. An der Försterei vorbei wird er bald zu einer von Kastanien gesäumten Allee. Nach etwa 1,5 km schaut man links in eine ehemalige Sandgrube, die heute ein Naturidyll ist: Die Sandberge und Grundwassertümpel sind für Kinder ein Abenteuergelände, die umliegenden Wiesen bieten sich zum Familienpicknick an.

Wenige Schritte weiter auf dem Schildhornweg sieht man den **Teufelssee** aus einer kleinen Senke heraufschimmern – er lädt im Sommer zum Baden, der Wiesenhang davor zum Sonnen ein. FKK bestimmt das Bild. Rechts neben dem Teufelssee ragt zwischen den Bäumen ein schlanker Backsteinturm auf, das Wahrzeichen des Naturschutzzentrums Ökowerk. Es entstand 1985 auf dem Gelände des ältesten, in Berlin noch erhaltenen Wasserwerks. Auf eigene Faust, in Workshops oder bei geführten (Rad-)Wanderungen kann man hier etwas über Umweltfragen, Heilkräuter und nicht zuletzt über die Geschichte des Wasserwerks und das kostbare Nass selbst erfahren.

Weithin sichtbar sind die einst von den US-Amerikanern militärisch genutzten weißen Radartürme des nordöstlich vom Teufelssee gelegenen

115 m hohen **Teufelsbergs**. Das benachbarte Plateau wird von Drachenliebhabern genutzt, die ein buntes und knatterndes Treiben am Himmel veranstalten. Auch Gleitschirmflieger kann man den Hang hinunterschweben sehen. Im Winter finden sich hier hervorragende Schlittenabfahrten.

Vom Teufelssee aus weiter in Richtung Westen gelangt man nach ca. 4 km an die Havel, zum Beispiel über den sich zum Ufer hin öffnenden Havelweg ans schön gelegene **Kuhhorn** mit betreuter Badestelle. Der Fluss hat sich auf der Höhe des Grunewalds ein breites Bett geschaffen und die märkische Sandbüchse hat an seine Ufer Strände neben den Schilfbewuchs gezaubert, die nicht nur im Sommer Urlaubsatmosphäre aufkommen lassen. Flussabwärts führt der Uferweg in die Richtung des Grunewaldturms, der von hier unten aus aber nicht zu sehen ist. Einziger Hinweis zum Aufstieg: die Wasserrettungsstation Grunewaldturm, ca. 1,5 km südlich vom Kuhhorn. Postum zu Ehren von König Wilhelm I. errichtet, hat man von dem an der Havelchaussee gelegenen Turm einen schönen Rundblick über Fluss, Wald und die Stadt im Osten.

Wirtshaus Schildhorn
Straße am Schildhorn 4a
☎ (0 30) 30 88 35 00
www.wirtshaus-schildhorn-berlin.de
Tgl. ab 12 Uhr
Jan.–März
Fr, Sa, So ab 12 Uhr,
Mo–Fr auf Anfrage
Romantisch-gediegenes Gebäudeensemble direkt an einer Havelbucht, Boots-Anlegestelle, Terrasse, internationale und deutsche Küche

Restaurant-Schiff Alte Liebe
Havelchaussee 107
☎ (0 30) 3 04 82 58
www.alte-liebe-berlin.de
Apr.–Okt.
Tgl. 12–22,
Nov.–März
Tgl. 12–19 Uhr
Deftig-maritime und deutsche Küche

Start
Grunewald
S7 alle 10 Min.

Wanderung
S-Grunewald –
S-Schlachtensee oder
S-Nikolassee

Länge
ca. 8,5 bzw. 10 km

Rückfahrt
Schlachtensee oder
Nikolassee
S1 alle 10 Min.
Von Nikolassee auch
S7 alle 10 Min.

GRUNEWALD SEENTOUR

Hundekehle und Fischerhütte

Eine schöne Wanderung führt vom S-Bahnhof Grunewald vorbei an Villen, Seen und Feuchtgebieten zum Schlachtensee.

Gleis 17? Wohl noch ein altes Schild aus Güterbahnhofszeiten, denkt man sich, wenn man durch den Tunnel zum Ostausgang des Bahnhofs Grunewald schlendert. Stimmt. Es ist ein Hinweisschild zum **Mahnmal** am Gleis 17. Von hier aus sind über 50 000 Berliner Juden in Konzentrations- und Vernichtungslager deportiert worden. Die in den Bahnsteig eingelassenen Eisenplatten geben nüchtern darüber Auskunft, wann und wohin wie viele gebracht worden sind. Die Stille des Gleises zwingt Bilder des an sich Unvorstellbaren auf. Außen am Bahnhofsgebäude führt linkerhand noch eine Rampe zum Gleis hinauf. Hier erinnert eine Betonmauer mit schemenhaften Einlassungen an das Schicksal der Verschleppten.

An den Bushaltestellen vorbei in die Auerbachstraße und diese an den Tennisplätzen geradeaus weiter spaziert, beginnt die kleine Wanderung in die Natur. Wer allerdings durch den Auerbachtunnel geht und in den übernächsten Weg rechts einbiegt, kann zuvor noch eine Tour durch das Waldmuseum der Waldschule Grunewald machen. Für alle anderen führt die Route zunächst am **Hundekehlesee** entlang. Die prächtigen Villen an seinem Ostufer zeigen deutlich, dass hier das reiche Berlin zu Hause ist.

Geradewegs weiter überqueren wir die Königsallee und schlagen den ausgeschilderten Wanderweg zum sehr beliebten Grunewaldsee ein. Hier ist am Wochenende einiges los. Die öffentliche Hundebadestelle an diesem Gewässer begünstigt Beobachtungen und Kontakte mit mannigfaltigen Hunderassen. Vom Westuferweg (rechts) erspäht man am anderen Ufer das weiß getünchte **Jagdschloss Grunewald**, einen Renaissancebau, der

Waldmuseum
Königsweg 4/Jagen 57
☎ (0 30) 8 13 34 42
www.waldmuseum-waldschule.de Di–Fr 10–15 Uhr
So/Fei 12–18 Uhr
Nov.–Feb. 13–16 Uhr
Mo/Sa nach tel. Vereinbarung

Gemäldegalerie im Jagdschloss Grunewald
Hüttenweg 100
☎ (0 30) 8 13 35 97
www.spsg.de
30. Mai bis 31. Okt.
Di–So 10–18 Uhr
1. Nov. bis 30. April
Achtung: Aug. und Sept. 2011 wegen Umbau geschlossen
Sa/So/Fei 10–16 Uhr
2 € / 1,50 €

Anfang des 18. Jhs. barock umgebaut wurde. Im Grunde genommen hat auch dieser Bau ein wenig mit Hunden zu tun. Denn von Kurfürsten bis zu Kaisern hin vergnügte sich hier der Hof mit Parforcejagden (par force = mit Gewalt): Eine Hundemeute hetzt das Wild bis zur totalen Erschöpfung, so dass die Jäger das gestellte Tier am Ende leicht erledigen können. Damals wurden ganze Wälder mit großzügigen Schneisen für die schnellen Parforce-Ritte angelegt. Aus dieser Zeit stammt auch die Parforceheide südöstlich von Berlin. Parforcejagden auf lebendes Wild sind mittlerweile in Deutschland verboten.

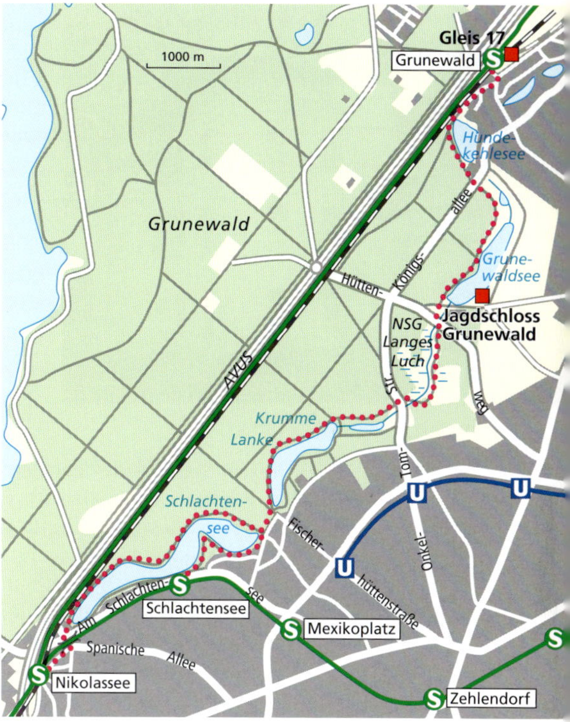

2007 wurde das Jagdmuseum im Schlossbau wiedereröffnet. Dort können Jagdfans Handfeuerwaffen und Radschlossgewehre aus dem 16. bis 18. Jh. ansehen. Interessanter, weil bekannter, ist die Gemäldegalerie im Schloss: Nachdem der Schlossbau den II. Weltkrieg unbeschadet überstanden hatte, wurde er 1949 wiedereröffnet – als erstes öffentlich zugängliches Kunstmuseum im Nachkriegsberlin. Zwar waren einige Gemälde von sowjetischer Seite – sagen wir – „konfisziert" worden, doch durch die Auslagerung von Gemälden aus Stadtschloss und Schloss Monbijou wuchs die Sammlung im Grunewald auf 200 Bilder an. Darunter Werke der beiden Cranachs und einiger niederländischer Maler. Besonders sehenswert ist der befriedigte Gesichtsausdruck

Forsthaus Paulsborn
Hüttenweg 90
www.forsthaus-paulsborn.de
☎ (0 30) 8 18 19 10
Tgl. ab 11 Uhr
Wird von der Integrationsgesellschaft Mosaik-Services betrieben

Alte Fischerhütte
Fischerhüttenstraße 136
☎ (0 30) 80 49 83 10
Tgl. 9–23 Uhr
www.fischerhuette-berlin.de
Biergarten und Restaurant, saisonale Küche, Brunchen im Liegestuhl am See

Jagdschloss Grunewald

einer Frau mit dem Kopf eines Mannes in der Hand. "Judith mit dem Kopf des Holofernes" wurde von Lucas Cranach dem Älteren 1530 gemalt. Nachdem die Cranach-Bilder zeitweise nicht zu sehen waren, werden sie ab Oktober 2011 als Dauerausstellung gezeigt.

Wer von seinem Renaissance-Barock-Schock verschnaufen muss, möge sich ins Forsthaus Paulsborn begeben, einen wilhelminischen Bau am Südzipfel des Sees. Weiter geht es über den Parkplatz und den Hüttenweg, den wir überqueren. Vor uns liegt der schönste Abschnitt des Ausflugs: Das Lange Luch ist ein Naturschutzgebiet und unser Pfad schlängelt sich durch modernde Holzbestände, vorbei an duftenden Pflanzen und zwitschernden Vögeln. Hier kann man tief durchatmen und das hektische Großstadttreiben vergessen.

Der Weg führt über die Onkel-Tom-Straße hinweg weiter in das nächste Naturschutzgebiet, das Riemeisterfenn. Von den drei Wegmöglichkeiten ist die mittlere direkt durch das Fenn (Sumpf) die schönste. Schon liegt die **Krumme Lanke** vor uns, auf deren Westufer (rechts) nachmittags lange die Sonne steht und sich malerisch auf der Wasseroberfläche spiegelt.

An der Südspitze der Krummen Lanke angekommen, steht man vor dem größten Gewässer der Grunewaldseenkette, dem **Schlachtensee.** Auch Zehlendorfs ältestes Café Fischerhütte liegt hier am Ufer. Wer nun schon Heimweh hat, sollte links am Ostufer zum S-Bhf. Schlachtensee spazieren. Wer noch das gesamte Seepanorama genießen möchte, wähle den Westuferweg rechts. Hier weht eine steife Brise und es bietet sich ein herrlicher Blick auf das Gewässer. Die lärmende Großstadt erscheint weit entfernt. Der S-Bahnhof Nikolassee ist von der Südspitze des Sees (rechts zur Spanischen Allee gelaufen) ausgeschildert.

Baden:
Grunewaldsee: am Westufer auch FKK
Krumme Lanke: Badestellen am Nordostufer und Badewiese an der Südspitze
Schlachtensee: Badewiese nahe S-Bhf. Schlachtensee

NIKOLASSEE

Pack' die Badehose ein

Bahnhof Nikolassee – von hier sind es 800 m bis zum berühmten Strandbad Wannsee.

Und wer es weniger trubelig mag, lässt das Strandbad einfach links liegen und sucht sich seinen Traumstrand an der Havel. Vorbei am Avus-Treff an der Spinner-Brücke, wo sich bei gutem Wetter hunderte von Berliner Bikern treffen, geht es über den Wannseebadweg zum „Berliner Lido". Im Sommer verkehren Pendelbusse zwischen Bahnhof und Strandbad.

Die erste öffentliche Badestelle gab es an dem langen und flachen Strand schon 1907. Bald erfreute sich die Badeanstalt großer Beliebtheit. Allerdings galten im kaiserlichen Deutschland noch strenge Reglements für die Badenden: Eine züchtige Badebekleidung war obligatorisch und am Strand waren Männer-, Frauen- und Familienabschnitte mit Holzzäunen voneinander getrennt.

Das heutige Strandbad mit dem markanten rotgelben Eingangsgebäude wurde 1929/30 gebaut. Hauptanziehungspunkt ist der weit über einen Kilometer lange und bis zu 80 m breite Strand. Es ist tatsächlich ein wenig wie an der Adria: Über die ganze Länge des Strandes zieht sich die Promenade mit dem dahinter liegenden Hauptgebäude. Imbissstände, Snackbars und Restaurants locken mit vielfältigen Angeboten von Eiscreme über Pizza und Currywurst bis hin zu vegetarischen Speisen. Auch gehobene Gastronomie hat das **Strandbad Wannsee** zu bieten. In einer Ladenpassage kann man sich mit Sonnencreme, Badetüchern und Lesestoff versorgen. Wasserrutschen und Sprungbretter sind nur einige der Attraktionen am Strand.

So ist es denn kein Wunder, dass an heißen Sommertagen bis zu 20 000 Menschen ins größte Binnenbad Europas kommen. Eine Badehose müssen die Badegäste heute allerdings nicht mehr unbedingt einpacken: im Wannseebad gibt es einen abgeteilten FKK-Bereich.

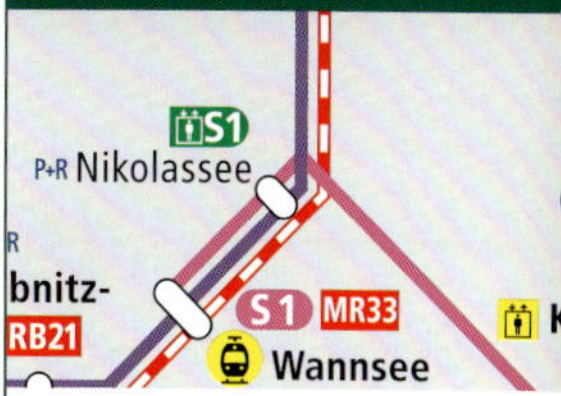

Start
Nikolassee
S1 S7 alle 10 Min.

(Rad-)Wanderung
S-Nikolassee – Wannseebadweg – entlang der Havel (Uferweg und Rad-/Fußweg an der Havelchaussee) – S-Pichelsberg

Länge
ca. 12 km

Rückfahrt
Pichelsberg
S75 alle 10 Min.
S9 alle 20 Min.

Karte ▸ Seite 114

Strandbad Wannsee
Wannseebadweg 25
14129 Berlin
☎ (0 30) 8 03 54 50
Mai bis Mitte Juli
Mo–Fr 10–19 Uhr
Sa/So 8–20 Uhr,
Mitte Juli–August
Mo–Fr 9–20 Uhr,
Sa/So 8–21 Uhr,
September
Mo–So 10–19 Uhr

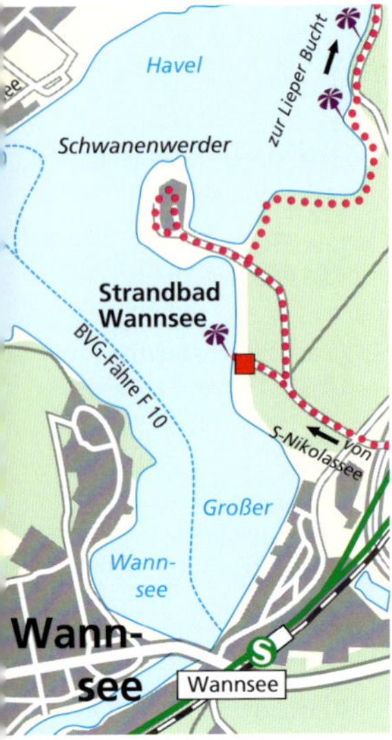

Wer es ruhiger mag, der sollte auf dem Wannseebadweg weiter Richtung Havelufer spazieren oder radeln.

Am Ende des Fahrwegs führt eine Brücke, von der man einen herrlichen Blick auf die Havel hat, zur Insel **Schwanenwerder**. Die kleine Insel ist ein ruhiger und diskreter Ort: Herrschaftliche Villen in großen Gärten zeugen davon. Die 1400 m lange, von Eichen gesäumte Inselstraße führt in einem Kreis durch das Innere des Eilands. Von der Havel bekommt man aber nicht viel zu sehen, denn an deren Ufer liegen die privaten Grundstücke. Doch auch manche nicht hier ansässigen Menschen kommen in den Genuss der Insellage: Eine Kinder- und eine Jugenderholungstätte des Landes Berlin befinden sich auf Schwanenwerder. Auch das renommierte Aspen-Institut, ein Zentrum für internationalen Gedankenaustausch, hat hier seinen Berliner Sitz.

Zurück auf dem Festland führt nördlich der Schwanenwerderbrücke ein anfangs etwas sandiger Weg an der Havel entlang, vorbei an schönen Strandabschnitten. Allen, die abseits vom Wannseebadtrubel baden möchten und trotzdem Sandstrand und Urlaubsstimmung lieben, sei diese Seite der Havel empfohlen.

Nach wenigen hundert Metern gelangt man schon zur Badestelle am **Großen Fenster**. Der Strand verteilt sich hier auf mehrere Abschnitte, der nördliche Teil ist etwas breiter. Bäume bieten an vielen Stellen Schatten, Schilf raschelt idyllisch an den Rändern. Und so geht es weiter:

An der **Steinlanke** ist der längste Strand der Unterhavel. An der **Lieper Bucht** teilt man sich den Strand oft mit Enten und Schwänen und hat Ausblick auf die winzige Insel Lindwerder. Auch unterhalb des Grunewaldturms (▸ Seite 109) und weiter nördlich finden sich schöne Strände.

Baden an der Unterhavel:
(Entfernung jeweils vom S-Bahnhof Nikolassee)

Großes Fenster
DLRG-Station, 2,5 km

Große Steinlanke
DLRG-Station, 3 km
BUS 218

Lieper Bucht
DLRG-Station, 4,5 km
BUS 218

Badestelle nahe Grunewaldturm
5,5 km

Gastronomie ▸ Seite 109

Pfaueninsel und Moorlake

Berlin Wannsee: Das ist nicht nur eine bevorzugte Wohnlage, sondern auch der Ausgangspunkt für Touren zu beliebten Ausflugszielen an der Havel.

Am Bahnhof in Wannsee hat man die Wahl: Entweder eine Schiffstour vom nahen Hafen, mit einem der Ausflugsbusse direkt zu den schönsten Plätzen an der unteren Havel – oder die große Wannsee-Havel-Wanderung bis zum Volkspark Klein-Glienicke, eine Tour gespickt mit Sehenswürdigkeiten und Ausblicken.

Vom S-Bahnhof geht es zunächst links bis zur Königsstraße und über die Königsbrücke. Nach einigen hundert Metern zweigt die ruhige Straße Am Großen Wannsee ab. Sie führt parallel zum Großen Wannsee vorbei an Villen und Einfamilien-Häusern in bester Lage – Seeblick inklusive.

An der kleinen Stichstraße Colomierstraße, die zum See führt, liegt das ehemalige **Sommerhaus des Malers Max Liebermann.** Das 1909 erbaute „Schloss am See" wurde mitsamt der dazugehörigen Gartenanlagen liebevoll rekonstruiert. Es beherbergt heute ein Museum zu Leben und Werk des Künstlers. Liebermann selbst hielt die Blütenpracht des Gartens in über 200 Gemälden fest, einige davon kann man hier bewundern. Max Liebermann starb am 8. Februar 1935. So musste er nicht mehr miterleben, wie seine Witwe 1940 von den Nazis gezwungen wurde, das Haus an die Reichspost zu verkaufen. Der Besuch der Villa bietet die einzigartige Gelegenheit, Leben und Werk des Malers am Originalschauplatz kennen zu lernen.

Weiter auf der Straße Am Großen Wannsee, weist bald ein Wegweiser zum **Haus der Wannsee-Konferenz,** der ehemaligen Villa Marlier. Hier wurde 1942 von den Nationalsozialisten die „Endlösung der Judenfrage" beschlossen: Der Völkermord an elf Millionen europäischen Juden. Eine sehenswerte Ausstellung informiert über die

Start
Wannsee
S1 S7 alle 10 Min.

(Rad-)Wanderung
Wannsee – Heckeshorn – Tiefenhorn – Moorlake – (Volkspark Klein-Glienicke)

Länge
ca. 11 km

Rückfahrt
Glienicker Lake oder Nikolskoer Weg
BUS 316 alle 20 Min. bis S-Wannsee

Karte ▸ Seite 119

Liebermann-Villa am Wannsee
Colomierstr 3
(0 30) 8 05 85 90-0
www.liebermann-villa.de
Apr.–Sept. tgl. (außer Di) 10–18 Uhr, Do 10–20 Uhr, Okt.–März tgl. (außer Di) 11–17 Uhr
6 € / 4 €
Ehemaliges Sommerhaus des Malers Max Liebermann, Ausstellungen zu Leben und Werk des Künstlers, Café-Terrasse

Haus der Wannsee-Konferenz
Am Großen Wannsee 56/58
14109 Berlin
(0 30) 80 50 01-0
www.ghwk.de
Tgl. 10–18 Uhr
Eintritt frei
BUS 114

Im Garten der Liebermann-Villa

Stern und Kreis Schiffahrt
In der Saison mehrmals täglich nach Potsdam, Pfaueninsel, Stölpchensee, Moorlake, Spandau, Werder, Brandenburg u.a.
☎ (0 30) 53 63 60-0
www.STERNundKREIS.de

Fähre zur Pfaueninsel
Nov.–Feb. 10–16 Uhr
März & Okt. 9–18 Uhr
Apr.–Sept. 9–18 Uhr
Mai–Aug. 8–21 Uhr

Blockhaus Nikolskoe
Nikolskoer Weg 15
☎ (0 30) 8 05 29 14
www.blockhaus-nikolskoe.de
Mai.–Sept. 11–22 Uhr,
Okt.–Apr. 11–18 Uhr
Großer Biergarten

Hintergründe und Folgen der Konferenz.

Hinter dem Haus der Wannsee-Konferenz biegt bald rechts ein Weg zum **Löwendenkmal** und zur Schiffsanlegestelle Heckeshorn ab. Der Löwe wurde ursprünglich zur Feier eines dänischen Sieges über Schleswig-Holstein gegossen. Kurz darauf beginnt die ca. 4 km lange Uferpromenade, die zur Pfaueninsel führt und hier zunächst noch Haveleck heißt. Wunderbare Ausblicke auf Havel und Wannsee sind garantiert. Vorbei am Kleinen und Großen Tiefenhorn, taucht bald die Pfaueninsel in der Havel auf. Doch es dauert noch eine Weile bis zu der Stelle, an der die Fähre ablegt, um die ca. 50 m bis zur Insel zurückzulegen.

Die **Pfaueninsel** gehört schon zur berühmten Potsdam-Glienicker Gartenlandschaft. Seinen Namen hat das pittoreske Eiland, das unter Naturschutz steht, von den rund 60 bunt gefiederten Großvögeln, die hier leben. Ende des 18. Jahrhunderts wurden hier erstmals Pfauen ausgesetzt – vorher hieß die Insel Kaninchenwerder. Hauptattraktion ist das Schloss im Ruinenstil, das

Friedrich-Wilhelm II. 1794–97 von Johann Gottfried Brendel für seine Geliebte Wilhelmine Enke am Westufer bauen ließ. An dem Bau fällt besonders die gusseiserne Brücke auf, die die beiden markanten Rundtürme in einiger Höhe miteinander verbindet. Die Innenräume des Schlosses sind im Südsee-Ambiente dekoriert.

Bei einem Spaziergang kann man weitere Kuriositäten auf der Insel entdecken: Ruinenartige Gebäude nach dem Geschmack der Romantik, der Luisentempel, das Kavaliershaus und ein Wasservogelteich. Fontänen und Kübelpflanzen wechseln mit wildnishaften Partien, in denen mächtige alte Eichen das Bild bestimmen. Wer picknicken möchte, muss vorsorgen, es gibt nichts Ess- oder Trinkbares zu kaufen.

Zurück auf dem Festland geht es mit schönem Ausblick auf das gegenüberliegende Dörfchen Sacrow weiter an der Havel entlang. Bald stößt man auf das beliebte Wirtshaus Nikolskoe. Nahe dabei steht die russische Kirche St. Peter und Paul im Wald. Gegenüber, auf der anderen Seite des Nikolskoer Wegs, liegen das Forsthaus und der sehenswerte alte Friedhof.

Weiter am Havelufer ist nun bald die **Moorlake** erreicht. Das historische Wirtshaus Moorlake wurde im Rahmen der Landschaftsgestaltung von Klein-Glienicke 1840 im bayerischen Stil errichtet. Der Schinkel-Schüler Ludwig Persius war der Erbauer diese Forsthauses, das den preußischen Königen als Jagdhaus diente. Schon seit 1896 wird das Anwesen als Gasthaus genutzt. Vom Waldhaus Moorlake aus kann man weiter am Havelufer durch den Volkspark Klein-Glienicke (▸ Seite 118) bis zur Glienicker Brücke spazieren.

Baden
(Entfernungen ab
Ⓢ-Wannsee)
Heckeshorn 3 km,
Tiefenhorn 4 km,
Jagen 95 5 km

Schloss Pfaueninsel
☎ (0 30) 80 58 68 30
Apr.–Sept.
Di–So 10–17.30 Uhr
Okt.–März 10–16.30 Uhr
BUS 218

Wirtshaus Moorlake
Moorlakeweg 6
☎ (0 30) 8 05 58 09
www.moorlake.de
Mitte Apr.–Mitte Okt.
11.30–21 Uhr (Mo, Di geschlossen)
Mitte Okt.–Mitte Apr. tgl.
11-30–18 Uhr
Am Wochenende und bei Veranstaltungen länger

Das Schloss auf der Pfaueninsel

Start und Ziel
Wannsee
S1 S7 alle 10 Min.
und
BUS 316 alle 20 Min.
bis Glienicker Lake

Wanderung
Volkspark Klein-Glienicke

KLEIN-GLIENICKE

Preußens Arkadien

Wer wissen möchte, wie Arkadien ausgesehen haben mag, kann an der Havel einen Eindruck davon bekommen.

Im **Volkspark Klein-Glienicke** fühlt man sich an einem sonnigen Tag in das klassische Italien versetzt: Vor dem klassizistischen Hauptschloss (1825–27, Schinkel) an der Königstraße steht die imposante Löwenfontäne nach dem Vorbild eines Brunnens im Garten der Villa Medici in Rom. Zwischen Schloss Glienicke und Havel ist es gepflegt englisch: der Pleasureground, ein Blumengarten mit kurz gehaltenen Rasenflächen und geharkten Wegen. Vom Säulenrondell mit dem schönen Namen „Große Neugierde“ (Schinkel / Persius, 1835–37) kurz vor der Glienicker Brücke hat man einen idealen Überblick über die Havellandschaft und wird eingeladen, sie näher zu erkunden. Am Ufer lockt schon das nächste Bauwerk, das ebenfalls von Schinkel entworfene, klassizistische Casino (1824). Dessen Pergolengang verbindet harmonisch Gebäude, Park und Wasser miteinander. Und so geht es weiter: Der weitläufige Park bietet immer wieder Überraschungen, kleine Lauben mit Steinbänken und Skulpturen. Besonders eindrucksvoll ist die Teufelsbrücke von Ludwig Persius, die in Havelnähe über eine künstliche Schlucht führt. Weiter am Havelufer entlang gelangt man oberhalb eines Steilhanges zum Krughorn (und weiter Richtung Gasthaus Moorlake, Nikolskoe und Pfaueninsel ▸ Seite 115). Der Blick reicht zum Neuen Garten und zum Pfingstberg, zur Heilandskirche in Sacrow (▸ Seite 120) am gegenüberliegenden Ufer, zur Pfaueninsel und bis zum Babelsberger Park. Von diesem Glienicker Höhenweg erkennt man besonders gut, wie kunstvoll hier Gewässer, Gärten und Bauwerke zusammengefügt wurden. Der Gestalter dieser romantischen Parklandschaft, Preußens berühmter Gartenkünstler Peter Joseph Lenné (1789–1866) sah „die Havel als einen See

Schloss Glienicke und Casino
Apr.–Okt.
Di–So 10–18 Uhr,
Nov.–März
Sa/So/Fei 10–17 Uhr
Schloss 4 € / 3 €,
mit Führung 5 € / 4 €
Casino 1 €

Restaurant Schloss Glienicke und Remise
Königstraße 36
✆ (0 30) 8 05 40 00
www.schloss-glienicke.de
Sommer Di–So ab 12 Uhr
Winter Mi–So ab 12 Uhr
Feinschmeckerrestaurant
Abends nur mit
Voranmeldung

Gasthaus Moorlake
▸ Seite 117

mit einem großen Park". Doch der „gewachsene" Eindruck der Landschaft ist Ergebnis sorgfältiger Planung – von 1833 datiert Lennés „Verschönerungs-Plan der Umgebung von Potsdam". Das antike Traumland Arkadien war das Ideal, nach dem Lenné seine Parks entlang der Havel schuf, häufig in Zusammenarbeit mit Karl Friedrich Schinkel.

Jüngere Geschichte wurde an der **Glienicker Brücke** geschrieben. Während der Teilung Deutschlands hieß die eindrucksvolle Stahlkonstruktion Brücke der Einheit – zynisch, denn auf ihr verlief die innerdeutsche Grenze. In den sechziger Jahren verhalfen spektakuläre Agentenaustausche der Brücke zu Weltbekanntheit. Heute treffen hier in aller Stille die Bundesländer Berlin und Brandenburg aufeinander.

Südlich der Königstraße liegt das **Jagdschloss Glienicke** mit seinem Park. Auch hier hat Lenné, zusammen mit Prinz Carl von Preußen, ab 1859 die Landschaft gestaltet. Wer jetzt noch nicht genug hat von den Parklandschaften des preußischen Arkadien, kann vom Jagdschloss über das eigentliche Dorf Klein Glienicke und die Parkbrücke in den Babelsberger Park gelangen (▸ Seite 128). Auf dem Weg dorthin darf man sich erneut wundern: In einem Taleinschnitt stehen Häuser im Stil schweizerischer Alpenvillen – eine Idee von Prinz Carl, der ein wenig Schweizer Flair in die Mark zaubern wollte.

Ausflüge / Rundfahrten mit dem Schiff
Schiffahrt in Potsdam
☎ (03 31) 2 75 92 10/20/30
www.schiffahrt-in-potsdam.de

Potsdamer Wassertaxi
Linienverkehr mit festem Fahrplan, 13 Stationen. Verbindungen ab Sacrow Richtung Potsdam und Volkspark Glienicke. Fahrradmitnahme möglich
Fahrplanansage:
☎ (03 31) 2 75 92 33
www.potsdamer-wassertaxi.de
Mai–Anfang Okt.
3–8 € pro Fahrt, Fahrräder 1–2 €. Tageskarte 12 €, Fahrrad 3 €

Start und Ziel
Wannsee
S1 S7 alle 10 Min.
und
Fähre F 10 stdl. nach Alt-Kladow

(Rad-)Wanderung
Alt-Kladow – Sacrow
(oder von Alt-Kladow mit BUS 697 bis Fährstraße)

Länge
ca 10 km einfach

Der Ausflug ist auch ohne Fahrrad möglich, aber mit dem Drahtesel ist man nicht auf die wenigen Busse von Kladow nach Sacrow angewiesen.

BVG-Fähre
Stündlich Wannsee – Kladow (bis ca. 19 Uhr, ganzjährig)
Für die Fähre gelten VBB-Tickets (Zone AB).
Letzte Ablegezeit von Kladow nach Wannsee im Sommerhalbjahr jeweils:
Mo–Sa 19.31 Uhr und
So 20.31 Uhr
Mit dem Fahrrad am Wochenende nicht unbedingt die letzte Fährverbindung zurück nehmen, da es nur 25 Stellplätze für Fahrräder gibt.

Potsdamer Wassertaxi
▸ Seite 119

SACROW

Am heiligen Hafen

Dieser Tagesausflug bietet jedem Anspruch etwas: Bootsfahrt auf der Havel, Radtour durch ein Naturschutzgebiet und Wanderung um einen Klarwasser-Badesee. Auch Kunst und Architektur sind inmitten Lennéscher Parklandschaft zu bestaunen.

Sommertag, blauer Himmel? Schnell mit dem Fahrrad zur nächsten S-Bahnstation und bis Wannsee fahren. Hier legt an der ausgeschilderten Schiffsanlegestelle stündlich neben zahlreichen Ausflugsdampfern die BVG-Fähre nach **Alt-Kladow** ab. Das Fahrrad nehmen wir einfach mit auf die Fähre. Nach 20 vergnüglichen Bootfahrtsminuten – vorbei am Haus der Wannsee-Konferenz und der Pfaueninsel – kommt man in Alt-Kladow an.

Wir fahren aus dem Hafentrubel gleich links die Imchenallee westwärts. Nach kurzer Strecke wird sie zum unasphaltierten, aber fahrradtauglichen Uferweg. Aber hier beginnt erst die piekfeine Gegend! Imposante alte Villen aus dem 19. und 20. Jh. säumen die staubige Straße. An der Uferseite laden immer wieder Ruheplätze mit Bänken und Tischen zum Picknicken und Entspannen an der Havel ein. Die Imchenallee endet am Sakrower Kirchweg. Hier fahren wir links bis zu seinem Ende, der Sakrower Landstraße. Dort wenden wir uns wieder nach links und verlassen nach kurzer Strecke das Land Berlin.

Eben noch durch Wohnsiedlungen geradelt, befinden wir uns nun im Naturschutzgebiet „Sacrower See und Königswald“. Es zeichnet sich durch Moore, Röhrichte, Auenwälder und Dünen aus. Wer diese Landschaft erleben will, sollte einem der ausgeschilderten Wanderwege folgen.

Ziel unserer kurzen Radtour ist jedoch der kleine Ort **Sacrow**, der inmitten dieser wunderbaren Landschaft liegt und der seit 1939 zu Potsdam gehört. Diese ursprünglich slawische Siedlung fand erstmals 1375 urkundliche Erwähnung. „Sa-

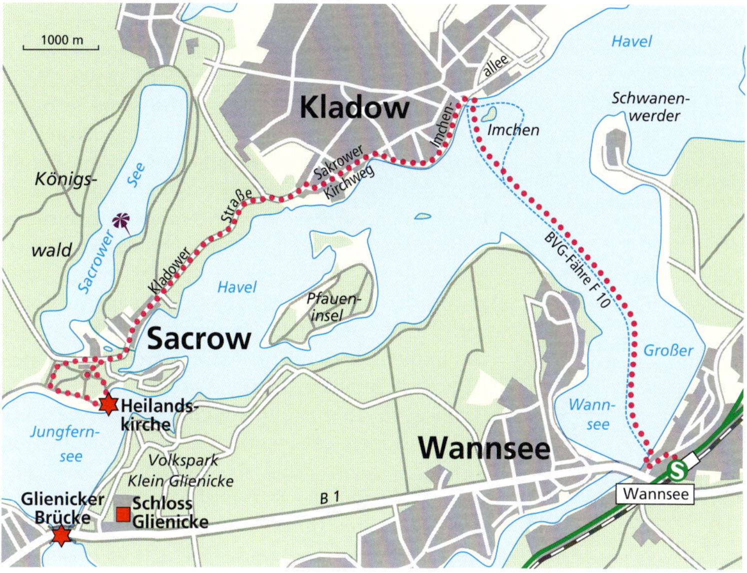

crowje“ bedeutet im Alt-Slawischen soviel wie „hinter dem Gebüsch“. Und so erscheint Sacrow auch immer noch, wenn wir nach ca. 2 km durch sonnendurchfluteten Mischwald am Ortseingang ankommen: als ein verstecktes Dorf im Wald an der Havel. Kein Wunder, dass 1840 Friedrich Wilhelm IV. das „Gut Sacrow“ erwarb, um dort seine architektonischen Ideen in majestätisch schöner Landschaft verwirklichen zu können.

Immer der Hauptstraße nach kommen wir linkerhand an einen der vielen Eingänge zum Sacrower Schlossgarten. Die Vision Friedrich Wilhelms IV. sah vor, Berlin und Potsdam innerhalb eines riesigen Gartens zu verbinden, in der Architektur und Landschaft miteinander verschmelzen sollten. „Lenné soll später die Umgebung ordnen und bepflanzen“, notiert Ludwig Persius, ein Schüler von Schinkel und der Architekt des Schlosses und der Heilandskirche auf dem Gartengelände. Aus finanziellen Gründen konnten die Pläne jedoch nicht vollständig umgesetzt werden.

Das Schloss war ursprünglich ein Herrenhaus und wurde von der Königsfamilie nie bewohnt.

Heilandskirche Sacrow
Gruppenführungen nach Anmeldung (ganzjährig)
☎ (03 31) 270 49 25
(Herr Lehmann)
Mai–Aug. Di-So 11–18.30
Sept.–Okt. Di–So 11–18
Nov.–Feb. Sa/So 11–16.30
März–Apr. Di-So 11–17 Uhr

Zum Sacrower See
Café und Restaurant
Weinmeisterweg 1
☎ (03 31) 50 38 55
www.rittersaal-sacrow.de
Mo–Fr 11.30–22 Uhr
Nov.–März. Mo Ruhetag
Deutsche Küche und selbstgebackener Kuchen. Hier kann man gegen Anmeldung in einem Rittersaal mittelalterlich speisen.

Neben einer Sonnenuhr über dem Eingang ist es schlicht gehalten und beherbergt keine weiteren sehenswerten Schätze. Wir können unsere Aufmerksamkeit daher getrost zur Uferseite wenden. Hier ergeben sich nämlich durch die lennésche Gartenarchitektur drei Sichtachsen in die Ferne: Man erblickt am gegenüberliegenden Havelufer Potsdams Zentrumssilhouette, den Flatowturm in Babelsberg und den Jägerhof in Glienicke. Der so genannte „Sichtenfächer“ wurde erst wieder aufgrund der umfassenden Sanierungsmaßnahmen seit 1993 ermöglicht. Denn bis 1989 war der Gesamtkomplex verödeter Grenzstreifen zwischen DDR und Bundesrepublik. Vor Ort sind auf den Parkwegen Tafeln angebracht, die interessante Informationen zum Sanierungsstand liefern. Ein Rundgang rechterhand - vorbei an der 1000-jährigen Eiche und der Streuobstwiese mit über hundert Jahre alten Obstbäumen - führt im Bogen an das Havelufer.

Dort erhebt sich bald die „**Heilandskirche** am Port in Potsdam-Sacrow“. Sie sieht wie die Miniaturausgabe einer großartigen mediterranen Basilika aus. Im Namen „Port von Sacrow“ steckt das Wortspiel „portus sacro“: heiliger Hafen. In längst vergangener Zeit suchten Havelfischer bei Sturm gerade diese schützende Bucht auf. Vom Wasser her sieht die Heilandskirche wie ein ankerndes Schiff im Hafen aus. Die Kirche wurde von Persius zwischen 1840-44 erbaut und lag dem Anwesen des Bruders von Friedrich Wilhelm IV. direkt gegenüber. Sie zog viele Schaulustige an, jedoch weniger wegen ihrer Architektur als vielmehr wegen des Hofstaats, der aus Potsdam zur Messe in die Heilandskirche kam.

Der freistehende 20 m hohe Glockenturm (Campanile) ist mit einer der ältesten Glocken (1406) Potsdams bestückt. Von hier aus glückte 1897 auch der erste deutsche drahtlose Telegraphieversuch über eine kurze Distanz von 1,6 km zur gegenüberliegenden kaiserlichen Matrosenstation. Eine Gedenktafel über der Eingangstür des Turms gibt über dieses Ereignis Auskunft.

So verspielt die Kirche von außen wirkt, so schlicht erscheint der Innenraum. 1961 wurde

Die Heilandskirche in Sacrow steht direkt an der Havel

der letzte Weihnachtsgottesdienst in der Heilandskirche gehalten. Anschließend demolierten DDR-Grenzsoldaten die gesamte Inneneinrichtung, so dass weitere Gottesdienste in der Kirche unmöglich wurden. Die Heilandskirche war zur Wendezeit in einem stark verfallenen Zustand. Sie wurde wie der Garten in den 90ern kostspielig z.T. mit Spendengeldern saniert. Im Innenraum fallen neben dem schönen Apsisgemälde (Christus als Weltenrichter umgeben von den vier Evangelisten) die zwölf Apostelstatuetten aus Lindenholz von Jacob Alberty auf. Die Orgel von 1844 erscheint wie gemalt über dem Portal. Sie ist, aufgrund von Geldmangel, bis heute tatsächlich eine Papp-Attrappe! Wenn wir das Gelände wieder verlassen und der Fährstraße links folgen, erscheint nach einigen Kurven der **Sacrower See.** Wer der Bewegung noch nicht genügend gefrönt hat: Hier fängt ein ausgeschilderter 8 km langer Rundwanderweg um den vom alten Königswald umschlossenen See an. Da es sich um ein naturgeschütztes Gewässer handelt, sollte man nur die beiden ausgeschilderten offiziellen Badestellen nutzen, um sich abzukühlen.

Auf dem Rückweg nach Kladow gibt es direkt im Ort Sacrow Verköstigungsmöglichkeiten. Ein Besuch im gemütlichen Restaurant und Biergarten „Zum Sacrower See“ ist zu empfehlen.

Start
Griebnitzsee
S7 alle 10 Min.

Stadtspaziergang
Villenkolonie
Neu-Babelsberg

Rückfahrt
BUS 694 nach S-Babelsberg oder S-Griebnitzsee (Haltestelle Hiroshimaplatz)
Alternativ kann man durch den Babelsberger Park und Alt-Nowawes (▸ Seite 128) zum S Babelsberg schlendern.

Potsdam per Pedales
Fahrrad-, Kajak- und Kanuverleih im S-Bahnhof Griebnitzsee
☎ (03 31) 7 48 00 57
www.pedales.de
Karfreitag–31. Okt.
Mo–Fr 9–18 Uhr
Sa/So 9–19 Uhr,
außerhalb der Saison
Mo–Fr 9–18 Uhr
Rad 10,50 € / 8,50 € pro Tag, Zweierkajak eine Std. 8 €, jede weitere 4 €.
Für Wochenenden wird eine Reservierung empfohlen

Führung durch die Villenkolonie
Veranstalter:
Potsdam Tourismus Service
☎ (03 31) 27 55 80
www.potsdam-tourismus.de

GRIEBNITZSEE

Prominente Gegend

Am Ufer des Griebnitzsees liegt unter hohen Kiefern eine ebenso glanzvolle wie geschichtsträchtige Wohngegend: die Villenkolonie Neu-Babelsberg.

Gegen Ende des 19. Jhs. ließen sich hier Bankiers und Industrielle in prachtvollen Gebäuden nieder. Mit dem Entstehen der Babelsberger Filmstudios gesellten sich Ufa-Stars und Regisseure hinzu. 1945 zog für einige Tage die Weltpolitik in **Neu-Babelsberg** ein: Während der Potsdamer Konferenz, auf der die Siegermächte des II. Weltkriegs über die Aufteilung Deutschlands entschieden, residierten die „Großen Drei“ hier: Truman, Churchill und Stalin.

Unser Rundgang beginnt am S-Bahnhof Griebnitzsee. Über die Rudolf-Breitscheid-Straße geht es zur Karl-Marx-Str., die rechts abzweigt. Gleich in Haus Nr. 2 wohnte während der Potsdamer Konferenz der Präsident der Vereinigten Staaten **Harry S. Truman**. Von hier erteilte er auch den Befehl zum Abwurf der Atombomben auf Hiroshima und Nagasaki. Der repräsentative Putzbau, der an ein englisches Landhaus erinnert, war einst für einen Verlagsbuchhändler gebaut worden. Damals traf sich dort die High Society der Kaiserzeit. Heute hat die FDP-nahe Friedrich-Naumann-Stiftung ihre Geschäftsstelle in der Villa.

Schräg gegenüber, in Nr. 66 steht das ehemalige **Gästehaus der Ufa**. In dem Gebäude mit dem Zinnenkranz wohnten während der Dreharbeiten Stars wie Heinz Rühmann und Marlene Dietrich.

In der Virchowstrasse 23 kam 1945 der britische Premierminister **Winston Churchill** unter. Diese Villa wurde 1916 für den führenden Bankier Urbig gebaut. Architekt war der junge Mies van der Rohe, der viele Jahre später die Neue Nationalgalerie in Berlin schuf.

Etwas weiter, am Johann-Strauß-Platz 11, steht eine Villa im Landhausstil. Sie wurde von Hermann Muthesius für den Seidenfabrikanten Hans

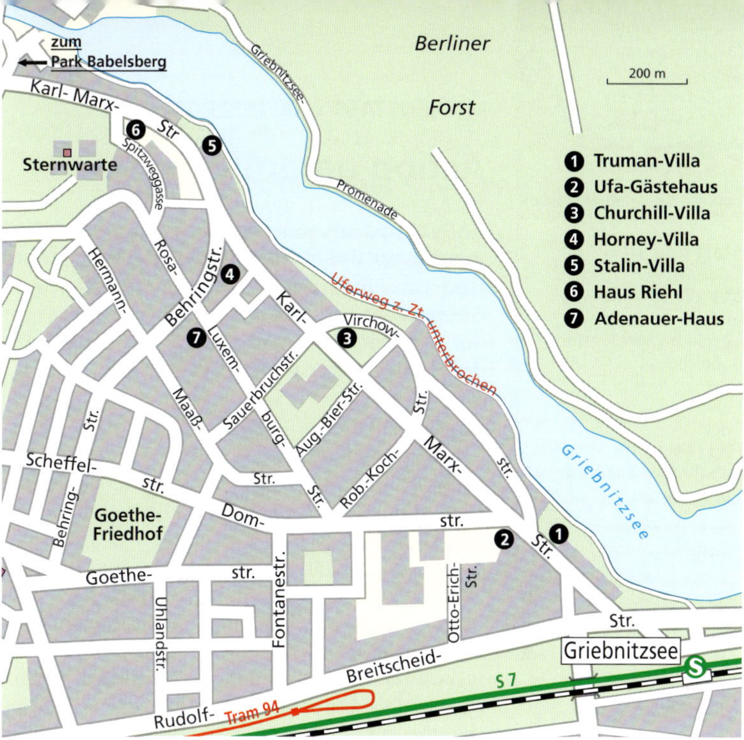

Gugenheim entworfen. Als dieser emigrieren musste, zog Ufa-Star **Brigitte Horney** in das Anwesen.

In der Karl-Marx-Straße 27 wohnte **Stalin** während der Potsdamer Konferenz. Das Gebäude stammt von Alfred Grenander, der in Berlin viele U-Bahnhöfe geschaffen hat. Gegenüber führt ein Weg in die Spitzweggasse hinauf. Das **Haus Riehl** in der Nr. 3 war das erste von Mies van der Rohe realisierte Bauwerk. Dort befand sich lange Zeit die Hochschule für Film und Fernsehen „Konrad Wolf". In der Rosa-Luxemburg-Straße 40 lebte der spätere Bundeskanzler **Konrad Adenauer** 1934–35, nachdem ihn die Nazis als Oberbürgermeister von Köln abgesetzt hatten.

Für den Rückweg würde sich der reizvolle Uferweg anbieten, auf dem zu DDR-Zeiten die Grenze verlief. Leider sind Teile des Weges seit einiger Zeit gesperrt: Grundstückseigentümer verweigern der Öffentlichkeit den Durchgang. Die Stadt Potsdam will den öffentlichen Uferweg durchsetzen, doch das kann noch Jahre dauern.

S-Bahn-Museum
im ehemaligen S-Bahn-Unterwerk Griebnitzsee.
Rudolf-Breitscheid-Str. 203
Geöffnet Apr.–Nov. jeweils am 2. Wochenende des Monats
Sa/So 11–17 Uhr
☎ (0 30) 78 70 55 11
www.s-bahn-museum.de
2 € / 1 €

Technische und stadtgeschichtliche Gegenstände der Berliner S-Bahn – Berühren erlaubt!

Hotel am Griebnitzsee
Rudolf-Breitscheid-Str. 190
☎ (03 31) 70 91-0
Café, Restaurant

Start und Ziel
Griebnitzsee
S7 alle 10 Min.
und
BUS 696 bis Medienstadt Babelsberg
oder ca. 15 Min. Fußweg
oder
RE7 / MR 33 bis Bahnhof Medienstadt Babelsberg

Filmpark

Filmpark Babelsberg
Eingang Großbeerenstraße
Geöffnet Ostern bis Ende Okt.
Tgl. 10–18 Uhr,
Schließtage bei der Infoline zu erfahren
Eintritt 21 € / 17 € /
Kinder (4–14 Jahre) 14 €
(diverse Ermäßigungen)
Infoline
(03 31) 72 12 75 0
www.filmpark-babelsberg.de

MEDIENSTADT BABELSBERG

Action garantiert

Hollywood im märkischen Sand: Seit 1912 werden in Babelsberg Filme gedreht. Heute sind die Filmstudios auf dem weitläufigen Gelände an der August-Bebel-Straße einer der größten Film-, Fernseh- und Medienproduktionsstandorte in Deutschland.

Die ersten Filme wurden noch in großen gläsernen Studiohallen mit Tageslicht gedreht. Bald entwickelten sich die Babelsberger Studios jedoch zum führenden europäischen Filmzentrum. Hier entstanden Klassiker wie „Metropolis“, „Das Cabinet des Dr. Caligari“ oder der legendäre Film „Der blaue Engel“ mit Marlene Dietrich. Im Jahr 1929 errichtete man mit dem „Tonkreuz“ das modernste Tonfilmstudio der Zeit.

Während der Naziherrschaft wurden in den Ufa-Studios Unterhaltungs- und Agitationsfilme gedreht – Propagandaminister Joseph Goebbels überwachte oft selbst alle Phasen der Produktion. Aber auch der erste deutsche Nachkriegsfilm, der sich kritisch mit der gerade vergangenen Ära auseinandersetzt, kommt aus Babelsberg: „Die Mörder sind unter uns“ mit Hildegard Knef. Unter Leitung der Defa (Deutsche Filmaktiengesellschaft) entstanden hier während der DDR-Zeit zahlreiche Literaturverfilmungen, Historiendramen und Indianerfilme, darunter der ungebrochene Publikumsliebling „Die Legende von Paul und Paula“ mit Angelica Domröse und Winfried Glatzeder.

Nach dem Mauerfall übernahm ein französischer Konzern die Entwicklung und Vermarktung der neuen Medienstadt, in der neben der Film-, Fernseh- und Medienproduktion mit dem Filmpark auch ein Besuchermagnet entstanden ist.

Im hochmodernen Film- und Fernsehzentrum werden heute unter anderem Daily Soaps wie „Gute Zeiten, Schlechte Zeiten“ oder Kinderserien wie „Schloss Eisenstein“ gedreht. Auch der Rundfunk Berlin Brandenburg (RBB) sendet teilweise vom Babelsberger Gelände.

Für Besucher öffnet sich die Welt der Babelsberger Traumfabrik vom Filmpark aus: Hier startet jede halbe Stunde die Studio-Tour, die zu den legendären Studios und Werkstätten führt. Doch damit nicht genug: Im **Filmpark Babelsberg** begibt man sich mitten in die Fantasiewelt des Kinos und des Fernsehens. Auf dem 40 000 qm großen Gelände mit den originalen Filmkulissen kann man Schauspielern, Maskenbildnern, Trick- und Pyrotechnikern bei ihrer Arbeit am Set über die Schulter schauen. Eine Stunt-Crew sorgt durch wagemutige Darbietungen vor einer riesigen Vulkankulisse für jede Menge Action. Am Beispiel bekannter Filme wie „Metropolis", „Münchhausen" und „Katharina die Große" erhalten die Besucher spannende Einblicke in die Welt hinter den Kulissen – die Welt der Spezialeffekte, Spiegel-, und Kameratricks. Ein Action-Kino, die Tauchgangsimulation „Boomer – das U-Boot", der Kostüm- und Requisitenfundus und die Dreharbeiten unter dem Motto „Der verflixte letzte Drehtag" sind weitere Publikumsrenner.

Auch Kinder kommen voll auf ihre Kosten: Sie lernen das Sandmann-Studio kennen, fahren mit dem Boot durch Janoschs Traumland Panama, bereisen die Gärten des kleinen Muck und besuchen die Filmtierschule. Ein besonderes Erlebnis ist es für die Kinder, sich von einem professionellen Maskenbildner schminken zu lassen.

Das alles anzuschauen und zu erleben braucht natürlich seine Zeit. Deshalb empfehlen die Veranstalter, für einen Besuch im Filmpark ca. sechs Stunden Zeit einzuplanen.

Prinz Eisenherz
August-Bebel-Str. 26–53
☎ (03 31) 72 12 71 7
Tgl. ab 11 Uhr während der Öffnungszeiten des Filmparks
Mittelalter-Erlebnis-Restaurant im Filmpark

Lili Marleen
Restaurant & Biergarten
Großbeerenstraße 75
☎ (03 31) 74 32 00
Märkische und internationale Küche

Stunt im Filmpark Babelsberg

BABELSBERG

Gartenkunst und Weberviertel

Garn-, Tuchmacher- und Spindelstraße erinnern bis heute daran: Seit 1750 siedelten sich in Babelsberg Weber aus Böhmen an und gründeten Nowawes („Neues Dorf“).

Friedrich II. hatte die Tuchmacher, die in ihrer Heimat wegen ihres evangelischen Glaubens verfolgt wurden, ins Land geholt. In den Gründerjahren entstanden in Potsdams „Südvorstadt“ Textilfabriken und Lokomotivwerkstätten und die ersten Arbeiterquartiere.

Vom S-Bahnhof Babelsberg geht es über die Karl-Liebknecht-Straße in nordöstlicher Richtung, bis bald rechts die kleine Schornsteinfegergasse abzweigt. Sie führt auf den stimmungsvollen Weberplatz, der fast vollständig von den typischen eingeschossigen Weberhäuschen gesäumt ist – einige sind Neubauten nach historischem Vorbild. Die Friedrichskirche in der Mitte des Platzes mit den alten Eichen entstand 1752/53 nach Plänen des holländischen Baumeisters Johann Boumann.

Auf der anderen, der westlichen Seite der Karl-Liebknecht-Straße geht der Rundgang weiter: Über die Garnstraße wird bald die Kopfstein gepflasterte Straße Alt-Nowawes erreicht. Hier spürt man noch viel von der Atmosphäre der alten **Weberkolonie**. Auf den breiten Wiesenstreifen vor den kleinen Häusern wurden die Stoffe getrocknet und gebleicht. Nördlich des Weberviertels, da wo die Straße Alt-Nowawes zu Ende ist, beginnt der romantische **Park Babelsberg**, der bis zur Havel reicht (die sich hier zum Tiefen See verbreitert). Weite Wiesenflächen wechseln mit bewaldeten Abschnitten, und die Silhouette von Potsdam ist reizvoll in den Park mit einbezogen. Auch bei diesem Park hat zunächst die ordnende Hand des Gartenkünstlers P. J. Lenné gewirkt, später die seines Konkurrenten Fürsten Pückler-Muskau. Doch der Park ist nicht nur etwas fürs Auge:

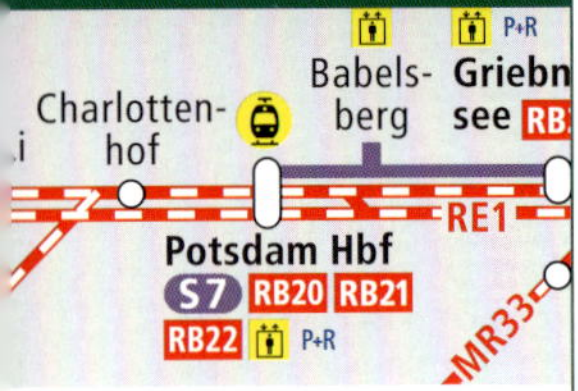

Start
Babelsberg
S7 alle 10 Min.

Stadtspaziergang
Weberviertel
Park Babelsberg

Länge
ca. 7 km (bis zur Bushaltestelle)

Rückfahrt
BUS 694 ab Park Babelsberg über S-Babelsberg nach S-Potsdam Hbf. oder nach S-Griebnitzsee

Park Babelsberg
Eingänge an der Neuen oder der Grenzstraße, an der Sternwarte und der Karl-Marx-Straße

Schloss Babelsberg
☎ (03 31) 9 69 42 50
Apr.–Okt.
Sa/So/So 10–18 Uhr
Eintritt 4 € / 3,50 €
Kombiticket Babelsberg und Flatowturm 4 € /3 €

Nuthepark
Der Uferweg im Park Babelsberg Richtung Süden führt in den neu angelegten, naturnah belassenen Nuthepark und weiter zum Potsdamer Hauptbahnhof.

Ein Strandbad an der Havel, ein Bootsverleih und die Wiesensenken laden zu Sport und Spiel.

Unser Spaziergang führt zuerst zum **Flatowturm**, der weithin sichtbar auf einer Anhöhe thront. Der grandiose Aussichtspunkt wurde 1853 in Anlehnung an den Eschenheimer Torturm in Frankfurt am Main erbaut. Der Weg hinunter zum Havelufer führt an weiteren Kleinbauten vorbei, die für die Potsdamer Kulturlandschaft charakteristisch sind: das Matrosenhaus, von dem früher die kaiserlichen Boote in See stachen und die Gerichtslaube. Das **Kleine Schloss** am Ufer des Tiefen Sees ließ Prinz Wilhelm 1840-42 für seinen Sohn errichten, der dort später mit seiner jungen Frau Victoria, der Tochter der Queen, die Flitterwochen verbrachte. Wilhelm selbst bewohnte das eigentliche **Schloss Babelsberg**, das mit seinen Zinnen und Türmchen stark an eine mittelalterliche Burg erinnert. Der Bau zeugt außen wie innen vom extravaganten Geschmack des Prinzen, der 1871 deutscher Kaiser wurde. 1835 von Schinkel erbaut, wurde es 1844-49 erweitert. Deutlich erkennbar ist hier der Wunsch, Architektur und Natur harmonisch miteinander zu verbinden: Von dem verschachtelten Bau führen Terrassen in den Park. Sie verwandeln sich in wellige Rasenböschungen, die schließlich in das natürliche Havelufer übergehen.

Für den weiteren Weg eröffnen sich mehrere schöne Möglichkeiten: zurück entlang des Havelufers über den Nuthepark nach Potsdam, durch das Innere des Parks in südlicher Richtung zurück nach Babelsberg oder nach Norden, vorbei am historischen Maschinenhaus hinunter zur Parkbrücke, die über die Parkanlage am Jagdschloss zur Glienicker Brücke und zum Volkspark Klein-Glienicke (▸ Seite 118) führt.

Flatowturm
Besichtigung der Innenräume
Mai–Okt.
Sa/So/Fei 10–18 Uhr
☎ (03 31) 6 00 94 94
Eintritt 2 €

Floh- und Bauernmarkt
auf dem Weberplatz
Samstags 7–14 Uhr

Kleines Schloss
Restaurant-Café im Park Babelsberg
☎ (03 31) 70 51 56
www.kleinesschloss.de
Apr.–Okt. 10.30–19 Uhr, im Hochsommer Sa/So länger
Nov.–März Di, Do–Sa 10.30 Uhr–Einbruch der Dunkelheit
Montags Ruhetag
Gutbürgerliche Küche

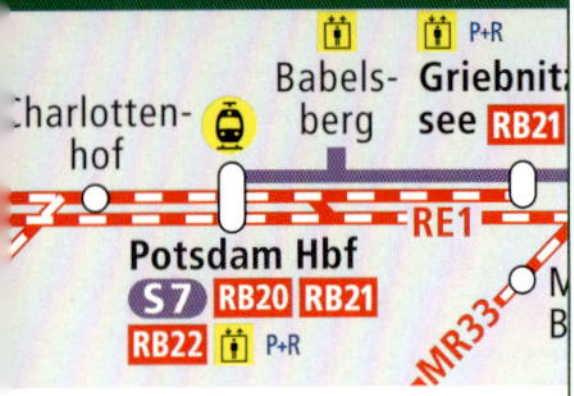

Start und Ziel
Potsdam Hbf
S7 alle 10 Min.
RE1 alle 30 Min.

Tram ins Zentrum:
Tram 91, 92, 96, 98
Vom Platz der Einheit
ca. 10 Min Fußweg

Stadtspaziergang

Karte ▸ Seite 137

Potsdam-Information
Brandenburger Str. 3
☎ (03 31) 27 55 80
Apr.–Okt. Mo–Fr. 9.30–18,
Sa/So 9.30–16 Uhr
Nov.–März Mo–Fr. 10–18,
Sa/So 9.30–14 Uhr

Das Zentrum von Potsdam ist bequem zu erlaufen; für weitere Erkundungen ist ein Fahrrad ideal. In den historischen Gärten ist das Fahrradfahren allerdings nicht erlaubt.

Fahrradverleih
im Hauptbahnhof
(S-Bahnsteig)
☎ (03 31) 7 48 00 57
www.pedales.de
Mai–Sept. tgl. 9.30–19 Uhr
Rad 10,50 € / 8,50 € pro Tag

ViP (Verkehr in Potsdam)
Kundenzentrum Hbf
☎ (03 31) 6 61 42 75
Im Potsdamer Stadtverkehr gelten VBB-Tickets der Tarifzone C

Alte Residenzstadt und moderner Kulturort

Alles fing mit einem Bootsausflug an: Als der brandenburgische Große Kurfürst Friedrich Wilhelm Mitte des 17. Jhs auf der Havel unterwegs war, fand er an dem unbedeutenden Marktflecken Potsdam großen Gefallen.

So beschloss er, an der Mündung von Nuthe und Havel eine Residenz zu errichten. 1670 war der Umbau der alten Burg zum barocken Schloss vollendet. Holländische Ingenieure legten bald das sumpfige Gelände in der heutigen Innnenstadt trocken. Es entstand die barocke Handwerkerstadt. Schon der Große Kurfürst hatte die Vision, aus der Residenz einen „schönen Ort zu machen, der weder in Italien noch in Frankreich seinesgleichen hat". Doch erst seine Nachfahren schufen die spätere anmutige Kulturlandschaft. Über einen Zeitraum von zwei Jahrhunderten entstand die einzigartige Potsdamer Parklandschaft, in der Stadt, Gärten und Havellandschaft miteinander verwoben sind. 1990 wurden weite Bereiche Potsdams zum Weltkulturerbe der UNESCO erhoben.

Zunächst wurde unter Friedrich Wilhelm I. (1688–1740), dem Soldatenkönig, die Stadt aber erst einmal zur Garnison ausgebaut. Der Monarch schenkte seinen Untertanen sogar die Häuser – mit der Auflage, den „Langen Kerls", seinen Soldaten, eine Unterkunft zu bieten. Seinem Sohn und Nachfolger waren diese so genannten Typenhäuser dann doch zu kärglich. Der kunstsinnige Friedrich II. (1712–86) wollte der Stadt ein repräsentatives Aussehen verleihen. Nach Vorbildern italienischer Palazzi entwarfen Architekten und Bildhauer, darunter Knobelsdorff, im Auftrag des Königs ganze Straßenzüge neu.

Nicht von ungefähr kommt also in Potsdam an einem Sommertag ein geradezu südländisches Flair auf. Die farbenfrohen Fassaden der Innenstadt beherbergen kleine Geschäfte, Cafés und

Am Brandenburger Tor in Potsdam

Boutiquen. Manche Innenhöfe erinnern an mediterrane Patios mit Kopfsteinpflaster und Kübelpflanzen. Plätze lockern das strenge Raster des barocken Stadtgrundrisses auf und bilden kleine städtische Oasen.

Dabei hat sich Potsdam bis heute seine zwei Gesichter bewahrt – Garnisonsstadt und Kulturort. Typenhäuser aus der Zeit des Soldatenkönigs findet man zum Beispiel in der Hermann-Elflein-Straße oder in der Brandenburger Straße. Bauten der darauf folgenden Epoche stehen in der Charlottenstraße oder am Neuen Markt.

Für den nun folgenden Spaziergang, der am neuen Hauptbahnhof beginnt und durch die ba-

Schiffahrt in Potsdam
✆ (03 31) 27 592 10/20/30
www.schiffahrt-in-potsdam.de

Schifffahrten
ab Lange Brücke

Nostalgiefahrten mit dem Dampfschiff
von Mai bis Sept. Do–So

Verbindung zur Neustädter Havelbucht (Moschee)
Tram 91,94
Feuerbachstraße oder
BUS 695
Naturkundemuseum

Restaurant Waage
In der Städtischen Waage
Am Neuen Markt 12
(03 31) 8 17 06 74
www.restaurant-waage.de
Di–Sa 12-24, So bis 22 Uhr
italienische Küche

Restaurant Juliette
Jägerstraße 39
(03 31) 2 70 17 91
Gehobene französische Küche
www.restaurant-juliette.de

Filmmuseum Potsdam
Im Marstall
(03 31) 2 71 81 12
www.filmmuseum-potsdam.de
tgl. 10–18 Uhr
Kino Di–So 18 und 20 Uhr
Fr, Sa auch 22 Uhr
Kindervorstellungen Mi, Sa, So 16 Uhr

Das Holländische Viertel entstand im 18. Jahrhundert (▸ Seite 134)

rocke Altstadt bis zum Kapellenberg führt, sollte man sich mindestens einen halben Tag Zeit nehmen. Über die Lange Brücke geht es Richtung Potsdamer Altstadt. Dabei überspannt die Brücke die zwischen zwei Havelarmen eingebettete **Freundschaftsinsel**. Hier befindet sich ein Park mit wunderschönen Staudenpflanzungen nach Plänen des Pflanzenzüchters Karl Foerster (1874–1970). Große alte Bäume, Skulpturen, Brunnen und eine Spiellandschaft schaffen eine erholsame Atmosphäre am Wasser. Ein kleines Café sorgt fürs leibliche Wohl und ein Bootsverleih ermöglicht andere Blicke auf die Stadt.

Am Ende der Langen Brücke stoßen wir auf den **Alten Markt**: Von der ursprünglichen Platzanlage, wie sie vor dem II. Weltkrieg hier stand, sind heute nur das **Alte Rathaus** mit der turmkrönenden goldenen Atlasfigur und – alles überragend – Schinkels klassizistische **Nikolaikirche** von 1849 übriggeblieben. Als Vorbild für deren mächtige Kuppel diente dem Baumeister die St. Paul's Cathedral in London. Das ursprünglich den Platz beherrschende Gebäude aber fehlt heute: Seit 1670 befand sich hier das Stadtschloss und damit das Herz der Residenzstadt. 1950 wurden die Reste des im II. Weltkrieg zerstörten Schlosses abgetragen. Immerhin, das Fortunaportal von 1701, der ehemalige Eingang zum Ehrenhof des Schlosses, wurde kürzlich wiederaufgebaut. Dies soll ein Zeichen sein – Potsdam will sein Stadtschloss rekonstruieren. Bis es soweit ist, kann man heute schon einmal den Schlossgrundriss in Form von Strauchpflanzungen und Blumenbeeten nachvollziehen.

Auf der anderen Straßenseite liegt der Lustgarten, eine ursprünglich zum Stadtschloss gehörige Anlage. Sie ist heute ein moderner Stadtgarten, der bis ans Havelufer reicht. Unter dem Soldatenkönig war hier ein Exerzierplatz, zu DDR-Zeiten ein Sportstadion. Die Ringerkolonnaden von Knobelsdorff und das große Neptun-Bassin erinnern an das historische Erscheinungsbild des Lustgartens.

Oberhalb des Lustgartens fällt ein markantes Gebäude ins Auge: der rot gestrichene Marstall (erbaut 1685/1746). Er beherbergt heute das **Filmmuseum Potsdam** mit einer Ausstellung zur Geschichte der Babelsberger Filmstudios. Hinter dem Marstall führt eine Gasse zum pittoresken **Neuen Markt** mit seinen barocken Bürgerhäusern und der fein gegliederten Fassade des Kutschstalls, errichtet 1787–89. Hier ist das Haus der Brandenburgisch-Preußischen Geschichte untergebracht. Am Neuen Markt 1 wurden Friedrich Wilhelm III. und Wilhelm von Humboldt geboren.

Nordwestlich des Neuen Marktes führt die Siefertstraße in die Yorckstraße. Der Grünstreifen in der Mitte zeigt den Verlauf des 1965 zugeschütteten Stadtkanals. Ein Teil der insgesant 1,5 km langen Kanalstrecke wurde bereits vom Schutt befreit. Auch der Rest soll in den kommenden Jahren noch freigelegt werden, um das Grachtenflair Potsdams wieder zu beleben.

Noch einmal kurz zurück zum Marstall (Filmmuseum): Auf den ersten Blick wenig verlockend für Spaziergänger wirkt die Breite Straße, die den Lustgarten vom Marstall trennt. Sie wurde in der DDR zur autogerechten „Sozialistischen Magistrale" Potsdams ausgebaut. Gebäude aus der Zeit Friedrichs des Großen, die unter anderem das heimatkundliche Potsdam-Museum beherbergen, wechseln sich mit DDR-Neubauten ab. Die Straße führt zur Neustädter Havelbucht – und hier befindet sich ein kleines Kuriosum: eine maurische **Moschee** (erbaut von Ludwig Persius 1841–43). Sie ist in Wahrheit ein Pumpwerk – das „Minarett" der Schornstein! Früher mit Dampf, heute elektrisch, wird Havelwasser in das große Bassin am Ruinenberg nördlich von Sanssouci gepumpt. Von dort werden die Fontänen des Parks gespeist.

Durch die Schopenhauerstraße geht es direkt zum Brandenburger Tor. Von hier aus erkunden wir das eigentliche Zentrum der Potsdamer Altstadt um die **Brandenburger Straße**. Die zentrale Flaniermeile und Fußgängerzone mit Läden, Restaurants und Cafés beginnt am Luisenplatz, wo das prunkvolle **Brandenburger Tor** steht. Der Torbau, der nach dem Siebenjährigen Krieg errichtet wurde, ist nur einen Steinwurf vom Park Sanssouci entfernt (Karte ▸ Seite 137).

Haus der Brandenburgisch-Preußischen Geschichte
Am Neuen Markt 9
www.hbpg.de
Di–Do 9–17 Uhr
Fr 10–19 Uhr
Sa/So 10–18 Uhr
Wechselnde Ausstellungen

„Moschee"
Breite Straße 28
Dampfmaschinenhaus an der Neustädter Havelbucht
☎ (03 31) 9 69 42 25
Besichtigung
Mai–Okt.
Sa/So/Fei 10–18 Uhr
2 € / 1,50 €

Club Maritim Seerose
(an der Neustädter Havelbucht)
Breite Straße 24
☎ (03 31) 97 41 17
Tgl. ab 12 Uhr
(Di, Mi Ruhetag)
Maritimes Ambiente in der Potsdamer Version des (inzwischen abgerissenen) „Ahornblatts" in Berlin-Mitte, nach vorheriger Anmeldung
Deutsche Küche
Sommerterrasse

Im Holländischen Viertel gibt es viele kleine Cafés und Restaurants

Tram zur Kolonie Alexandrowka
Tram 92, 96
Reiterweg / Alleestraße oder Puschkinallee

Potsdamer Wochenmarkt
Bassinplatz
Apr.–Okt.
Mo–Fr 7–17, Sa 7–13 Uhr,
Nov.–März
Mo–Fr 7–16, Sa 7–12 Uhr

Markt am Nauener Tor
Mi und Sa 9–16 Uhr
Bio- und Kunst-Spezialitätenmarkt

Café Heider
Friedrich-Ebert-Straße 29
☎ (03 31) 2 70 55 96
Traditionsreiches Caféhaus am Nauener Tor

Petite Pauline im Nauener Tor
Friedrich-Ebert-Straße
☎ (03 31) 2 70 16 90
So–Do 10–23 Uhr,
Fr/Sa 10–24 Uhr
Französische Küche,
Sommerterrasse

Belvedere auf dem Pfingstberg
Apr.–Okt. tgl. 10–18
Juni–Aug. tgl. 10–20
März Sa/So 10–16 Uhr
3,50 € / 2,50 €

Am Pfingstberg
Märkische Küche
Große Weinmeister-straße 43b
☎ (03 31) 29 35 33
Tgl. ab 12 (im Winter Mo Ruhetag)
Mit Biergarten

Am anderen Ende der Brandenburger Straße, am Bassinplatz mit der spätklassizistischen katholischen Kirche St. Peter und Paul, findet Potsdams Wochenmarkt statt. Etwas abseits an der südöstlichen Ecke des Platzes befindet sich ein wahres architektonisches Kleinod: die Französische Kirche, 1752 nach Entwürfen von Knobelsdorff für die Hugenotten erbaut, 1833 von Schinkel klassizistisch umgestaltet und dem Pantheon in Rom nachempfunden.

Gleich oberhalb des Bassinplatzes beginnt das **Holländische Viertel** mit seinen zierlichen roten Klinkerhäusern mit den weißen Fensterrahmen. Friedrich Wilhelm I. ließ die 150 Häuser ab 1727 für holländische Kolonisten bauen. In das lebendige Quartier sind heute Galerien, Cafés und Kunsthandwerker eingezogen.

Russische Kolonie Alexandrowka

Am nördlichen Abschnitt der Friedrich-Ebert-Straße, jenseits des Nauener Tors, liegt ein weiteres sehenswertes Stadtviertel: die **Kolonie Alexandrowka,** mit ihren Holzhäusern mit reich geschnitzten Giebeln, die auf dem Grundriss eines Andreaskreuzes angeordnet sind. Die Siedlung, benannt nach Zar Alexander I., wurde Anfang des 19. Jhs. für die Mitglieder eines russischen Chores angelegt. Die Schenkung sollte die guten Beziehungen Preußens mit Russland im Bund gegen Napoleon unterstreichen.

Nördlich der Kolonie schließt sich der dicht bewaldete Kapellenberg an. Auf der Anhöhe thront die Alexander Newski-Kapelle, erbaut 1826-29 nach Plänen von Karl Friedrich Schinkel. Seit 1986 beherbergt sie wieder die russisch-orthodoxe Gemeinde Potsdams. Am Jüdischen Friedhof entlang findet man einen schmalen Fußweg, der auf den Pfingstberg führt.

Pfingstberg

Der Pfingstberg, eine der höchsten natürlichen Erhebungen Potsdams, wurde im 19. Jh. zur Parkanlage umgestaltet. Von hier bieten sich fantastische Ausblicke auf Potsdam, die havelländischen Seen und das Bornstedter Feld. Preußens

In der Russischen Kolonie Alexandrowka

berühmtester Baumeister Karl-Friedrich Schinkel ließ hier im Alter von 19 Jahren sein erstes Bauwerk, den **Pomonatempel** (1800) errichten. Das den Berg krönende, doppeltürmige **Belvedere** (1849–52), von den Architekten Ludwig Persius, Ludwig Hesse und August Stühler umgesetzt, ist nach Vorbildern italienischer Renaissance-Villen gestaltet. Bei klarer Sicht kann man vom restaurierten Westturm des Anwesens bis nach Berlin schauen.

Telegrafenberg und Einsteinturm

Gleich südlich vom Potsdamer Hauptbahnhof wird es hügelig: Der Brauhausberg (88 m) und

Einsteinturm
im Wissenschaftspark Albert Einstein
(ca. 20 Minuten Fußweg von Potsdam-Hauptbahnhof)
Der Wissenschaftspark ist tagsüber geöffnet.
Der Einsteinturm beherbergt ein Astrophysikalisches Observatorium, Innenbesichtigung Okt.–März mit Führung möglich, in der Regel an einem Sonnabend im Monat.
Informationen:
Urania-Verein Wilhelm Foerster e.V.
☎ (03 31) 29 17 41
www.einsteinturm.de

AbenteuerParkPotsdam
Seit 2008 kann man auf dem Telegrafenberg auch diesen Kletterwald besuchen. 7 Parcours mit unterschiedlichen Schwierigkeitsgraden warten auf abenteuerlustige Anfänger und Fortgeschrittene.
Weitere Infos unter:
☎ (03 31) 6 26 47 83
www.abenteuerpark.de

Einsteinturm:
Karte ▸ Seite 153

Einsteinturm

der **Telegrafenberg** (94 m) sind nicht zu übersehen. Auf der westlicher gelegenen Anhöhe, dem Brauhausberg, thront der „Potsdamer Kreml“: Das 1902 errichtete Gebäude mit dem Turm beherbergt heute den Brandenburgischen Landtag. Früher residierte die SED-Bezirksleitung in dem etwas düsteren Bau, davor war eine Kriegsschule sowie bis 1945 das Reichs- und Heeresarchiv hier untergebracht.

Also lieber gleich von der Straße am Brauhausberg links abgebogen in die Albert-Einstein-Straße zum Telegrafenberg. Dieser heißt seit 1832 so, als hier ein optischer Telegraf zur Nachrichtenübermittlung aufgestellt wurde. Ab 1876 kamen das Astrophysikalische Institut und das Meteorologische Observatorium dazu. In dem runden Refraktorgebäude von 1899 wurde das längste Linsenfernrohr der damaligen Zeit installiert.

Heute beheimatet der Wissenschaftspark Albert Einstein auf dem Telegrafenberg mehrere renommierte Institute, das größte ist mit ca. 600 Mitarbeitern das Geoforschungszentrum.

Das berühmteste Gebäude auf dem Telegrafenberg aber ist der **Einsteinturm**: 1919–24 von Erich Mendelsohn im expressionistischen Stil entworfen, beeindruckt das Bauwerk durch seine runden, organischen Formen. Fast könnte man meinen, es wäre ein Gebäude des katalanischen Jugendstil-Architekten Gaudí aus Barcelona versehentlich in die Potsdamer Landschaft geraten.

Herzstück und Zweck des Turmbaus war und ist ein Sonnenteleskop, das der Überprüfung der Relativitätstheorie diente. Außerdem zu sehen sind Schlaf- und Arbeitszimmer mit originaler Möblierung aus der Zeit Albert Einsteins.

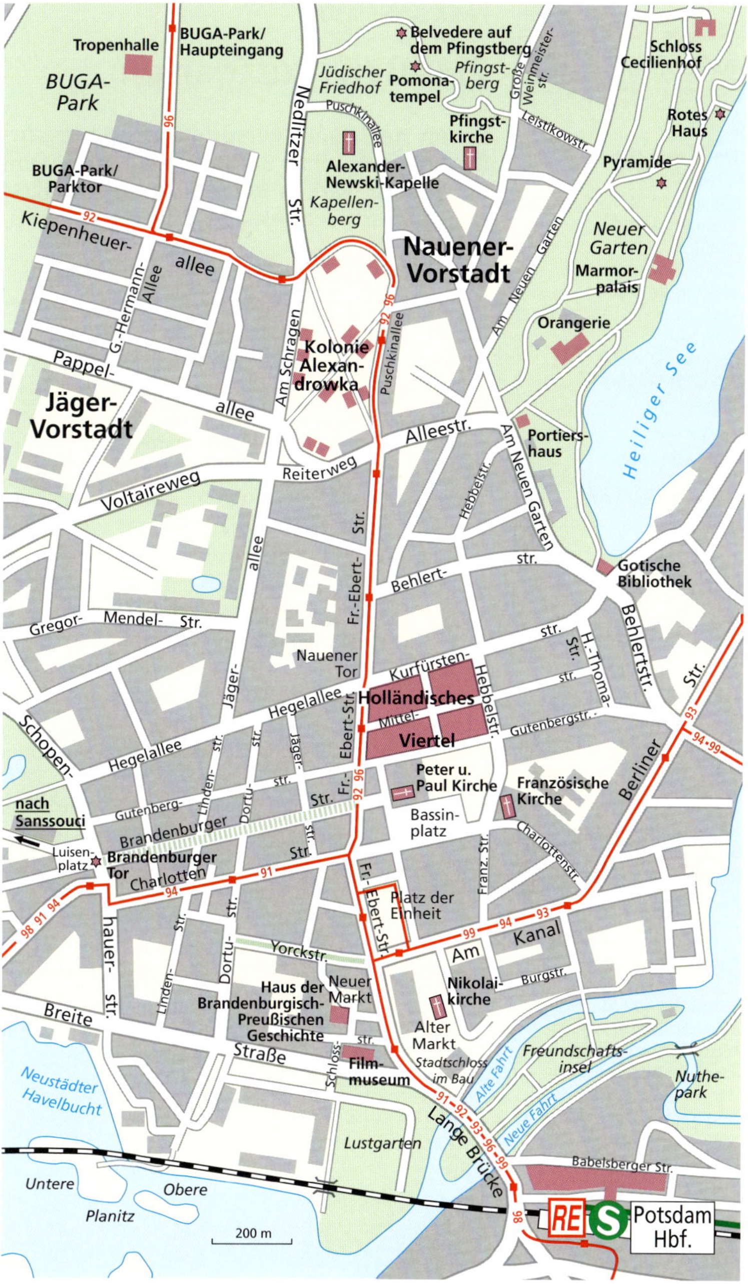

Tropenhalle
BUGA-Park/
Haupteingang
BUGA-
Park
Belvedere auf
dem Pfingstberg
Jüdischer
Friedhof
Pomona-
tempel
Pfingst-
berg
Große Weinmeister-
str.
Schloss
Cecilienhof
Nedlitzer
Str.
Puschkinallee
Leistikowstr.
Rotes
Haus
Pfingst-
kirche
Pyramide
BUGA-Park/
Parktor
Alexander-
Newski-Kapelle
Kapellen-
berg
Kiepenheuer-
allee
Nauener-
Vorstadt
Am Neuen Garten
Neuer
Garten
Marmor-
palais
G.-Hermann-
Allee
Am Schragen
Orangerie
Kolonie
Alexan-
drowka
Puschkinallee
Pappel-
allee
Jäger-
Vorstadt
Heiliger See
Portiers-
haus
Alleestr.
Reiterweg
Voltaireweg
Hebbelstr.
Am Neuen Garten
Fr.-Ebert-
Str.
allee
Behlert-
str.
Gotische
Bibliothek
Gregor-
Mendel-
Str.
Nauener
Tor
Behlertstr.
H.-Thoma-
Str.
Kurfürsten-
str.
Jäger-
Hegelallee
Holländisches
Viertel
Mittel-
str.
Hebbelstr.
Gutenbergstr.
Schopen-
hauer-
str.
Hegelallee
Linden-
str.
Dortu-
str.
Jäger-
str.
Ebert-Str.
Fr.-
Berliner
Str.
Peter u.
Paul Kirche
Französische
Kirche
nach
Sanssouci
Gutenberg-
Str.
Bassin-
platz
Charlottenstr.
Brandenburger
Str.
Luisen-
platz
Brandenburger
Tor
Charlotten
Fr.-Ebert-Str.
Platz der
Einheit
Franz. Str.
Am Kanal
Yorckstr.
Linden-
str.
Dortu-
str.
Burgstr.
Haus der
Brandenburgisch-
Preußischen
Geschichte
Neuer
Markt
Nikolai-
kirche
Breite
Straße
Alter
Markt
Stadtschloss
im Bau
Alte Fahrt
Freundschafts-
insel
Schloss-
str.
Film-
museum
Neustädter
Havelbucht
Nuthe-
park
Neue Fahrt
Lange Brücke
Lustgarten
Babelsberger Str.
Untere
Obere
Planitz
200 m
RE
S
Potsdam
Hbf.

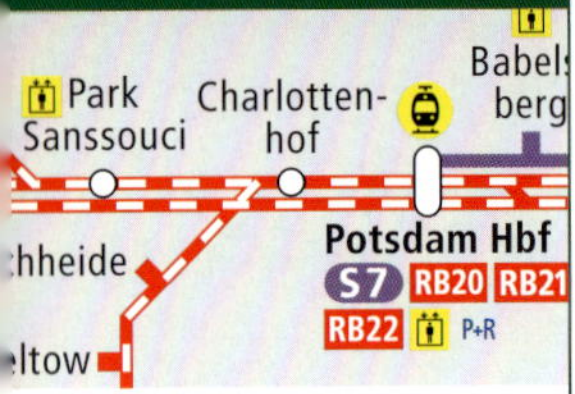

Start und Ziel
Potsdam Hbf
S7 alle 10 Min.
RE1 alle 30 Min.
und
Tram 91, 94, 98 bis
Luisenplatz Süd
oder
BUS 695 bis
Luisenplatz Nord
(Haupteingang Park Sanssouci)

Park Sanssouci

Karte ▸ Seite 145

Schloss Sanssouci
Apr. bis Okt. Di–So 10–18,
Nov. bis März Di–So 9–17 Uhr
BUS 695
Eintritt Nov. bis März
8 € / 5 €, mit Führung oder Audioguide
Eintritt Apr. bis Okt.
12 € / 8 €

Potsdam Sanssouci Express
Rundfahrt (90 Min.) durch den nördlichen Parkbereich und die barocke Altstadt. Abfahrt hinter der Historischen Mühle und am Kutscherhaus
Mai–Sept. stündlich
☎ (03 31) 5 05 35 42
8 € / 7 € / Kinder bis 14 Jahre 4 €
www.potsdam-schlosspark-express.de

PARK SANSSOUCI

Preußens Lustgarten

Schon der Name verspricht es: Sanssouci (französisch: „ohne Sorge") strahlt wie kaum ein anderer Park in Deutschland Leichtigkeit und Unbeschwertheit aus.

Über zwei Jahrhunderte verwirklichten hier preußische Könige ihre wechselnden Träume von einer idealen Landschaft mit Gärten, Schlössern und verspielten Pavillons. Bis heute steht der Park von Sanssouci für die romantische, schwärmerische und luxuriöse Seite Preußens. Und das in einem Staat, der sich ansonsten spartanisch, pflichtbewusst und militärisch gab.

Der junge Fritz, später Friedrich II., genannt der Große (1712-86), hatte 1744 auf einem Höhenzug westlich von Potsdam einen Weinberg anlegen lassen – die späteren berühmten sechs Gartenterrassen. Ein Jahr später begann der Bau von **Schloss Sanssouci**. Der Hofarchitekt Knobelsdorff (1699-1753) ließ nach den Skizzen des Königs ein anmutiges Rokoko-Schloss errichten. Friedrich, der aufgeklärte und den Schönen Künsten zugeneigte Monarch, hat sich mit Sanssouci einen preußischen Lustgarten geschaffen. Als Vorbild der Anlage galt der prachtvolle Park von Versailles mit seinen geraden Achsen, streng geschnittenen Hecken und Baumreihen. Doch im Gegensatz zur Residenz des Sonnenkönigs bei Paris war Sanssouci weniger Machtzentrum als vielmehr Sommersitz. Hier genoss der preußische König fern von Regierungsgeschäften und höfischem Zeremoniell Ruhe und Entspannung. Im 19. Jh. ließ König Friedrich Wilhelm IV. den Park von Sanssouci im Stil des englischen Landschaftsgartens erweitern und durch Bauwerke nach italienischen Vorbildern ergänzen.

Fast zu viel für einen Tag – oder gar Nachmittag – ist es, den 290 ha großen Park mit all seinen Schlössern, Palais und Kunstschätzen zu besichtigen. Doch es ist auch reizvoll, einfach durch die weite Gartenanlage zu schlendern und

Schloss Sanssouci

sich den immer wechselnden Eindrücken angelegter Gärten und freier Wiesen und Wäldchen zu überlassen.

Der Park von Sanssouci erstreckt sich zwischen dem Potsdamer Stadtzentrum und dem Neuen Palais parallel zu dem natürlichen Höhenzug, auf dem sich das Schloss und die Neue Orangerie befinden, Auch das Besucherzentrum an der **Historischen Mühle** liegt auf dem Hügel. Unterhalb davon verläuft die von Autos befahrene Maulbeerallee, eine etwas unschöne Teilung zwischen Gebäuden und Gärten. Das eigentliche Rückgrat des Parks ist die weiter südlich gelegene Hauptallee. Immer wieder aufgelockert durch von Fontänen und Skulpturen geschmückte Rondelle, zieht sie sich schnurgerade von Ost nach West durch den Park. Man kann sich hier also kaum wirklich verlaufen.

Zwei Wege führen von der Potsdamer Altstadt in den Park: Vom Luisenplatz mit dem Brandenburger Tor aus führt die eher unscheinbare „Allee nach Sanssouci" vorbei an Bürgerhäusern zum schmiedeeisernen „Grünen Gitter". Von hier geht es an den Hofgärtnerhäusern und der **Friedenskirche** vorbei. Dieses südländisch wirkende Ensemble ließ Friedrich Wilhelm IV. ab 1845 in der letzten

Führungen durch den Park
Thematische Führungen der Stiftung Schlösser und Gärten
☎ (03 31) 9 69 4–200
www.spsg.de

Besucherzentrum an der Historischen Mühle
Apr. bis Okt.
Tgl. 10–18 Uhr,
Nov. bis März
Tgl. 10–16 Uhr
BUS 695
☎ (03 31) 5 50 68 51
Bandansage für Öffnungszeiten/Preise
☎ (03 31) 9 69 4–203
Der Park schließt kurz nach Einbruch der Dunkelheit

Mövenpick-Restaurant Zur Historischen Mühle
Historische Mühle 2
☎ (03 31) 28 14 93
Tgl. 8–23 Uhr

Friedenskirche
Mai bis Okt. 10–18 Uhr,
Nov. bis Apr. 11–16 Uhr
Eintritt frei

Bauphase von Sanssouci errichten. Der Architekt Ludwig Persius hat die Kirche römischen Basiliken mit Campanile und Kreuzgang nachempfunden. Nebenan erblickt man das Predigerhaus und das kleine Marlyschloss mit dem kürzlich restaurierten Marly- und Friedensgarten, gestaltet von Hofgärtner Lenné.

Der zweite Zugang zum Park befindet sich an der etwas nördlich des Luisenplatzes gelegenen Straßenecke Schopenhauerstraße/Hegelallee. Auf beiden Wegen in den Park eröffnet sich den Spaziergängern schon nach wenigen Schritten ein beeindruckender Blick von der Großen Fontäne über die sechs Weinbergterrassen hinauf zum sonnengelben **Schloss Sanssouci**. Verspielte Figuren wie Nymphen, Waldgötter und andere Begleiter des Weingottes Bacchus zieren die Pilaster an der Gartenseite des Schlosses. Die Plastiken stammen von dem Bildhauer F. Ch. Glume (1714-52). Große Flügeltüren öffnen sich zu den Terrassen, wo Wein und Feigen hinter schützenden Glastüren gedeihen. Von oben genießt man die einmalige Sicht auf die weite Havellandschaft.

Üppig und farbenfroh sind auch die Innenräume: Vergoldete Ornamente, Säulen aus Stuckmarmor, pompöse Kronleuchter und kunstvolle Deckengemälde schmücken die Säle. Das Konzertzimmer gehört zu den schönsten Räumen des deutschen Rokoko. Der Maler Adolph Menzel hat 1852 eine Szene aus diesem Raum auf seinem Gemälde „Das Flötenkonzert in Sanssouci" verewigt: Friedrich der Große als Querflötenspieler bei abendlicher Kammermusik. Im ovalen Marmorsaal unter der Kuppel des Schlosses empfing der König berühmte Gelehrte. Der französische Philosoph Voltaire war regelmäßig hier – ihm zu Ehren gibt es im Schloss auch ein Voltairezimmer.

An der östlichen Seite der oberen Terrasse von Schloss Sanssouci liegt die Grabstätte von Friedrich II. Eine schlichte Sandsteinplatte markiert die Gruft, die der Monarch sich schon vor seinem Tod hatte anlegen lassen. Doch erst 205 Jahre nach seinem Tod, 1991, wurde der letzte Wille des Alten Fritz erfüllt. Nördlich des Schlosses erkennt man in einiger Entfernung den Ruinenberg. Die

Das Grüne Gitter am Parkeingang Luisenplatz

Schloss und Mühle in Sanssouci

Namen gebenden künstlichen Ruinen schmücken ein 1748 angelegtes Wasserbassin. Das Wasser sollte die Große Fontäne vor dem Schloss zum Springen bringen. Doch gelang dies den Ingenieuren zu Lebzeiten Friedrichs des Großen nur ein einziges Mal. Erst nachdem in der Neustädter Havelbucht das mit Dampf betriebene **Pumpwerk** in Form einer Moschee (▸ Seite 133) gebaut worden war, konnte genug Havelwasser in das Reservoir gepumpt werden, um das weit verzweigte Bewässerungs- und Fontänensystem des Parks zu betreiben.

Zwei ebenfalls gelb leuchtende Bauwerke mit kleinen Kuppeln flankieren das Schloss, die Neuen Kammern (1745–47), westlich des Schlosses, und östlich die **Bildergalerie** (1755–63). Letztere war eines der ersten Bauwerke in Preußen, das eigens für die Aufbewahrung von Gemälden vorgesehen war. Ausgestellt sind hier niederländische,

Bildergalerie
Gemäldesammlung Friedrichs II.
Mai bis Okt.
Di–So 10–18 Uhr
3 € / 2,50 €

Neue Kammern
April Sa/So 10–18 Uhr,
Mai bis Okt.
Di–So 10–18 Uhr
Nov. bis März
Mi–Mo 10–17 Uhr
Mit Führung oder Audioguide 4 € / 3 €

italienische und französische Barockgemälde, darunter Werke von Rubens, van Dyck und Caravaggio. Nach historischem Vorbild hat man sie dicht an dicht vom Boden bis unter die Decke gehängt. Gleich neben der Bildergalerie befindet sich die verwunschene Neptungrotte, (1751–57, Knobelsdorff), ein barockes Marmorwerk, bekrönt von Neptun, dem Herrscher des Meeres.

Die **Neuen Kammern** wurden (nach Entwürfen Knobelsdorffs) zunächst als Orangerie erbaut, später (von G. Ch. Unger) zum Gästeschloss Friedrichs des Großen umgestaltet. An das Gebäude schließt sich westlich der Rosengarten und der Sizilianische Garten mit einem lauschigen Laubengang und Palmen in Kübeln (1857) an. Als Pendant dazu schuf Lenné oberhalb davon, auf der anderen Seite der Maulbeerallee, den Nordischen Garten (um 1860). Hier befindet sich auch die historische Mühle auf dem früheren Weinberg

Poetischer Ort mit Weitblick: die Kolonnaden

mit dem Besucherzentrum der Stiftung Preußische Schlösser und Gärten.

Geht man am Schloss Sanssouci von der obersten Terrasse durch die verschiedenen „Themengärten“ Lennés (Rosen-, Sizilianischer, Nordischer Garten), gelangt man zur imposanten **Neuen Orangerie** (1851–64). Als letztes Gebäude im Park Sanssouci wurde sie im Stil italienischer Renaissance-Villen nach Plänen von Stüler und Hesse errichtet. Ganz ähnlich dem Belvedere auf dem Pfingstberg (▸ Seite 134) wird die Orangerie von zwei viereckigen Türmen bekrönt. Hier bewahrt man heute noch im Winter die vielen exotischen Kübelpflanzen auf, die im Sommer in den Gärten stehen – Zitrusfrüchte, Palmen, Feigen. Einige Räume waren für die russische Zarenfamilie reserviert, das Lapislazuli- und das Malachitzimmer für die Zarin Alexandra (vor ihrer Heirat die preußische Prinzessin Charlotte), Elfenbein-, Boule- und Grünes Schlafzimmer für Zar Nikolaus I. Im Raffaelsaal sind 47 Kopien von Werken des Renaissance-Künstlers ausgestellt. Eine Kaskade von Gartenterrassen führt hinunter in den Park.

Für Pflanzenbegeisterte lohnt sich ein Besuch des **Botanischen Gartens** gleich neben der Orangerie. Er wurde 1950 aus dem Paradiesgarten von 1840 gestaltet und hat heute über 6000 seltene Arten aus aller Welt zu bieten.

Eine prächtige vierreihige Lindenallee führt von der Orangerie nordwestlich weiter zum Belvedere auf dem Klausberg (1772). Auf dem Weg dorthin findet man linkerhand das **Drachenhaus** in Form einer chinesischen Pagode (1770). Es diente ursprünglich als Wohnhaus für den Winzer eines nahe gelegenen Weinbergs. Heute kann man sich hier im gemütlichen Café-Restaurant stärken, bevor man sich den westlichen und südlichen Parkbereichen zuwendet.

Am West-Ende der Hauptallee prangt das **Neue Palais**. Mit seiner roten Fassade und der mächtigen Kuppel ist es schon von weitem sichtbar. Eine „Fanfaronade“, eine Prahlerei, nannte Friedrich der Große das 240 Meter lange Palais. Nach dem Ende des Siebenjährigen Krieges wurde es, als Zeichen der – vermeintlich – ungebrochenen

Neue Orangerie
Zarenzimmer und Raffaelsaal
April Sa/So 10–18 Uhr,
Mai bis Okt.
Di–So 10–18 Uhr
Nur mit Führung
4 € / 3 €
Orangerieturm: gleiche Öffnungszeiten, 2 €

Botanischer Garten
Apr. bis Sept.
Tgl. 9.30–17 Uhr,
Okt. bis März
Tgl. 9.30–16 Uhr
2 € / 1 €
Freigelände (Eintritt frei): ganzjährig 8 Uhr bis Sonnenuntergang, am 24.12. und 31.12. geschlossen.

Restaurant – Café Drachenhaus
Maulbeerallee 4a
✆ (03 31) 9 69 42 02
März bis Okt.
Tgl. 11–19 Uhr
Nov. bis Feb.
Di–So 11–18 Uhr, nach Absprache auch länger

Neues Palais
Apr. bis Okt. 10–18 Uhr
Nov. bis März 10–17 Uhr
Di geschlossen
Mit Führung oder Audioguide 6 € / 5 €
✆ (03 31) 9 69 42 02

Schloss Charlottenhof
Mai bis Okt.
Di–So 10–18 Uhr
Nur mit Führung
Tram 91, 98
3 € / 2,50 €
Kombiticket mit
Römischen Bädern
5 € / 4 €

Stärke Preußens unter Leitung von Johann Gottfried Büring (1723–88) und Carl von Gontard (1731–91) errichtet. Dieser größte und teuerste Hohenzollernsche Palast strapazierte die Staatskasse sehr. Die Innenräume beeindrucken mit prächtiger Rokokoausstattung: der märchenhafte Grottensaal mit muschelverzierten, glitzernden Wänden, die Marmorgalerie aus weißem Carrara, ein Konzertsaal sowie das kleine Hoftheater, heute vom Hans-Otto-Theater bespielt. Hinter dem Neuen Palais folgen die ebenfalls prunkvollen **Communs** (Gontard, 1766–69). Die Bauten dienten als Wirtschaftsgebäude für die Dienerschaft und werden heute von der Uni Potsdam genutzt. Ihre prachtvolle Ausführung gibt dem Park Sanssouci einen würdigen architektonischen Abschluss.

Weiter geht es in süd-östlicher Richtung. In diesem jüngeren Teil des Parks Sanssouci liegen Park und **Schloss Charlottenhof**. Der klassizistische Landsitz Charlottenhof (Schinkel) war 1826–29 für den Kronprinzen Friedrich Wilhelm IV. errichtet worden. Das Gebäude ist nach englischem Vorbild im schlichten Villenstil gehalten. Bei Führungen kann man die sehenswerten Innenräume besichtigen – sie zeigen die Wohnkultur des Biedermeier und den extravaganten Geschmack des Kronprinzenpaars. Von der großen Terrasse geht es in den Dichterhain und den Rosengarten. Harmonisch fügen sich diese streng symmetrischen Gärten in die weiten Rasenflächen des Parks mit lockeren Baumgruppen, kleinen Hügeln und Seen ein. Zu dem Ensemble gehören auch das unter Bäumen gelegene ovale Hippodrom und die Fasanerie westlich des Schlosses.

Chinesisches Teehaus

Folgt man dem Wasserlauf östlich von Charlottenhof, erreicht man bald das romantische Gebäude-Ensemble der **Römischen Bäder** (Schinkel und Persius, 1829–40), im Stil italienischer Landhäuser gestaltet. Unter Arkaden betritt man das eigentliche Römische Bad. Marmorstatuen und Wandmalereien zieren die Räume, in der Mitte liegt das Caldarium, der Ruheraum mit einem steinernen Wasserbassin. In den prächtigen Staudenbeeten des Innenhofs gedeihen nicht nur Blumen, sondern auch Mangold, Mais oder Rote

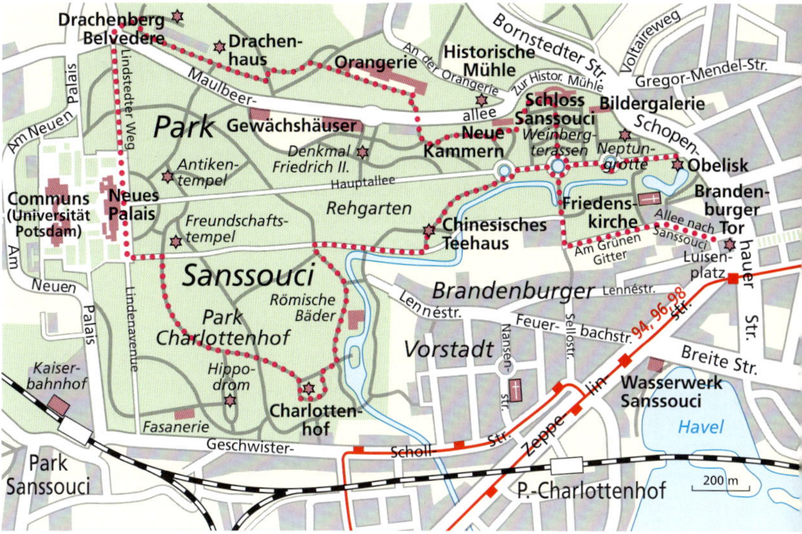

Beete. Über den Kanal unter dem Laubengang gelangte die Hofgesellschaft zu Schiff hier her. Im gläsernen Pavillon am Maschinenteich nahm der König seinen Tee.

Eine kleine Extravaganz erwartet uns auf dem Rückweg: das **Chinesische Teehaus** (1754, Büring), das schon von Weitem zu sehen ist. Palmenförmige Säulen tragen das Dach des verspielten Pavillons. Darunter sitzen vergoldete Figurengruppen: Tee trinkende und fröhlich essende Chinesen, die von Musikanten unterhalten werden. Im Innern ist eine kleine Ausstellung mit Meißner und ostasiatischem Porzellan zu sehen.

Lässt man am Chinesischen Teehaus den Wasserlauf Schafgraben rechterhand liegen und folgt dem Weg parallel dazu, gelangt man zurück zur Hauptallee. Dort kann man den Park am Obeliskportal verlassen. Überquert man jedoch den Schafgraben, so geht es durch den Marlygarten zur Straße am Grünen Gitter.

Römische Bäder
Mai bis Okt.
Di–So 10–18 Uhr
3 € / 2,50 €
Kombiticket mit
Schloss Charlottenhof
5 € / 4 €

Chinesisches Teehaus
Mai bis Okt.
Di–So 10–18 Uhr
Eintritt 2 €

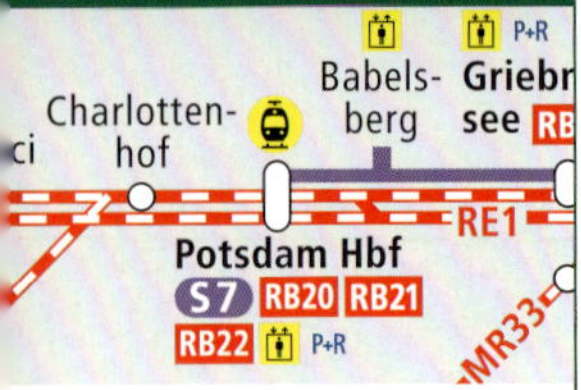

Start und Ziel
Potsdam Hbf
S7 alle 10 Min.
und
Tram 96 bis BUGA-Park

Stadtausflug
Biosphäre Potsdam
BUGA-Park
Krongut Bornstedt

Karte ▸ Seite 137

(Bio-)Sphären im Park

Potsdam ist nicht nur Sanssouci – seit der Bundesgartenschau 2001 ist auch der Potsdamer Norden einen Besuch wert. Auf dem Bornstedter Feld, einem ehemaligen Militärgelände, erstreckt sich heute der weitläufige BUGA-Park.

Im Unterschied zu den historischen Gärten gilt hier: Betreten erwünscht. Für einen Euro kann man in dem aufwändig gepflegten Park moderne Gartengestaltung erleben und moderne Freizeitaktivitäten pflegen. Der gesamte Park wird von einem asphaltierten Weg gesäumt, ideal zur Fortbewegung auf Rädern.

Am Haupteingang des Parks, in der Georg-Herrmann-Allee, steht die große Tropenhalle mit der **Biosphäre Potsdam**. Unter hohen Mangrovenbäumen und unter Papageiengeschrei geht es bei 25°C und hoher Luftfeuchte durch ein Dickicht: tropischer Regenwald. Die Biosphäre mitten in Potsdam bietet Neues und Überraschendes vor allem für jüngere Besucher. Am Eingang wird man mit einem kleinen Gerät mit Kopfhörer ausgerüstet, dem Audio-Guide, der während der gesamten Entdeckungstour interessante Informationen gibt. Wir lernen den Herrn des Tropengartens kennen. In seiner Studierstube stellt sich (per Video-Animation) Fürst Pückler vor, eine der schillerndsten Persönlichkeiten des 19. Jhs., Dandy und Abenteurer, vor allem aber ein leidenschaftlicher Gartengestalter. Der Fürst begleitet uns via Audio-Guide plaudernd und erklärend von einem „Forschungsmodul“ im Tropenwald zum nächsten. An diesen Stationen erfahren, ertasten und erproben wir anschaulich Details über das Leben der tropischen Flora und Fauna: Wie Bäume Wasser von den Wurzeln in die Äste pumpen, wie Bienen oder Fledermäuse die Welt sehen, wie Düfte Insekten locken oder vertreiben. Dann geht es unter Wasser. In Pücklers originalgetreu nachgebautem U-Boot im künstlichen See der Biosphäre erlauben Aqua-

BUGA-Park
Haupteingang an der Georg-Herrmann-Allee
Tgl. von 5–23 Uhr geöffnet
Eintritt: 1,50 €,
Dez.–Feb. 0,50 €
Tram 96 BUGA-Park
www.potsdams-neue-gaerten.de

Biosphäre Potsdam
Georg-Herrmann-Allee 99
☎ (03 31) 5 50 74–0
Mo–Fr 9–18 Uhr, letzter Einlass 16.30 Uhr.
Sa/So/Fei 10–19 Uhr, letzter Einlass 17.30 Uhr.
Eintritt: 9,50 € / 8 €
(div. Ermäßigungen, Gruppentickets)
www.biosphaere-potsdam.de

SB-Restaurant Luncheon und Snack-Bar Tropencamp in der Tropen-Halle

rien, Periskope und Lupen Einblicke in die Welt des Meeres. Direkt anschließend der Kontrast: Über Holzstege werden Baumwipfel erklommen. Zum Schluss steht auch noch ein Flug in Pücklers Zeppelin auf dem Programm. Wer nach diesen vielen interessanten und neuen Erkenntnissen etwas Ruhe braucht oder sich mal richtig bewegen möchte, braucht nur wieder vor die Tür der Biosphäre zu treten und befindet sich gleich wieder am Eingang des **BUGA-Parks**.

In der Biosphäre

Für Erschöpfte bieten die Liegewiese im südlichen Wiesenpark oder die Bereiche in den Wallkarrees Gelegenheit zum Ruhen. Die Wälle sind bunt bepflanzt und sollen an die militärischen Schießwälle erinnern, die früher hier standen. Während sich die Eltern ausruhen, können die Kinder sämtliche Spielgeräte und Rutschen ausprobieren. Falls sich aber auch die Erwachsenen lieber noch etwa bewegen möchten, kommen sie garantiert auf ihre Kosten: Die Sportangebote reichen vom Beach-Volleyball bis zum Trampolin.

Westlich des BUGA-Parks befindet sich die **Feldflur**. Ein Naherholungsgebiet mit rekonstruierten historischen Koppeln, Hecken- und Alleenpflanzungen von Lenné. Daran schließt gleich südlich der **Karl-Foerster-Garten** an. Der berühmte Staudenzüchter und Gartenphilosoph legte hier 1911 eine Gärtnerei an. Ein Jahr später entstanden das Wohnhaus und der als Schau- und Versuchsfläche angelegte Garten mit prächtigen Staudenbildern. Zu bewundern sind der Senkgarten, der Frühlingsweg und der Steingarten der sieben Jahreszeiten. Seit 1981 steht die Anlage unter Denkmalschutz und wurde anlässlich der BUGA restauriert.

Nur einige hundert Schritte entfernt befindet sich das restaurierte Krongut Bornstedt. Hier ist es möglich, sich nach einem anstrengenden Ausflugstag zu stärken und auch noch ein frisches Brot aus der Hofbäckerei mitzunehmen.

Gedenkstätte Karl Foerster und Staudengärtnerei
Am Raubfang 6
BUS 612, 614 bis Amundsenstraße
Garten geöffnet tgl. ab 9 Uhr bis zum Anbruch der Dunkelheit.
Führungen im Gartendenkmal organisiert das Grünflächenamt Potsdam:
✆ (03 31) 2 00 80 16
Anfrage am besten per Email an freundschaftsinsel@gmx.de

Krongut Bornstedt
Ribbeckstraße 6/7
✆ (03 31) 55 06 50
Bäkerei tgl. ab 8 Uhr, sonstige Gastronomie ab 11 Uhr
www.krongut-bornstedt.de
Tram 92 bis Kirschallee,
BUS 614, 695
Selbstgebrautes Bier, Deftiges im Brauhaus, Feines aus der Hofbäckerei. Manufaktur mit Schmuckwerkstatt, Hofflorist, Chocolaterie und regionalen Spezialitäten. Ideale Quelle für Mitbringsel.

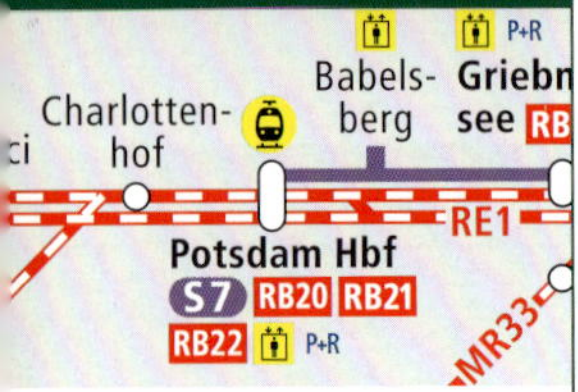

Start
Potsdam Hbf
S7 alle 10 Min.
und
Tram 92, 96 oder BUS 692
bis Reiterweg / Allee-
straße

Neuer Garten
Spaziergang

Rückfahrt
ab Glienicker Brücke:
BUS 316 nach
S-Wannsee oder
Tram 93 nach Potsdam
Hbf.

Karte ▸ Seite 137

Marmorpalais
Aufwändig restaurierte
klassizistische Innenaus-
stattung
Im Neuen Garten 10
Mai bis Okt.
Di–So 10–18 Uhr,
Nov. bis April
Sa/So/Fei 10–16 Uhr
Mit Führung oder Audio-
guide 5 € / 4 €

Baden am Heiligen See
ist offiziell verboten, wird
aber an einigen Stellen
geduldet.

Romantischer Neuer Garten

Zu einem idyllischen Spaziergang lädt der Neue Garten ein, angelegt ab 1787 im Stil eines englischen Landschaftsgartens.

Der Garten gehört neben Park Sanssouci und dem Babelsberger Park zu den historisch bedeutsamen Landschaftsparks Potsdams. Am West- und Nordufer des Heiligen Sees gelegen, bietet er weite Sichtbeziehungen in die malerische Havellandschaft. Verglichen mit den Parks in Glienicke und Babelsberg auf der gegenüberliegenden Havelseite wirkt der **Neue Garten** eher intim. Trotzdem ist hier ein Spaziergang wie eine kleine Reise durch einige Kulturen der Welt.

Von der Tram-Haltestelle ist es nicht weit bis zum Portiershaus in der Straße Am Neuen Garten, einem der Zugänge zum Park. Noch eindrucksvoller ist der Zugang vom Südzipfel des Sees an der Gotischen Bibliothek (Behlert-/Ecke Mangerstraße): Hier eröffnet sich den Besuchern ein prächtiger Panoramablick über See und Park. Vorbei an holländischen Giebelhäusern kommt man bald zur Orangerie mit dem ägyptischen Portal. Etwas oberhalb ragt das **Marmorpalais** in die Wasserfläche des Heiligen Sees. Das Traumschloss mit den roten Klinkern (erbaut 1778–92) vermittelt einen guten Eindruck vom Zeitgeschmack gegen Ende des 18. Jhs. Es diente als Sommersitz für Friedrich Wilhelm II., den Neffen und Nachfolger Friedrichs des Großen. Exotisch anmutende kleine Bauten fangen beim Durchwandern des Gartens wieder und wieder den Blick und lenken so den Schritt: die Muschelgrotte, das Rote und das Grüne Haus oder die **Pyramide**, ehemals als Eiskeller genutzt, können entdeckt werden. Weitere Sichtachsen wurden von Peter Joseph Lenné ab 1815 weit in die Havellandschaft geführt. Vom Hauptweg nördlich des Marmorpalais kann man bis zur Pfaueninsel blicken, deren Schlossruine

Heiliger See und Marmorpalais

genau zum Zweck dieser Fernwirkung so strahlend weiß leuchtet.

Auch der letzte Schlossbau der Hohenzollern liegt im Neuen Garten: **Cecilienhof**, fertiggestellt 1917 im englischen Landhausstil der Jahrhundertwende. Der Bau erhält seinen besonderen Charme durch historisierendes Tudor-Fachwerk und eine auffallende Dachgestaltung mit vielen Gauben und 55 Schornsteinen. Diese sind aber fast alle schön gestaltete Attrappen. Cecilienhof ist ein geschichtsträchtiger Ort: Im Sommer 1945 fand hier die Potsdamer Konferenz der Siegermächte des II. Weltkriegs statt. Die Staatschefs der UdSSR, der USA und Großbritanniens unterzeichneten am 2. August das Potsdamer Abkommen, das die Grundlage für die Teilung Deutschlands schuf. Der Konferenzsaal mit der historischen Einrichtung ist als Gedenkstätte erhalten und öffentlich zugänglich. Eine kleine Brücke, die einen Stichkanal zwischen Havel und Heiligem See quert, führt nördlich wieder aus dem Neuen Garten hinaus. Folgt man dem Havelufer (Schwanenallee), so gelangt man zur Glienicker Brücke. Zwischen dem Ostufer des Heiligen Sees und der Berliner Straße liegt die Berliner Vorstadt – heute wieder eine noble Wohngegend. Prunkvolle Villen der Gründerzeit liegen an ruhigen, baumbestandenen Straßen und machen einen Streifzug durch das Viertel reizvoll.

Nächtliche Schlösserimpressionen
Abendlicher Schiffscorso, die am Wasser liegenden Bauwerke werden anlässlich der dreistündigen Tour festlich illuminiert.
Schiffahrt in Potsdam
☎ (03 31) 2 75 92 10/20/30
www.schiffahrt-in-potsdam.de
☎ (03 31) 2 75 92 10/20/30
www.schiffahrt-in-potsdam.de

Schloss Cecilienhof
Konferenzsaal und Arbeitszimmer der Delegationen
April bis Okt.
Di–So 10–18 Uhr
Nov. bis März
Di–So 10–17 Uhr
Mit Führung oder Audioguide 6 € / 5 €

Schlosshotel Cecilienhof
Straße Am Neuen Garten
☎ (03 31) 3 70 50
Restaurant, Bar, Hofgarten
Internationale Küche

Start und Ziel
Griebnitzsee
S7 alle 10 Min.

(Rad-)Wanderung
S-Griebnitzsee – Stahnsdorf

Länge
6 km einfach

STAHNSDORF

Versunkene Monumente

Im Südwesten Berlins kann einer der größten Waldfriedhöfe Deutschlands und gleichzeitig auch einer der schönsten und bedeutendsten Zentralfriedhöfe erkundet werden.

Vom S-Bahnhof Griebnitzsee, Ausgang Universität, führt die Tour über den BUGA-Weg nach **Stahnsdorf.** Ausflugsziel: versunkener Großfriedhof. Ein Dschungel mit Mausoleen darin, ein Garten voller Findlinge, ein dichter Wald zwischen schmiedeeisernen Gittern. Inmitten lebhaftester Flora und Fauna begegnen wir der Kulturgeschichte des letzten Jahrhunderts im Vorbeigehen. Sogar an einem strahlenden Sonnentag kann es ein bisschen unheimlich werden, wenn man sich durch das Dickicht verschlungener Pfade schlängelt und vor dem Grab Friedrich Wilhelm Murnaus steht, dem Regisseur des Gruselklassikers „Nosferatu". Vielleicht bleibt bei diesem Unternehmen der eine oder andere auch staunend vor der Ruhestätte Siegfried Jacobsohns stehen, des Begründers der Zeitschrift „Weltbühne".
Wer in Deutschland zu Anfang des letzten Jahrhunderts von sich reden gemacht hat, liegt hier begraben (oder auf dem Dorotheenstädtischen Friedhof in Berlin). Unmöglich, sie alle aufzuzählen, die man entweder aus der Schule kennt, von denen man einen Bildband besitzt oder zumindest irgendwann irgendwo gehört hat. Um nur ein paar zu nennen: Heinrich Zille, Lovis Corinth, Werner von Siemens und Gustav Langenscheidt (wer kennt die Wörterbücher nicht?), Theodor Fontane junior, Elisabeth Baronin von Ardenne (das Vorbild für „Effi Briest"), Rudolf Breitscheid, Jan Erik Hanussen – sie alle können wir hier finden.

Der **Südwestfriedhof** verblüfft nicht nur mit unzähligen prominenten Namen aus Kunst, Wissenschaft und Technik, sondern auch mit Bau- und Kunstweken aus Jugendstil, Expressionismus und Neoklassizismus.

Südwestkirchhof Stahnsdorf
Bahnhofstraße
14532 Stahnsdorf
Tgl. geöffnet
Apr. bis Sept. 7–20 Uhr,
Okt. bis März 8–17 Uhr
Auf dem Friedhof darf Fahrrad gefahren werden

Führungen
Infos bei der Kirchhofsverwaltung
(0 33 29) 61 41 06
Mo, Mi, Fr 8–13 Uhr,
Di/Do 8–16 Uhr
oder unter
www.suedwestkirchhof.de
Führungen jeden 1. Sa im Monat und nach Vereinbarung

Empfehlenswerte Führungen auch bei Frau Köhler
(0 30) 8 32 51 01
www.rosemariekoehler.de

1909 wurde der Friedhof auf einem 206 ha großen Areal angelegt. Wegen seiner märchenhaften Atmosphäre avancierte er schnell zum beliebtesten letzten Ruheplatz. Aber auch erzwungene Grabumbettungen fanden hier statt. Da Hitler seine größenwahnsinnigen Bauvorhaben in Berlin durch zwei historisch wertvolle Schöneberger Friedhöfe verlegen wollte, wurden seinerzeit von dort 15000 Grabumbettungen nach Stahnsdorf vollzogen.

Weniger bewegt ging es zwischen 1961 und 1989 zu. Auf dem Südwestfriedhof wurden wegen der unmittelbaren Nähe zur DDR-Staatsgrenze lediglich Begräbnisse aus umliegenden Dörfern, vor allem Stahnsdorf und Potsdam-Stern zugelassen.

Heutzutage kann sich der Friedhof damit rühmen, dasss sogar schon die englische Queen ihre Aufwartung gemacht hat. Es empfiehlt sich auf jeden Fall, in diesem Labyrinth aus Bäumen, Sträuchern und Grabmälern eine kulturhistorische Führung mitzumachen (ca. 3 Stunden). Aber auch für Abenteurer, die sich lieber allein auf die Suche nach der Vergangenheit begeben wollen, sind bei der Friedhofsverwaltung Lagepläne mit den wichtigsten Grabstätten zu bekommen. Sogar Audioguides stehen gegen eine Kaution (50 €) zur Verfügung. Gleich nördlich schließt sich an den Stahnsdorfer Friedhof der Waldfriedhof Wilmersdorf an, der auch sehenswert ist.

Und am Ende, wenn man wieder herausgefunden hat aus dem Dickicht der Natur und Zeitgeschichte, wartet gleich gegenüber vom Friedhofseingang ein Restaurant (im Sommer mit Biergarten).

Klassische Konzerte
in der Stabholzkirche
sonntags einmal im Monat
15 Uhr (Programm bei
Friedhofsverwaltung)

Restaurant Kossatenhof
Bahnhofstraße 25-27
14532 Stahnsdorf
Tgl. 11–17 Uhr
☎ (0 33 29) 69 98 74
Gegenüber des Friedhofseingangs, deutsche und internationale Küche mit freundlichem Service.
www.kossatenhof.de

Grabmal von Heinrich Zille

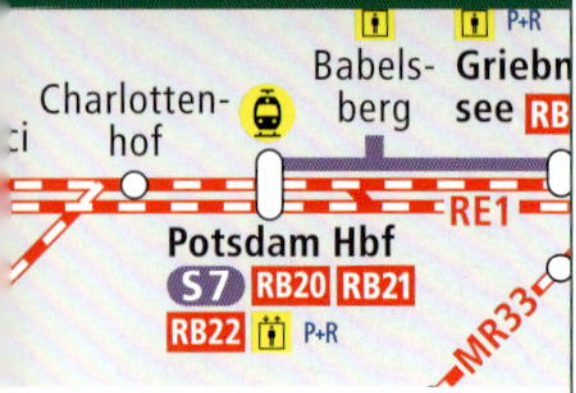

Start
Potsdam Hbf
S7 alle 10 Min.

(Rad-)Wanderung

Länge
8 km einfach

Rückfahrt
RB 22 stündl. von Caputh-Geltow oder Schwielowsee nach Potsdam-Hbf.
BUS 607 von Caputh Mo–Fr ca. stündl., Sa/So/Fei ca. alle 2 Stunden nach Potsdam-Hbf.

Schiffahrt in Potsdam
Lange Brücke (5 Minuten vom Hauptbahnhof)
☎ (03 31) 2 75 92 30
Im Sommer tgl. ab Potsdam: 10 / 10.30 / 11 / 13 / 15 Uhr,
zurück ab Caputh/Schloss: 12 / 13 / 16 / 18 Uhr
www.schiffahrt-in-potsdam.de

Einsteinhaus
Eintritt und Führung nur nach Voranmeldung
☎ (03 31) 27 17 80
Telefonzeiten:
Mo–Fr 9–17 Uhr
Öffnungszeiten: Apr.–Okt Sa/So 10–18 Uhr
5 € / 2,50 €
www.einsteinsommerhaus.de

Einsteins Sommerfrische

Nur etwa 6 km südwestlich von Potsdam liegt das ehemalige Fischer- und Schifferdorf Caputh.

Eingebettet in eine reizvolle, leicht hügelige Landschaft zwischen drei Seen, ist der Ort ein beliebtes Ziel für Wanderer, Radfahrer und Wassersportler. Bekannt ist **Caputh,** in dem noch heute holprige Pflastersteingassen und reetgedeckte Häuser zu finden sind, auch durch seine barocke Schlossanlage.

Caputh ist vom S-Bahnhof Potsdam zu Fuß durch den Potsdamer Forst, mit Rad oder Bus auf der Landstraße (paralleler Radweg), mit dem Schiff über die Havelgewässer oder per Regionalbahn zu erreichen. Wanderfreudige nehmen den Südausgang des Bahnhofs, überqueren den Busbahnhof und folgen dem Wegweiser Landtag/Einsteinturm. So stößt man auf die Straße am Brauhausberg, von der gleich links die Albert-Einstein-Straße abzweigt und am „Wissenschaftspark Albert Einstein" vorbei geradewegs in den Wald führt. An einer Wegkreuzung mit Bank biegt man halb rechts in den ausgeschilderten Langerwischer Weg. Man bleibt auf dem Hauptweg, der rechter Hand am kleinen Ravensberg entlang führt, bis man eine runde Rasthütte erreicht. Geradeaus geht es weiter zum Naturschutzgebiet Moosfenn, nach rechts erstreckt sich der Caputher Heuweg, der wenig später auf die B 2 stößt. Dort überquert man die Eisenbahnlinie und wählt am Parkplatz auf der anderen Straßenseite den linken Weg. Am nächsten größeren Wegeknotenpunkt nach ca. 1,5 km biegt im spitzen Winkel schon der Weg ab, der auf einen Hügel am östlichen Ortsrand von Caputh mündet. Von hier sind es nur ein paar Schritte bis zum **Albert-Einstein-Haus,** in dem der Physiker von 1929 bis 1932 die Sommermonate verbrachte. Von diesem Holzgebäude hat man einen herrlich weiten Blick über Caputh und die umliegenden Gewässer.

Vom Einsteinhaus geht es über die Rosen- in die Lindenstraße hinunter zum alten Dorfkern und zum **Schloss.** Die barocke Schlossanlage gehört mit Bornim und Glienicke zu den seit 1660 entstandenen kurfürstlich-königlichen Landsitzen in der Umgebung von Potsdam. Von Philipp de Chièze als schlichter rechteckiger Bau im Stil eines französischen Landhauses entworfen, wurde das Schloss später um kleinere Anbauten erweitert. Der zugehörige Barockgarten wurde ab 1830 nach einem „Verschönerungsplan" von Peter Joseph Lenné neu angelegt. Die Wegefluchten eröffnen malerische Blicke durch den Park und über die Havel bis nach Potsdam. Alte Bäume werfen ihre Schatten auf die stillen Parkwiesen und laden zum Verweilen ein. Schräg gegenüber vom Schloss steht die zum Gesamtensemble gehörende Dorfkirche – ein neoromanischer Bau des Schinkel-Schülers Friedrich August Stüler, der in den Jahren 1848-1852 entstand. An den Sommerwochenenden finden in Schloss und Kirche Konzerte statt.

Wer jetzt noch nicht wandermüde ist, dem sei ein wunderschöner Spaziergang um den **Caputher See** empfohlen: Südlich der Kirche geht es in die Seestraße, die in einen schmalen Fußpfad in Ufernähe übergeht. Im Sommer kann man an kleinen versteckten Badestellen ins Wasser springen. Am Ende der Runde gelangt man über den Schmerberger Weg zum Dorfkern zurück (ca. 3 km). Andernfalls folgt man gleich der Straße der Einheit bis zur Caputher Fähre, von wo die beliebte Uferpromenade bis zum **Schwielowsee** führt. An der Promenade kann man vom Landhaus Haveltreff oder vom Fährhaus Caputh bei einer Erfrischung den Blick aufs Wasser und die „Seeluft" genießen.

Schloss Caputh
Straße der Einheit 2
Mai bis Okt.
Di–So 10–18 Uhr
Nov.–April
Sa/So/Fei 10–17 Uhr
✆ (03 32 09) 7 03 45

Caputher Musiken
✆ (03 32 09) 2 09 06
www.caputher-musiken.de

Fährhaus Caputh
Straße der Einheit 88
✆ (03 32 09) 7 02 03
Apr. bis Okt.
tgl. 12–22 Uhr
Nov. bis Febr.
tgl. 12–20 Uhr
Beliebte Gaststätte an der Fähre

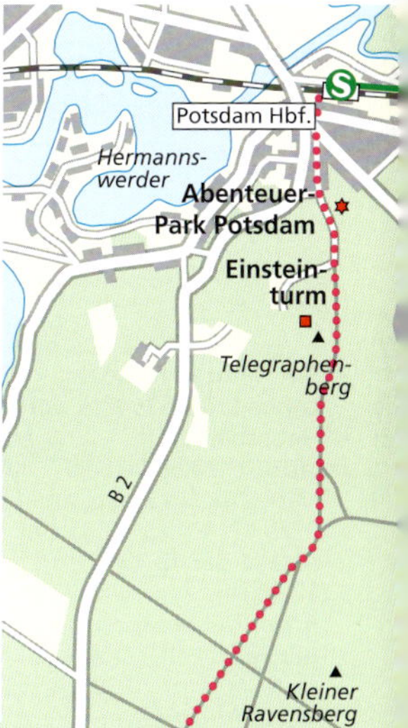

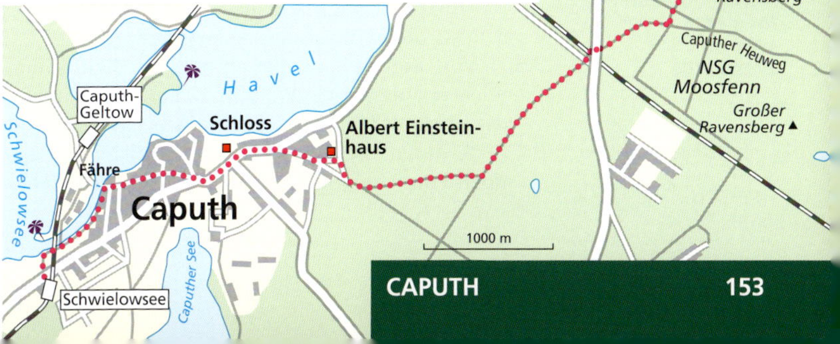

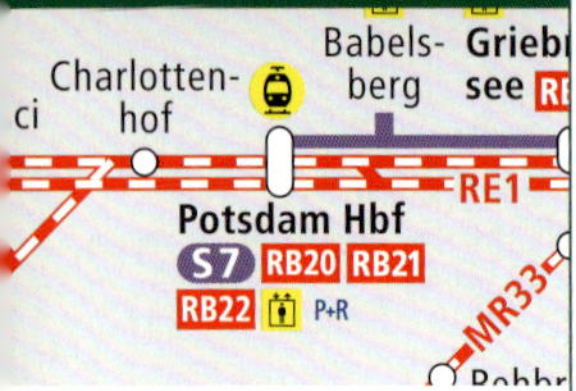

Start
Potsdam Hbf
S7 alle 10 Min.

Radtour
Potsdam – Geltow – Werder-Inselstadt – Werder Bahnhof

Länge
ca. 20 km (Radwege, Haveluferweg, kleine Landstraßen)

Rückfahrt
Bahnhof Werder (ca. 2 km nördlich der Inselstadt)
RE1 ca. alle 30 Min. nach Potsdam / Berlin

Schiffahrt in Potsdam
Lange Brücke (5 Min. vom Hauptbahnhof)
(03 31) 27 59 2 10/20
Mitte Mai bis 3. Okt. tgl. 9.30/ 11/ 13/ 15/ 17.45 Uhr
Ab Werder 12.30/ 15.10/ 17.20 Uhr
In der Nebensaison nur Sa/So/Fei
erste Abfahrt 10.30 Uhr, letzte Abfahrt von Werder 16.15 Uhr
www.schiffahrt-in-potsdam.de

WERDER

Räucherfisch im Blütenmeer

Viele Wege führen nach Werder im Havelland. Unser Tipp: eine Radtour von Potsdam entlang der Havel bis zur reizvollen Inselstadt in Werder.

Vom Hauptbahnhof geht es zunächst über die Lange Brücke Richtung Potsdamer Zentrum, dann gleich links in die Breite Straße (Radweg). Nach ca. 1 km biegt kurz hinter der **„Moschee“** (▸ Seite 133) links die Zeppelin-Straße ab. Von dieser zweigt bald wieder links der Havel-Uferweg ab. Ab jetzt folgt man einfach den Windungen des breiten Stroms. Nach ca. 7 km ist die Geltower Gartenlandschaft erreicht. Am Ende des Uferradwegs biegen wir links ein und halten uns an der nächsten Abzweigung halb rechts – linkerhand schimmert jetzt der Schwielowsee durchs Geäst. Über eine wenig befahrene Straße gelangen wir zur Baumgartenbrücke.

Nach dem Überqueren der Baumgartenbrücke lohnt zunächst ein Abstecher links ins 2 km entfernte Dörfchen **Petzow** (Fahrweg): Das dortige Schloss (Architekt: Karl-Friedrich Schinkel) liegt in einem reizvollen Landschaftspark, der von P. J. Lenné gestaltet wurde. Das Schloss soll nach Renovierung und Umbau ein 5-Sterne-Hotel beherbergen. Vom Turm der Dorfkirche am oberen Ortsrand hat man einen herrlichen Rundblick.

Weiter nach Werder ist über den Havelweg an der B1 (bzw. von Petzow aus zunächst über die Fercher Straße) nach ca. 2 km die Neustadt erreicht. Die Straße Unter den Linden endet an der Brücke, die in die idyllische **Inselstadt** führt.

Von der Brücke hat man einen Panoramablick auf die Insel: Weithin sichtbar sind rechts der Turm der Kirche zum Heiligen Geist und die Bockwindmühle. Die Kirche entstand in der heutigen Form zwischen 1856 und 1858 nach Plänen von F. A. Stüler. Die heutige Inselmühle stammt

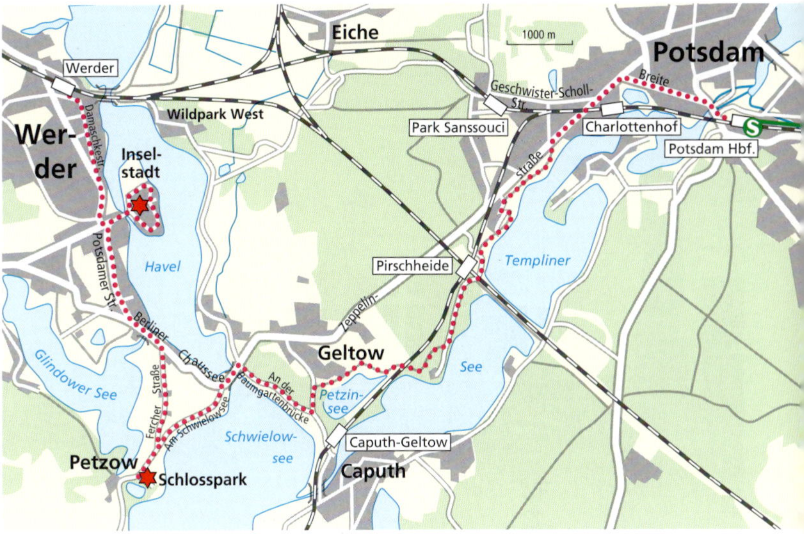

eigentlich aus Klossa bei Jessen. Sie wurde anstelle der Originalmühle hier wieder aufgebaut, nachdem diese 1973 einem Brand zum Opfer gefallen war.

Linkerhand fällt die Kirche Maria Meeresstern ins Auge, die Anfang des 19. Jahrhunderts als katholische Kirche errichtet wurde. Beim Spaziergang durch die Kopfstein gepflasterten Gassen der Inselstadt ist das restaurierte Rathaus von 1494 unweit der Heilig-Geist-Kirche ein weiterer Blickfang. Werder wurde im Jahr 1317 erstmals erwähnt, war aber schon lange zuvor von Wenden besiedelt. Die Insel bot natürlichen Schutz und die Havel reichlich Fisch. Kein Wunder also, dass die Inselstadt über Jahrhunderte ein Fischerort war. Ein bisschen ist das heute noch so: An der Uferpromenade hängen Fischer ihre Netze zum Trocknen aus. Gleich nebenan sorgen die traditionellen Räucheröfen dafür, dass der Duft von geräuchertem Fisch durch die engen Gassen zieht. Aal, Wels, Forelle und viele andere Fische isst man hier frisch geräuchert aus der Hand oder in einem der Fischrestaurants.

Auf den Hügeln rund um Werder wurden in der zweiten Hälfte des 19. Jhs. die ersten großen

Tourist-Information
Kirchstraße 6/7
14542 Werder
☎ (0 33 27) 78 33 74
April–Sept. Mo–Fr 9–16 (Di–18 Uhr),
Sa/So 13–17 Uhr
Okt.–März
Mo–Do 9-16 Uhr (Di bis 18), Fr 9–12 Uhr, Sa/So geschlossen

Obstbaumuseum und Bockwindmühle
Kirchstraße 6/7
Apr. bis Okt.
Mi 11–16, Sa, So 13–17 Uhr
☎ (0 33 27) 78 33 74

Galerie Café
Baderstr. 19
14542 Werder
☎ (01 71) 4 05 70 90
Tgl. außer Mi 12–18 Uhr
Sa/So bis 20 Uhr,
im Sommer länger
Stilvolles Café am Markt
www.galeriecafé-werder.de

Am Markt in Werder

Obstplantagen angelegt. Schnell entwickelte sich die Gegend zur Obstkammer Berlins. Feuchtmildes Klima, hohe Sonnenintensität und sandige Böden ließen die Früchte hervorragend gedeihen.

1879 wurde in Werder das erste Baumblütenfest gefeiert. Seitdem pilgern die Großstädter alljährlich im Mai zu Tausenden nach Werder, um die erwachende Natur, das berauschende rosa-weiße Blütenmeer der Obstplantagen zu genießen – und den nicht weniger berauschenden jungen Obstwein. Eine gute Woche lang findet dann in Werder das größte Volksfest der Region Berlin-Brandenburg statt.

Leider gibt es die Fähre momentan nicht mehr, mit der man von der Inselstadt nach Wildpark West übersetzen konnte. Deswegen lenken wir unserem Drahtesel von der Inselstadt wieder zurück aufs Festland und radeln über die Eisenbahnstraße und Adolf-Damaschke Straße zum Bahnhof Werder, wo wir den Zug zurück nehmen.

Fischrestaurant „Arielle"
Fischerstraße 33
14542 Werder
☎ (0 33 27) 4 56 41
Di–So ab 11.30 Uhr
Urige Gaststätte mit Plätzen direkt am Havelufer, Spezialität Räucherfisch

MARQUARDT

Durchs Havelland

Marquardt ist ein altes märkisches Dorf in idyllischer Lage zwischen Wublitz, Schlänitzsee und Sacrow-Paretzer Kanal. Sehenswert sind besonders Schloss und Schlosspark. In letzterem kann man beim Picknick den Blick aufs Wasser genießen.

Unser Weg führt vom Potsdamer Hauptbahnhof zunächst geradewegs durch das Zentrum: Über die Lange Brücke und die Friedrich-Ebert-Straße durch das Nauener Tor bis zur **Kolonie Alexandrowka** (▸ Seite 134, Plan von Potsdam ▸ Seite 137). Nachdem wir die russische Kolonie durchquert haben, geht es weiter geradeaus in die Nedlitzer Straße (Radweg neben der Straße). Wo der Radweg endet, biegen wir halb links in die Straße „Am Golfplatz" ein. Nun wird es ländlich. Nach dem Durchqueren des Dorfes Nedlitz nehmen wir den zweiten (!) Weg rechts. Durch Obstplantagen geht es geradeaus, bis wir auf die B 273 stoßen. Eilige wählen nun den kurzen Weg über die Bundesstraße direkt nach Marquardt. Wer den Umweg nicht scheut, überquert die Bundesstraße und fährt durch bis Schlänitzsee/Kleine und nähert sich so einer Eisenbahnbrücke (Treppe, das Rad muss getragen werden) über den Kanal, der Schlänitzsee von Marquardt trennt. So oder so gelangt man in das Dorf **Marquardt**, in dessen Mitte das **Schloss** samt Schlosspark liegt.

Der Schlosspark von Marquardt, der heute unter Denkmalschutz steht, wurde nach einer eigenhändigen Planskizze von Peter Joseph Lenné im Jahre 1823 gestaltet. 1892 erwarb der Geheime Kommerzienrat Dr. Louis Ravené, ein bekannter Stahl-Handelsunternehmer aus Berlin, den Gutsbesitz. Durch Anbau und Aufstockung erhielt das Schloss im Wesentlichen sein heutiges Aussehen. Von 1932 an pachtete das renommierte Hotelunternehmen Kempinski das Schloss-Park-Ensemble Marquardt, das in der Folgezeit zu einem beliebten Ausflugsziel wurde.

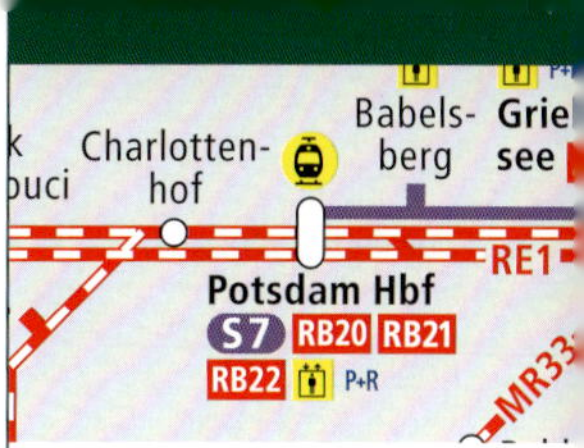

Start
Potsdam Hbf
S7 alle 10 Min.

Radtour
S-Potsdam Hbf – Kolonie Alexandrowka – Nedlitz – Schlänitzsee – Marquardt

Länge
ca. 12 km einfach

Rückfahrt
RB 21 ab Marquardt alle 1–2 Stunden Richtung Potsdam Hbf oder per Rad am Schlänitzsee/ Wublitz entlang bis Golm und von dort auf der Radroute bis Park Sanssouci (ca. 14 km)

Karte ▸ Seite 158

Zum alten Krug
Hauptstraße 2
14476 Marquardt
☎ (03 32 08) 5 72 33
Di–So 11–23 Uhr
Landgasthaus, mit Sommerterrasse

Zwischen dem Bahnhof Zoo in Berlin und dem Dorf Marquardt wurde extra eine Buslinie eingerichtet. Die Busse verkehrten halbstündlich und brachten Ausflügler direkt zum Schloss. Nach der Enteignung Kempinskis („Arisierung") 1937 übernahm die Aschinger-Kette das Hotel in Pacht. Während des II. Weltkriegs diente das Schloss als Reserve-Lazarett, 1945 besetzte es die Rote Armee. 1947 im Zuge der Bodenreform in Volkseigentum überführt, diente das Schloss in der Folge als Flüchtlingsquartier, Kindererholungsheim und Gehörlosenschule. 1958 bis Ende 1993 war das Institut für Obstbau und Obstzüchtung der Humboldt-Universität dort untergebracht. Heute steht das Schloss weitgehend leer, der große Saal und einige Nebenräume können aber zum Beispiel für Familienfeiern gemietet werden. Gelegentlich werden Schloss und Schlosspark als Filmkulisse genutzt, so beim Spielfilm „Aimée und Jaguar".

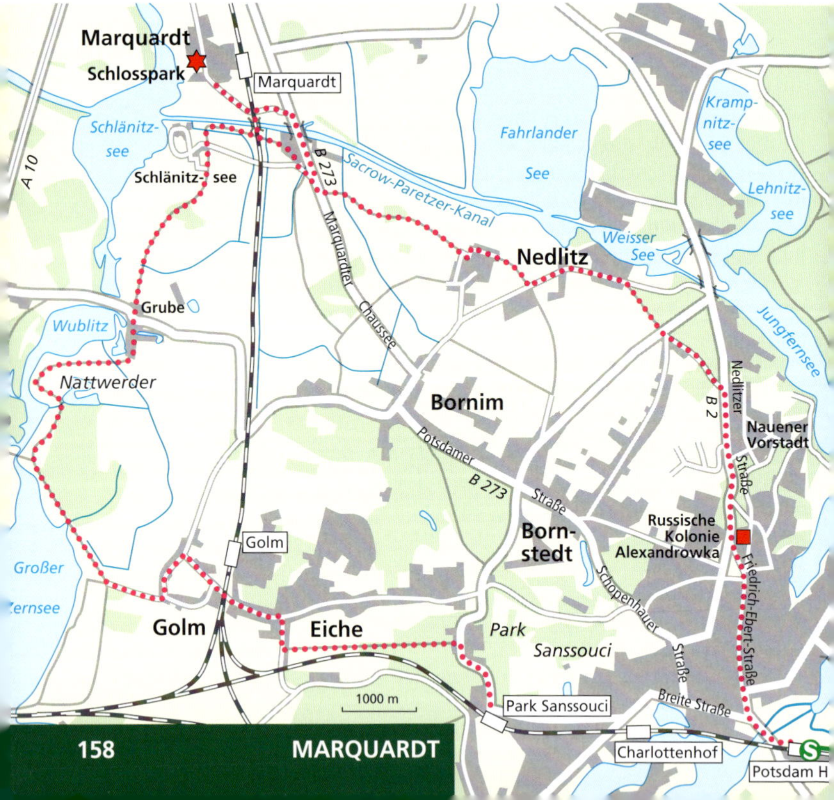

Schlosspark in Marquardt

Den Ortsnamen Marquardt gibt es erst seit 1704, als der einflussreiche Schlosshauptmann Marquard Ludwig von Printzen den Gutsbesitz Schorin zum Lehen erhielt. König Friedrich I. gestattete dem späteren Minister und Oberhofmarschall, das Dorf nach seinem Vornamen umzubenennen. Historische Bedeutung erlangte der Ort nach 1795, als der General und enge Vertraute des Königs Friedrich Wilhelm II., Hans Rudolph von Bischoffwerder, Marquardt als Ruhesitz erhalten hatte. Theodor Fontane widmete Marquardt und den „Geheimen Gesellschaften" in seinen „Wanderungen durch die Mark Brandenburg" ausführliche Kapitel.

Wer jetzt noch mehr vom Havelland sehen möchte, fährt den Weg über **Golm** zurück. Dazu müssen wir wieder den Sacrow-Paretzer Kanal überqueren, um dann immer in Sichtweise des Wassers in Richtung Süden zu radeln. Golm gehört zu Potsdam und beherbergt einen Campus der dortigen Universität sowie Institute der Max-Planck-Gesellschaft und der Fraunhofer-Gesellschaft. Von Golm führt eine schöne Radroute zum Park Sanssouci und dem gleichnamigen Bahnhof in Potsdam.

Start und Ziel
Spandau
S75 S9 alle 10 Min.
oder
U7 alle 5–10 Min. bis
Rathaus Spandau

Stadtspaziergang
Altstadt
Zitadelle Spandau

Tourist-Information
Gotisches Haus
Breite Straße 32
☎ (0 30) 3 33 93 88
Mo–Sa 10–18
Altstadtführungen jeden
1. und 3. Montag im Monat (Apr.–Okt.)

Restaurant Bonaparte
Breite Straße 20
☎ (0 30) 3 33 17 09
Tgl. 8–24 Uhr
Französische Küche

Kolk
Hoher Steinweg 7
☎ (0 30) 3 33 88 79
Tägl. 11.30–24 Uhr
Herzhaftes, im alten Fachwerkhaus serviert,
Terrasse an der alten
Stadtmauer
www.kolk.im-netz.de
U Altstadt Spandau

SPANDAU

Vampire in der Ritterburg

Wer in den lichtdurchfluteten Bahnhof Spandau einfährt, wird gleich vom markanten Turm des 1910–13 erbauten Rathauses begrüßt. Schräg gegenüber, östlich der Station, ragt das Bauwerk in die Höhe. Spandau ist eine Welt für sich: es wurde 1232 zum ersten Mal urkundlich erwähnt, also fünf Jahre früher als Berlin.

Bis heute fühlen sich die Spandauer eigentlich nicht als Berliner und nehmen nur ungern zur Kenntnis, dass man sie 1920 eingemeindet hat.

Gleich neben dem Bahnhof liegt das neue Einkaufszentrum „Spandau Arcaden“. Viel interessanter ist allerdings ein Besuch in der **Spandauer Altstadt.** Dorthin gelangt man durch den östlichen Ausgang, direkt am Rathaus vorbei.

Steinerne Zeugen aus mittelalterlicher Zeit machen einen Bummel zwischen Jüdenstraße und dem Lindenufer an der Havel besonders reizvoll. Das **Gotische Haus** in der Breiten Straße 32, einst Wohnsitz eines Handelsherrn, ist das einzige erhaltene Bürgerhaus Berlins aus dem Spätmittelalter. In dem Gebäude mit dem beachtenswerten Netzrippengewölbe sind heute die Touristeninformation und eine stadtgeschichtliche Ausstellung untergebracht.

Sehenswert ist auch die **Nikolaikirche** am Reformationsplatz, ein roter Ziegelbau aus dem 15. Jahrhundert. Die mit elf Altären ausgestattete Kirche war einst die schönste und größte der Mark Brandenburg. Von hier aus wurde Berlin reformiert: 1539 nahm Kurfürst Joachim II. in der Nikolaikirche an einer evangelischen Abendmahlsfeier teil und machte das Land damit protestantisch. Der Westturm der Kirche brannte im Zweiten Weltkrieg aus und trug jahrzehntelang ein Notdach. Die ursprüngliche Barockhaube mit Schinkelschem Schmuckwerk konnte im Jahr 1989 nach Plänen von 1839 rekonstruiert werden und ziert nun wieder die Kirche.

Besonders stimmungsvoll ist die Altstadt in der Adventszeit. Der überregional bekannte Spandauer Weihnachtsmarkt zieht jedes Jahr über eine Million Besucher in die Havelstadt.

Wenn man die Breite Straße bis zur mehrspurigen Straße Am Juliusturm spaziert und dann die Brücke über die Havel überquert, fällt der Blick, nach links gerichtet, auf das bedeutendste Bauwerk Spandaus – die **Zitadelle**. Kurfürst Joachim II. ließ sie ab 1560 als Zufluchtsort für sich und seinen Hofstaat errichten und begründete damit Spandaus Rolle als Militär- und Festungsstadt. Der schon um 1200 entstandene, zinnengekrönte Juliusturm im Südwesten der Anlage wurde in den Festungsbau miteinbezogen. Heute hat man vom Turm einen herrlichen Blick über die Havellandschaft. Um den quadratischen Innenhof der Zitadelle gruppieren sich Kasernen- und Magazingebäude. Dahinter beginnt die Festung mit dicken Außenmauern und Bastionen. „König", „Königin", „Brandenburg" und „Kronprinz" heißen die wuchtigen Bauten.

Die Zeiten, in denen heranrückende Feinde abgewehrt werden mussten, sind lange vorbei. Heute spielen Kunst, Kultur und Stadtgeschichte die Hauptrolle auf der Festung. Ausstellungen, Theaterabende und Bauernmärkte sorgen für Leben in dem Bauwerk, das die Spandauer für mindestens so bedeutend wie den Tower of London halten. Das Gemäuer ist außerdem eines der größten Winterquartiere für Fledermäuse in Europa. Bei speziellen Rundgängen kommen auch Vampir-Liebhaber auf ihre Kosten.

Zum Schluss noch ein Tipp für Musikfreunde: Seit 2005 findet in der Zitadelle jeden Sommer ein Musikfestival statt. Rockkonzert, Musical und Oper bieten für jeden Geschmack etwas.

Zitadelle
Am Juliusturm
☎ (0 30) 3 54 94 4-0
Mo–So 10–17 Uhr
Eintritt 4,50 € / 2,50 €
Familienkarte 10 €
Stadtgeschichtliches Museum in der Zitadelle,
Im Sommer Citadel Music Festival in der Anlage
www.zitadelle-spandau.de

Zitadellenschänke
In der Zitadelle
☎ (0 30) 3 34 21 06
Di–Fr 16–24 Uhr,
Sa/So 10–24 Uhr
Deftig und rustikal nach Ritterart.

Nikolaikirche mit Denkmal von Joachim II.

Start und Ziel
Spandau
S75 S9 alle 10 Min.
oder
U7 alle 5–10 Min. bis
Rathaus Spandau

Radtour
Spandau – Spektegrüngürtel – Eiskeller – Spandau

Länge
ca. 15 km (ca. 1,5 Std. ohne Pause)

SPANDAU–EISKELLER

Eiskeller und Bürgerablage

Diese schöne Radtour führt einmal rund um Spandau. Dabei streift man den Spektesee, radelt auf dem Mauerweg, lernt die ehemalige Exklave Eiskeller kennen und gelangt zur Bürgerablage an der Havel.

Vom S-Bahnhof Spandau biegen wir links in die Seegefelder Straße, um kurz darauf rechts in die Galenstraße einzubiegen. Nach ca. 300 Metern wollen wir links in den Grüngürtel, aber Vorsicht: hier gibt es keine Ampel, deshalb bis zur nächsten Kreuzung fahren, und dann ein kleines Stück zurück.

Ab hier stören uns die Autos nicht mehr und es wird grün, denn wir haben den **Spektegrüngürtel** erreicht. Dieser zieht sich nun kilometerlang durch die Vororte von Spandau. Nach dem Überqueren der Industrie-Bahn-Gleise erreichen wir den **Spektesee**. Das Gewässer war ehemals ein Kiesteich, entstand 1984 und ist heute Teil eines großzügigen Naherholungsgebietes. Noch darf man hier nicht baden, aber das soll sich in einigen Jahren ändern, wenn die Renaturierung abgeschlossen ist. Über schön angelegte Wege zwischen Wiesen und Baumpflanzungen geht es weiter, bald taucht links die Spektelake auf, ein weiteres Gewässer. Weiter geht es geradeaus bis zur Falkenseer Chaussee. Diese überqueren wir, fahren ein kurzes Stück an ihr entlang bis zur Stadtgrenze, wo wir rechts in den **Berliner Mauerweg** einbiegen.

Dieser zieht sich bald ungewohnt hügelig durch den teils dichten Mischwald. Linkerhand liegt die Falkenseer Gartenstadt Falkenhöh, doch davon sieht man nicht viel. Dort, wo die ersten Lichtungen auftauchen, ist es nicht mehr weit bis Eiskeller. **Eiskeller** ist aus zwei Gründen berühmt: Zum einen ist hier der kälteste Ort Berlins. Im Winter können die Temperaturen um bis zu 10 Grad unter denen im Stadtzentrum liegen. Zum anderen war Eiskeller während der Zeit der deut-

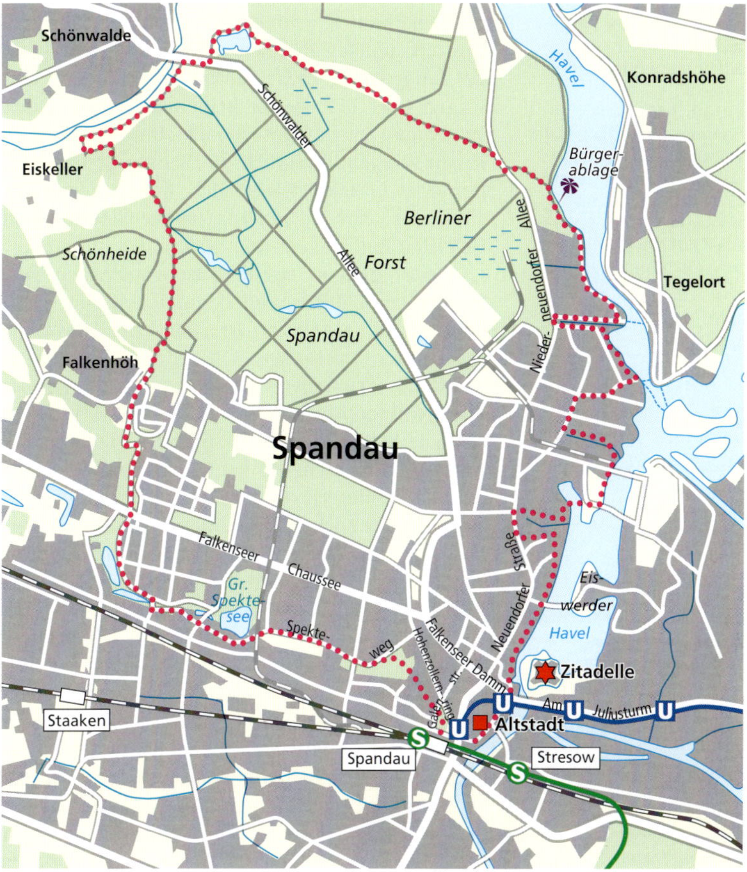

schen Teilung eine West-Berliner Exklave auf DDR-Gebiet. Die winzige Ansiedlung war von Stacheldraht umgeben und nur über eine Straße, die von DDR-Grenzposten kontrolliert wurde, mit (West-)Berlin verbunden. Eine Tafel am Wegesrand erzählt die außergewöhnliche Geschichte des Ortes. Die Kinder der wenigen Bewohner Eiskellers wurden mussten jeden Tag auf dem Schulweg nach Spandau die Grenze passieren. Ein zwölfjähriger Junge aus Eiskeller erlangte dabei Berühmtheit. Er behauptete, Grenzsoldaten hätten ihn auf dem Weg nach Spandau festgehalten und somit

Jagdhaus an der Bürgerablage
Niederneuendorfer Allee 80
((0 30) 3 35 41 12
Sommer Di–So 10–23 Uhr
Winter Di–So 11–21 Uhr
Ausflugslokal, im Winter Gemütlichkeit vorm Kamin, vom Garten schöner Blick auf die Havelbucht
www.jagdhaus-berlin.de

am Schulbesuch gehindert. Der Vorfall führte zu ernsten deutsch-deutschen Verwicklungen und der Junge wurde sogar mit britischen Panzerspähwagen über die Grenze begleitet. Erst 20 Jahre später gab er zu, diese Geschichte erfunden zu haben - er hatte einfach die Schule geschwänzt. Heute ist Eiskeller wieder das, was es schon vor 1961 war: eine kleine, abgelegene Siedlung mit Gehöften und Feldern und Wiesen drumherum.

Weiter geht es auf dem Berliner Mauerweg, parallel zum linkerhand liegenden Nieder Neuendorfer Kanal. Davon ist aber kaum etwas zu sehen, ebensowenig wie von der Siedlung Schönwalde auf der anderen Seite des Kanals. An der **Schönwalder Allee** biegen wir rechts ein. Diese schmale Straße durch den Spandauer Forst ist ein beliebter Schleichweg nach Schönwalde. Nach circa 300 Metern geht es am Abzweig wieder links, immer noch auf dem Mauerweg. Dieser verläuft hier auf einem idyllischen Waldweg, vorbei am stillen **Laßzins-See**, durch den Spandauer Forst.

Gedenkstele am Berliner Mauerweg

Nach weiteren 4 km erreicht man die **Niederneuendorfer Allee.** Hier schlängelt sich der Mauerweg parallel zur Fahrbahn durch den Wald, bevor er sie nach wenigen hundert Metern überquert. Wir radeln durch geheimnisvoll dunklen Nadelwald, um am Ende des Weges (fast) im märkischen Sand zu versinken, nämlich dem der Badestelle **Bürgerablage** an der Havel. Der Ort heißt übriges nicht so, weil dort Bürger am Strand liegen. Sondern weil genau an dieser Havelbucht Flößer seit 1762 Nutzholz ablegen durften. Die Kosten für die Ablage gingen an eine eigens eingerichtete Spandauer Bürgerkasse.

Direkt an der Bürgerablage steht auch das Ausflugslokal Jagdhaus, das unter anderem hervorragenden Apfelkuchen bietet.

Eiskeller ist heute wieder eine idyllische Ansiedlung am Rande Berlins

Solchermaßen gestärkt, nehmen wir entlang der Havel Kurs auf die Spandauer Altstadt. Vorbei an der leeren Fläche, auf der einst das Kraftwerk Oberhavel stand, geht es in Sichtweite des breiten Stroms gen Süden. Einen Bogen fahren müssen wir allerdings am Aalemann-Stichkanal, über den keine Brücke führt.

Weiter geht es bis zur Anlegestelle der Fähre nach Valentinswerder. Ab hier hat uns die Stadt wieder. Und statt direkt an der Havel fahren wir nun zunächst durch Kleingärten. Über die Werderstraße und die Goltzstraße geht es vorbei an Gewerbeflächen bis zum Maselake-Kanal, an dem wir links abbiegen. Wir überqueren den Stichkanal und folgen ab der Straße am Wasserbogen dem Havelseenweg.

Hier ist seit Mitte der 90er Jahre die Wasserstadt Spandau entstanden. Wo früher Industrie- und Hafenanlagen waren, wurden Wohnhäuser, Parks und Promenaden gebaut. Mittlerweile führt auch ein kompletter Rundweg um den Spandauer See. Immer nahe an der Havel radelnd, erreichen wir bald die **Spandauer Altstadt** (▸ Seite 160).

Satt und Selig
Carl-Schurz-Straße 47
13597 Berlin
☎ (0 30) 36 75 38 77
tgl ab 9 Uhr
sattundselig.de
Café Bar Restaurant nahe der Nikolaikirche, Tische draußen

Start und Ziel
Westend
S41 S42 S46
alle 5–10 Min.

Stadtausflug
Schlosspark
Charlottenburg

WESTEND

Lustwandeln wie die Könige

Nur wenige Schritte sind es von der S-Bahnstation Westend in den weitläufigen Park des Schlosses Charlottenburg. Man folgt dem Spandauer Damm Richtung Osten, nach einigen hundert Metern erhebt sich dann links das zwischen 1695 und 1746 entstandene Schloss Charlottenburg.

Schloss Charlottenburg ist als letzte in Deutschland erhaltene Hohenzollernresidenz eine ganze besondere Sehenswürdigkeit in Berlin. Wer es sieht, kann die Lust spüren, die die preußischen Könige an glanzvollen Bauten gehabt haben müssen. Die ehemalige Residenz der Hohenzollern ist in mehreren Etappen für Sophie Charlotte, die Gemahlin des Kurfürsten Friedrich III., gebaut worden. Kurfürst Friedrich III., der sich 1701 zum ersten preußischen König krönte, ließ den barocken Mittelbau in den Jahren1695-1699 von dem Architekten Johann Arnold Nering errichten. In den folgenden Jahren ergänzte Johann Friedrich Eosander von Göthe den Kuppelaufsatz, die beiden Seitenflügel und die Große Orangerie im Westen. Auf dem grünen Kuppelturm dreht sich als vergoldete Wetterfahne die Glücksgöttin Fortuna im Wind.

Im Inneren des Schlosses sind nicht nur die königlichen Gemächer zu sehen, sondern auch das Porzellankabinett, die lichtdurchflutete Goldene Galerie sowie die Französische Gemäldesammlung Friedrichs des Großen. Friedrich der Große war übrigens der Enkel des Schlosserbauers Friedrich III.

Im gepflasterten Ehrenhof des Schlosses, dem Haupteingang der ehemaligen Hohenzollern-Residenz, steht eines der bedeutendsten barocken Reiterdenkmäler: Das von Schlüter 1698-1703 geschaffene **Standbild des Großen Kurfürsten** Friedrich Wilhelm, dem Vater des Erbauers von Schloss

Schloss Charlottenburg
Luisenplatz / Spandauer Damm
✆ (0 30) 32 09 11

Altes Schloss
Apr.–Okt.
Di–So 10–18 Uhr
Nov.–März
Di–So 10–17 Uhr
12 € / 8 €, mit Führung oder Audioguide

Neuer Flügel
Apr.–Okt.
Mi–Mo 10–18 Uhr
Nov.–März
Mi–Mo. 10–17 Uhr
✆ (0 30) 3 22 20 21
Karten von 6 € / 5 €, mit Audioguide

Kleine Orangerie
Spandauer Damm 20
✆ (0 30) 3 22 20 21
www.kleineorangerie.de
Jan–März Di–So ab 10 Uhr
Apr.–Dez.
Mo–Do 10–24 Uhr,
Fr 12–24, Sa, So 10–24 Uhr
Ausflugslokal-Atmosphäre im Schloss mit Wintergarten.

Charlottenburg. Mit kräftigen Waden, einem runden Gesicht und üppigen Locken sitzt der stattliche Herrscher hoch zu Ross.

Hinter dem Schloss erstreckt sich die weitläufige Gartenanlage, in der es sich lustwandeln lässt wie zu Königs Zeiten. Buchsbaumhecken und Orangenbäume, symmetrisch angeordnet und geschnitten, bilden zusammen mit bunten Zierpflanzen und Wasserspielen den französischen Barockgarten im vorderen, südlichen Teil des Parks. 1697 nach den Entwürfen eines Pariser Gärtners angelegt, war er der erste **französische Barockgarten** in Deutschland. Auch heute noch liegt ein Hauch von Versailles über allem. Von der Puttenbalustrade am nördlichen Ende des Barockgartens blickt man auf den großen, ebenfalls im 17. Jh. angelegten Karpfenteich. Westlich davon liegt die Luiseninsel, auf der man verschiedene Antikennachbildungen wie Venus und Amor bewundern kann. Benannt ist die Insel nach der beliebten und früh verstorbenen Königin Luise, die mit Friedrich Wilhelm III. (dem Großneffen von Friedrich dem Großen und König von 1796-1840) verheiratet war. Die geschwungenen Spazierwege nördlich von Karpfenteich und Insel gehören zu dem **englischen Landschaftsgarten**, der Ende des 18. Jhs. von Peter Joseph Lenné gestaltet wurde. Den Trümmerhügel ganz im Norden des Areals nutzen die Berliner, je nach Jahreszeit, als Liegewiese und Ballspielplatz, zum Drachensteigenlassen oder Rodeln.

Durch die Bäume im Osten des englischen Landschaftsgartens schimmern die grünlichen Fassaden des 1789 errichteten **Belvedere** von Carl Gotthard Langhans. Ursprünglich diente es als Teehaus, heute ist dort eine Sammlung Berliner Porzellane zu besichtigen.

Schloss Charlottenburg

Belvedere
im Schlosspark
☎ (0 30) 32 09 14 45
Apr.–Okt.
Di–So 10–18 Uhr
Nov./Dez.
Di–So 12–17 Uhr
Nov.–März
Sa, So 12–16 Uhr
Montags geschlossen
3 € / 2,50 €
Berliner Porzellan

Neuer Pavillon
Bis 23 Nov. 2011 wegen Restaurierung geschlossen
Ab 24. Nov. 2011
Di–So 10–17 Uhr

Mausoleum
Apr–Okt.
Di–So 10–18 Uhr,
Nov./Dez.
Di–So 12–17 Uhr,
Jan.–März 12–16 Uhr,
zw. 12 und 13 Uhr geschlossen
Eintritt: 2 €,1,50 €

Sammlung Berggruen
Schloßstraße 1
☎ (0 30) 32 69 58 15
Di–So 10–18,
8 € / 4 € (auch gültig für die Sammlung Scharf-Gerstenberg)
Privatsammlung moderner Malerei mit Werken von Picasso, Klee, Giacometti

Bröhan-Museum
Schloßstraße 1a
☎ (0 30) 32 69 06 00
Di–So 10–18 Uhr
Eintritt: 8 € / 5 €

Gipsformerei der Staatlichen Museen
Sophie-Charlotten-Straße 17/18
☎ (0 30) 3 26 76 90
Anmeldung für Gruppen:
☎ (0 30) 2 66 36 66
Mo–Fr 9–16, Mi 9–18 Uhr
Jeden ersten Mi im Monat um 10 Uhr kostenlose Führung.
Hier werden Gipskopien aus über 7000 Vorlagen gefertigt .

Sammlung Scharf-Gerstenberg
Schloßstr. 70
Di–So 10–18 Uhr

Die Spree, die die östliche Begrenzung des Schlossparks bildet, wurde vom Hofstaat einst als Verbindungsweg zum Berliner Stadtschloss genutzt – die Schifffahrt war bequemer als die Reise auf sandigen Landstraßen. Ganz im Südosten des Parks, nahe der Spree, steht der anmutige **Neue Pavillon** mit hellen Fassaden und grünen Fensterläden, der 1824 nach Plänen von Karl Friedrich Schinkel errichtet wurde. Auf Wunsch des Königs Friedrich Wilhelm III. diente eine italienische Villa als Vorbild für das königliche Sommerhaus. Heute sind dort Gemälde, Skulpturen und Möbel des frühen 19. Jhs. zu besichtigen. Schinkel entwarf auch das **Mausoleum der Königin Luise** im westlichen Teil des Schlossparks. Eine dunkle Tannenallee führt von den Schlossgebäuden zu dem Grabmal, das Schinkel nach dem Vorbild eines dorischen Tempels entworfen hat.

Zum Gebäudeensemble des Schlosses gehören auch noch die quadratischen Bauwerke auf der gegenüberliegenden Seite des Spandauer Dammes. Sie tragen weithin sichtbare Kuppelaufsätze und entstanden zwischen 1852 und 1859 nach Plänen von August Stüler als Gardekasernen. Der östliche Bau beherbergt die **Sammlung Scharf-Gerstenberg** mit hochkarätigen Arbeiten der Surrealisten und ihrer Vorläufer. Zu sehen sind unter anderem Werke von Piranesi, Goya, Magritte, Max Ernst und Dubuffet.

Gegenüber, im westlichen Stüler-Bau an der Schloßstr. 1 befindet sich die **Sammlung Berggruen**, eine der bedeutendsten Privatsammlungen moderner Malerei. Allein 70 Werke von Picasso sind hier zu sehen. Direkt neben der Sammlung Berggruen befindet sich das **Bröhan-Museum**. Jugendstil- und Art-déco-Möbel, -Kunsthandwerk und -Porzellan werden hier neben Gemälden und Zeichnungen ausgestellt.

Wer auf dem Rückweg zur S-Bahn noch Andenken erstehen möchte, kann dies in der **Gipsformerei der Staatlichen Museen** in der Sophie-Charlotten-Straße 17/18 tun. Das breitgefächerte Angebot reicht von Abbildern der Hohenzollern bis hin zu ägyptischen Katzen.

RINGBAHNTOUR

In 60 Minuten rund um Berlin

Parks und andere Attraktionen an der Ringbahn

60 Minuten dauert eine Umrundung von Berlin – mit der Ringbahn. Die wohl intensivste Art, die Berliner Kieze aus der Hinterhofperspektive zu erleben. Dabei gibt es fast an jedem Bahnhof Gründe genug, auszusteigen. An der Ringbahn liegen Berliner Highlights und Geheimtipps. Und jede Menge Parks.

Eine Ringbahntour kann man zum Beispiel am Bahnhof **Gesundbrunnen** beginnen. Dieser gehört nicht nur zu den verkehrsreichsten S-Bahnhöfen, sondern ist auch der Fernbahnhof im Norden Berlins.

Aber eigentlich sind wir hier mitten im Wedding, ehemals ein Industrie- und Arbeiterviertel. Für die Bewohner wurde seinerzeit südlich des S-Bahnringes der Humboldthain angelegt. Neben den mit vielen Bäumen und Sträuchern

Humboldthain
Größe: 29 ha
Entstehungszeit: 1869–1876; Wiederaufbau 1948–1951
Landschaftsarchitekt: Gustav Meyer, Günther Rieck (Neugestaltung 1948–1951)
Besonderes: Rosengarten, Freibad, Rodelhang, Wassergarten, Aussichtsplattform, pädagogisch betreuter Spielplatz

Im Mauerpark

Mauerpark
Größe: 8,1 ha
(geplant sind 15 ha)
Entstehungszeit:
Beginn 1993
Landschaftsarchitekt:
Prof. Gustav Lange
Besonderes: Birkenwäldchen, Amphitheater, Kinderbauernhof, umzäunter Hundeauslauf

Zeiss-Großplanetarium
Prenzlauer Allee 80
☎ (030) 42 18 45 12
Automatische Programmansage (rund um die Uhr):
☎ (030) 4 25 16 52
www.sdtb.de

bewachsenen Bunkerbergen prägen den heutigen Volkspark Humboldthain ausgedehnte Spiel- und Liegewiesen sowie mehrere Spielplätze. Im Süden und Osten begrenzen den Park breite alleeartige Wege. Im süd-östlichen Teil befindet sich auf einer natürlichen Anhöhe der 1981 angelegte Wassergarten mit einem Pavillon und im Norden des Parks – an der Stelle der ehemaligen Himmelfahrtskirche – liegt ein sehr schöner, streng geometrisch angelegter Rosengarten.

Eine Station weiter in Richtung Osten liegt der S-Bahnhof **Schönhauser Allee**. Hier sind wir mitten drin im Stadtteil Prenzlauer Berg, ebenfalls ein alter Arbeiterwohnbezirk. Heute sind die meisten Gründerzeithäuser renoviert, der Kiez ist ein beliebtes Wohngebiet für Studenten, Künstler und junge Familien. Im ehemaligen Grenzstreifen, der Wedding (Westberlin) und Prenzlauer Berg (Ostberlin) trennte, liegt heute der Mauerpark. Ein Stück Berliner Mauer ist erhalten geblieben. Ansonsten bietet der Park attraktive Angebote für alle Altersgruppen: ein Amphitheater, sonnige Sitz- und Liegeplätze am Hang, ein Birkenwäldchen als Ort der Ruhe sowie eine große Rasenfläche für Spiel und Sport. Besondere Attraktion für große und kleine Besucher sind die hohen, stabilen Schaukeln auf dem Hang. Von hier aus hat man einen weiten Blick auf die Berliner Mitte.

Eine Station weiter, an der **Prenzlauer Allee**, lohnt das Planetarium einen Stopp. Das Zeiss-Großplanetarium Berlin wurde 1987 als eines der größten und modernsten Sternentheater in Europa eröffnet. Herzstück des Hauses ist der rechnergesteuerte Planetariumsprojektor Cosmorama von Zeiss Jena im 23 m großen Kuppelsaal. Er gestattet die brillante Darstellung sowohl des gestirnten Himmels mit mehr als 9.000 Sternen als auch einer Vielzahl astronomischer Phänomene aus Vergangenheit, Gegenwart und Zukunft am künstlichen Himmel.

Zwischen den Bahnhöfen Prenzlauer Allee und **Greifswalder Straße** liegt südlich der S-Bahntrasse der Ernst-Thälmann-Park. In den 80er Jahren angelegt, umfasst die Anlage nicht nur einen Park, sondern auch eine Wohnsiedlung und das monumentale Denkmal für den Arbeiterführer Ernst Thälmann. Der 16 ha große Park bietet neben weiten Rasenflächen einen Sommerblumen- und einen Staudengarten. Der Denkmalplatz mit der 13 Meter hohen Bronzeplastik, Ernst Thälmann darstellend, ist von dicht bepflanzten Hügeln eingefasst. Dahinter liegt ein künstlich angelegter Teich, der als Amphibienschutzgebiet ausgewiesen ist. Interessant im nördlichen Teil ist auch der Sternenspielplatz von der Künstlerin Steffi Bluhm.

Märchenbrunnen im Volkspark Friedrichshain

Volkspark Friedrichshain
Entstehungszeit: 1846–48, Erweiterung 1874, Wiederaufbau nach 1945, Umgestaltungen ab 1950, teilweise Rekonstruktion 1998
Landschaftsarchitekt: Gustav Meyer
Größe: 49 ha
Besonderes: Märchenbrunnen, Friedensglocke, Friedhof der Märzgefallenen, Deutsch-Polnisches Ehrenmal, Denkmal der Spanienkämpfer, umzäunter Hundeauslauf im neuen Hain

Vom S-Bahnhof **Landsberger Allee** ist es nicht weit zum beliebten Volkspark Friedrichshain. Der Volkspark Friedrichshain war die erste kommunale Parkanlage Berlins, die im 19. Jahrhundert für die zunehmend in beengten Wohnverhältnissen lebenden Menschen zur Erholung geschaffen wurde. Hauptattraktion des Volksparks ist der 1913 vom Stadtbaurat Hoffmann errichtete Märchenbrunnen, der zu den schönsten Brunnenanlagen Berlins gehört. Der Park bietet zahlreiche Liegewiesen, Spielplätze, Tennisplätze, einen Basketballplatz und eine Halfpipe für Skater. Am Schwanenteich befindet sich eine Ausleihe für verschiedenste Freizeitgeräte, wie z.B. Inline-Skates, Tretautos oder Tennisschläger. Im Sommer gibt es im Park zahlreiche Veranstaltungen, z.B. Freilichtkino, Konzerte zu Pfingsten und das Chorfest. Im Winter dagegen sind die Rodelbahn und verschiedene Böschungen in den Händen der Wintersportfreunde.

Unweit der Station **Storkower Straße** wurde auf dem ehemaligen Schlachthofgelände der Hermann-Blankenstein-Park angelegt. Mit einbezogen in die Gestaltung wurde das Skelett einer alten Schlachthofhalle.

In der Nähe des geschäftigen S-Bahnhofs **Frankfurter Allee** bildet der Stadtpark Lichtenberg eine kleine Ruheoase. Er entstand Anfang des 20. Jahrhunderts im Zentrum des alten Ortskerns Lichtenberg. Die aufstrebende Gemeinde Lichtenberg baute angrenzend an dieses Grundstück ein neues Rathaus im neogotischen Klinkerstil und erwarb 1907 schließlich das Grundstück. Ein Bürgerpark wurde bis 1910 angelegt. Ab 1950 wurde der Park nach Norden und auf insgesamt 5,3 ha erweitert und eine Freilichtbühne und ein Planschbecken gebaut. Das nahe Theater an der Parkaue wurde ursprünglich als Gebäude für das städtische Realgymnasium errichtet. Später wandelte man es in ein Theater um.

Der S-Bahnhof **Ostkreuz** ist ein Einfallstor zum Boxhagener Kiez. Das Altbauviertel ist beliebt bei jungen und kreativen Berlinern und Touristen. Am Boxhagener Platz findet jeden Sonntag ein bekannter Flohmarkt statt, die nahe Simon-Dach-Straße ist eine begehrte Kneipenmeile.

Treptower Park
Größe: 88,2 ha
Entstehungszeit: 1876–1888
Landschaftsarchitekten: Gustav Meyer, Hermann Mächtig
Besonderes: Rosengarten, Blumengarten, Karpfenteich, Bootsverleih, Archenhold-Sternwarte, Sowjetisches Ehrenmal

Grün satt gibt es im **Treptower Park**, der gleich an der gleichnamigen S-Bahn-Station beginnt. Der Treptower Park am Ufer der Spree gehört zu den traditionsreichsten Ausflugsgebieten der Berliner. Charakteristisch ist der Wechsel von großzügigen, offenen Wiesenflächen und dichten Gehölzbeständen (mehr: ▸ Seite 76).

Eine Station weiter liegt die **Sonnenallee**. Hier lohnt ein Abstecher nach Alt-Rixdorf, dem historischen Ortskern des heutigen Neukölln mit Dorfanger und Böhmischem Friedhof. Der Böhmische Gottesacker Rixdorf wurde 1751 angelegt. Er diente ursprünglich als Begräbnisstätte der evangelischen Siedler aus Böhmen, die in ihrer Heimat wegen ihres Glaubens vertrieben wurden und sich hier in Böhmisch-Rixdorf mit der Erlaubnis Friedrich Wilhelm I. niederließen.

Im Körnerpark

Von der nächsten Station, **Neukölln,** ist es nur ein Katzensprung zum Körnerpark. In der 2,4 ha großen Grünanlage gibt es auch eine Galerie und ein Café. Der Park entstand zwischen 1912 und 1916 auf dem Gelände einer ehemaligen Kiesgrube. Er liegt 5 bis 7 m tiefer als die umliegenden Wohnstraßen. Die Nord- und Südseite des Parks wird durch hohe Arkadenwände begrenzt. In der Hauptachse findet sich auf der Westseite eine Orangerie. Ihr ist sowohl zur höher angrenzenden Straße als auch zur Parkseite eine Terrasse vorgelagert. Auf der Ostseite findet die Hauptachse ihren Abschluss in einer Kaskadenanlage mit einem Fontänenbecken.

Wer an der **Hermannstraße** aussteigt, sollte sich die alten Friedhöfe rechts und links der Hermannstraße anschauen. Und dann an der Oderstraße den weiten Blick über den ehemaligen Flughafen Tempelhof genießen, der sich jetzt Tempelhofer Park nennt. Einen bequemen Eingang zum Tempelhofer Feld gibt es auch nahe des S-Bahnhofs **Tempelhof**.

Nächste Station ist **Südkreuz**, der Fernbahnhof im Süden Berlins. Wer nicht verreisen will, dem sei ein Besuch im nahen Natur-Park Schöneberger Südgelände empfohlen. Auf dem Gebiet des ehemaligen Rangierbahnhofs in Berlin-Tempelhof ist eine einzigartige Naturlandschaft mit markanten Relikten der Dampflok-Ära entstanden (▸ Seite 98).

Nördlich der nächsten beiden Stationen, **Schöneberg** und **Innsbrucker Platz** liegt der Rudolph-Wilde-Park. Er bildet zusammen mit dem Volkspark Wilmersdorf einen innerstädtischen Grünzug. Der Schöneberger Teil ging aus verschiedenen preisgekrönten Arbeiten eines Wettbewerbs von 1906 hervor und wurde nach dem ersten Bürgermeister der Stadt Schöneberg benannt. Von Osten aus gelangt man in den architektonisch gestalteten Teil des Parks mit einer tiefer liegenden Wiese, die von halbrunden Terrassen umrahmt wird. Eine Attraktion ist der Goldene Hirsch, das Wappentier von Schöneberg, der auf einer 8,5 m hohen Säule inmitten einer Brunnenanlage thront. Reizvoll ist auch der Blick auf die Carl-Zuckmayer-Brücke mit ihren beeindruckenden Treppenaufgängen und Steinfiguren, die den U-Bahnhof Schöneberg beherbergt.

Südlich der Station **Bundesplatz** liegt Friedenau. In dem beschaulichen Vorort mit seinen Gründerzeithäusern, kleinen Plätzen und Vorgärten haben etliche Schriftsteller und andere prominente Persönlichkeiten gelebt.

Wer drei Stationen weiter in **Halensee** aussteigt, ist gleich am westlichen Ende des Kurfürstendamms angelangt. Und zum Halensee, der der Station den Namen gab, ist es auch nicht weit. Dort erwarten den Besucher Liegewiesen und ein Freibad.

Von der Station **Messe Nord/ICC** erreicht man schnell den Lietzenseepark. Der Lietzenseepark gehört zur Grunewaldseenkette. Durch den Bau der Neuen Kantstraße (1904) wurde der sichel-

Natur-Park Schöneberger Südgelände
Größe: 18 ha
☎ (030) 70 09 06-0
Tgl. von 9 bis Anbruch der Dunkelheit geöffnet
Eintritt: 1 Euro

Rudolph-Wilde-Park
Größe: 7 ha
Entstehungszeit: 1910–12
Landschaftsarchitekt: Ausführungsplanung von Stadtbaurat Friedrich Gerlach

Volkspark Wilmerdorf
Größe: 18 ha
Entstehungszeit: 1912 bis in die 1930er Jahre
Landschaftsarchitekten: Richard Thieme u.a.
Besonderers: Wasserspielplatz, Minigolf, Fußball-, Basketball-, Tennisplatz, Hundeauslaufanlage

Lietzenseepark
Größe: 10,1 ha
Entstehungszeit: 1912–14, 1919–20
Landschaftsarchitekt: Erwin Barth

Lietzenseepark

förmige Lietzensee in zwei Bereiche geteilt, die durch die 1956 angelegte Unterführung in Verbindung stehen. Der repräsentative Eingangsbereich an der Dernburgstraße mit Wasserkaskade und Staudenrabatten wurde 1912 bis 1914 vom Charlottenburger Gartendirektor Erwin Barth geschaffen. Der eigentliche Park, der sich am West- und Nordufer des Sees erstreckt, wurde erst in den Jahren 1919 bis 1920 von Barth vollendet. Gern besucht wird das im Park gelegene Café am Lietzensee.

Unweit des S-Bahnhofs **Westend** liegt das Schloss Charlottenburg mit seinem grandiosen Schlosspark (▸ Seite 166)

Volkspark Jungfernheide
Größe: 146 ha
Entstehungszeit: 1920–1927
Landschaftsarchitekt: Erwin Barth
Besonderes: Freibad, pädagogisch betreuter Spielplatz, Ferienspielplatz, Wildgehege, umzäunter Hundeauslauf (Rodelhang im westlich angrenzenden Siemenspark)

Um vom Bahnhof **Jungfernheide** zum gleichnamigen Volkspark zu gelangen, steigt man am besten in die U 7 um und fährt noch zwei Stationen Richtung Spandau bis Halemweg.

Der Volkspark Jungfernheide liegt direkt südlich vom Flughafen Berlin-Tegel zwischen Saatwinkler Damm und Heckerdamm und ist mit ca. 146 ha nach dem Großen Tiergarten der zweitgrößte Park in Berlin. Im Zentrum des Volksparks liegt ein geometrisch gehaltener Kernbereich mit großen Spiel- und Liegewiesen, Freibad, Plansche, Rudermöglichkeiten, Gartentheater und Kindererholungsstätte. Die Erschließung des Parks erfolgt über einen ca. 4 km langen Rundweg, von dem in regelmäßigen Abständen zahlreiche geradlinige Wege zu den Kernbereichen des Parks verlaufen. Entlang dieses Rundweges kann der Besucher mehrere hundert Jahre alte Eichen und Buchen bestaunen.

Rund um die Station **Beusselstraße** gibt sich Berlin ungeschminkt: Großmarkt, Fleischmarkt, Fruchthof, Güterbahnhof und Westhafen: Hier kommen bis heute viele Waren an, die die Großstadt versorgen.

Zwei Stationen weiter erreichen wir den S-Bahnhof **Wedding**. Nimmt man den Ausgang in östlicher Richtung und biegt in die Gerichtstraße ein, so kreuzt man bald den Grünzug am Flüsschen Panke. Hier kann man sich auf einer Liegewiese ausruhen – oder zur Abwechslung an dem schmalen Gewässer in Richtung Berlin Mitte spazieren.

Fotonachweis

Titelbild:	Russische Kolonie Alexandrowka in Potsdam
Klappe vorn:	Am Rangsdorfer See
Seite 1:	Schlosspark in Marquardt
Seite 4:	Im Briesetal
Seite 6-7:	Allee im Landkreis Oberhavel
Seite 36-37:	Kalksee bei Woltersdorf
Seite 72-73:	An der Eichwalder Badewiese
Seite 98:	Schloss Babelsberg
Seite 99:	Glienicker Brücke
Klappe hinten:	An der Woltersdorfer Schleuse
Cover hinten:	Auf der Halbinsel Stralau

Biosphäre Potsdam 147; Deutsche Bahn AG 169; Filmpark Babelsberg 127; Förderverein Südwest-Kirchhof Stahnsdorf e.V. 151; Freizeit- und Erholungszentrum Wuhlheide 51; Fremdenverkehrsamt Märkische Schweiz 49; Grün Berlin Park und Garten GmbH 40, 41; Jutta Hertlein 99, 105; Michaela Kaule 136; Max Liebermann Gesellschaft e.V. 116; Ofen- und Keramikmuseum Velten 12; Tanja Onken 15; S-Bahn Berlin GmbH 174; Klaus Scheddel 4, 9, 10, 11, 18, 19, 21, 31, 32, 34-35, 38, 54, 57, 62, 66, 69, 74-75, 78, 82, 85, 87, 88, 92, 93, 94, 97, 112, 123, 133, 139, 140, 156, 161, 164, 165, 167, 170, 171, 172, 173, Umschlag Seiten 2, 3, 4; Stadt Fürstenwalde/Torsten Keitzel 71, 72; Stern und Kreis Schiffahrt GmbH 77, 117; Tourismusverein Berlin Treptow-Köpenick e.V. 61; Tourismus Marketing Brandenburg GmbH Cover vorn, 1, 6-7, 25, 61, 106, 107, 131, 132, 135, 141, 142, 144, 149, 159; Holger Zahn 37.

Register